Gerettet

Die Deutsche Nationalbibliothek verzeichnet diese Publikation in der Deutschen Nationalbibliografie; detaillierte Daten sind im Internet über https://portal.dnb.de/ abrufbar.

Inh. Dr. Nora Pester
Haus des Buches
Gerichtsweg 28
04103 Leipzig
info@hentrichhentrich.de
http://www.hentrichhentrich.de

Lektorat: Sarah Pohl
Umschlag: Michaela Weber, Leipzig
Satz: Barbara Nicol
Druck: Winterwork, Borsdorf

1. Auflage 2019

Printed in Germany
ISBN 978-3-95565-280-7

Eva-Maria Thüne

Gerettet

Berichte von Kindertransport und Auswanderung nach Großbritannien

Mit freundlicher Unterstützung von

Ursula Lachnit-Fixson Stiftung

Axel Springer Stiftung

Stiftung Irène Bollag Herzheimer

Szloma-Albam-Stiftung

SZLOMA-ALBAM-
STIFTUNG

Inhalt

Einleitung

Bilingual *Lotte Kramer*
[…]
Myself, I'm unsure
In both languages. One, with mothering
Genes, at once close and foreign
After much unuse. Near in poetry.
The other, a constant love affair
Still unfulfilled, a warm
Shoulder to touch.[1]

Zweisprachig
[…]
Ich selbst bin unsicher
in beiden Sprachen. Die eine mit mütterlichen
Genen, gleichzeitig vertraut und fremd
nach so langer Pause. Nah in der Poesie.
Die andere eine andauernde Liebesgeschichte,
immer noch unerfüllt, eine warme Schulter
zum Berühren.

Die Autorin dieses Gedichts, Lotte Kramer, wurde 1923 in Mainz als Lotte Wertheimer geboren. Im Juli 1939 kam sie mit einem Kindertransport nach Großbritannien. 1968, nachdem sie mit ihrem Mann von London nach Peterborough gezogen war, begann sie, Gedichte auf Englisch zu schreiben. Sie fühlte sich in dieser Zeit isoliert, Gefühle und Erinnerungen aus der Zeit der Ankunft in England kamen auf einmal zurück und bewirkten auch eine Auseinandersetzung mit der deutschen Sprache und Kultur.

Im Jahr 2017 habe ich Lotte Kramer und andere mit einer ähnlichen Geschichte getroffen, um mit ihnen Gespräche über ihre Erfahrungen zu führen. In diesem Buch sind ihre Stimmen versammelt. Alle kamen als Kinder oder Jugendliche; die meisten kamen mit dem Kindertransport, der

1 Es handelt sich um die dritte Strophe des Gedichts „Bilingual" aus der Gedichtsammlung von Lotte Kramer (2011:137), Übersetzung von Beate Hörr, „Zweisprachig", in: Kramer (1999: 105).

sich 2018/2019 zum 80. Mal jährt. Seit dem ersten Treffen der ‚Kinder' – wie sie sich heute immer noch nennen –, der „Reunion of the Kindertransport" 1989 in London, ist diese Geschichte vielfach untersucht und dargestellt worden, deswegen sollen an dieser Stelle die wichtigsten Punkte nur kurz in Erinnerung gerufen werden.[2]

Der Blick zurück

Der Begriff „Kindertransport" bezieht sich auf die Rettung von ca. 10 000 vor allem jüdischen Kindern aus Deutschland, Österreich, Polen und der Tschechoslowakei. Während die zionistisch eingestellte Kinder- und Jugendalija[3] seit der Machtübernahme Adolf Hitlers aktiv war und vor allem Jugendliche auf die Emigration nach Palästina vorbereitete, fanden die Kindertransporte nach Großbritannien in einem begrenzteren Zeitraum statt. Sie waren die direkte Folge der Pogrome gegen die jüdische Bevölkerung im November 1938, die auch im Ausland, vor allem in den USA und in Großbritannien, mit Sorge beobachtet wurde. Da die Einwanderung nach Palästina, damals unter britischem Protektorat, durch die restriktive Einwanderungspolitik Großbritanniens schwierig war, entschied das britische Parlament im November 1938, Kinder und Jugendliche zwischen drei und sechzehn Jahren in Großbritannien als Transmigranten aufzunehmen, mit der Perspektive, dass die Familien später (in einem anderen Land) wieder zusammenkommen könnten. Dies geschah u. a. durch die Intervention britischer Jüdinnen und Juden und Quäker_innen – allen voran Berta Bracey, die durch ihren Aufenthalt in Deutschland über die Situation informiert war.[4] In Großbritannien hatte man zudem Erfahrung mit der Aufnahme von bedrohten Kindern: Während des Spanischen Bürgerkriegs, genauer gesagt nach der Zerstörung von Guernica im April 1937, wurden fast 4 000 Kinder aus dem Baskenland aufgenommen, um sie vor den Kriegsfolgen zu schützen. Sie kehrten nach dem Sieg von Franco im Sommer 1937 bis zum Beginn des Zweiten Weltkriegs im September 1939 fast alle zurück.[5]

---

2 Unter historischem Gesichtspunkt sind in Deutschland die Arbeiten von Göpfert (1999), Benz, Curio und Hammel (2003), Berth (2005) sowie Curio (2006) hervorzuheben. Die englischsprachige Forschungsliteratur zum Thema ist weitaus umfangreicher. Einen aktuellen Überblick geben u. a. Baumel-Schwartz (2012) und Craig-Norton (2019).

3 Unter ‚Alija' – wörtliche Bedeutung aus dem Hebräischen ist ‚Aufstieg' – wird die Rückkehr der Juden nach Israel verstanden; zur Geschichte der Kinder- und Jugendalija: Michaelis Stern und Michaelis (1989).

4 Vgl. Taylor 2009.

5 Vgl. History of the Colonies. In: BasqueChildren.org. The website of BCA '37 UK. The Association for the UK Basque Children. URL: http://www.basquechildren.org/colonies/history [letzter Zugriff: November 2018].

Die erste Gruppe der Kinder des Kindertransports kam am 2. Dezember 1938 in Großbritannien an, die letzte am 14. Mai 1940.[6] Die Kinder kamen allein, was in den USA der Grund dafür war, keine vergleichbare Rettungsaktion für Kinder zuzulassen.[7] Um keine Kosten für die Regierung entstehen zu lassen – das hätte nämlich bei der Bevölkerung antisemitische Reaktionen hervorrufen können –, verpflichteten sich die Hilfsorganisationen in Großbritannien, die Garantiesumme von 50 GBP pro Kind aufzubringen (nach heutigem Wert ein vierstelliger Betrag) – sollte sie nicht durch die Privatleute gewährleistet werden können, die die Kinder aufzunehmen bereit waren. Die Kinder wurden auf ihrer Reise durch Personal der meist jüdischen Hilfsorganisation aus Deutschland begleitet, das dann zurückkehrte. Anschließend kümmerten sich die Hilfsorganisationen in Großbritannien darum, die Kinder in Familien oder Heimen unterzubringen, und auch um deren Ausbildung.

Den Eltern oder Großeltern gelang die Flucht oft nicht mehr, sie wurden von den Ereignissen überwältigt. Auch fühlten sie sich oft für andere Familienmitglieder, Kranke und Ältere, verantwortlich, waren durch die finanziellen Einschränkungen, die sie erfuhren, zu mittellos oder waren zu schwach bzw. alt, um in der zweiten Hälfte der 1930er Jahre noch zu emigrieren. Andere schätzten die historische Situation als weniger bedrohlich ein. Mitte der 1920er Jahre zählte die jüdische Bevölkerung Deutschlands 5,5 % bzw. fast 30 000 Menschen mehr als vor dem Ersten Weltkrieg, eine Tatsache, die zeigt, welche Hoffnungen diese Menschen vor allem nach den Pogromen im Osten auf Deutschland setzten.[8] Ihre Bindung an Deutschland bzw. Österreich war oft stark, etliche Großväter und/oder Väter hatten im Ersten Weltkrieg gekämpft und wurden Ordensträger.

Für die Kinder, vor allem für die ersten im Jahr 1938, kam die Reise nach Großbritannien überraschend. Ihr sozialer Hintergrund war sehr unterschiedlich. Neben den Kindern aus jüdisch-orthodoxen Familien gab es vie-

---

6 Vgl. Baumel-Schwartz 2012: 247–248.

7 Man sollte den Kindertransport nach Großbritannien, so außergewöhnlich er auch war, auch im Rahmen der gesamten jüdischen Kinder- und Jugendalija sehen, die seit Jahren schon junge Menschen zur Auswanderung vorbereitete. Der israelische Philosoph Ernst Akiba Simon bewertete die Situation – in relativ zeitlicher Nähe zu den Geschehnissen – als „ein[en] bisher in solcher Konsequenz kaum beobachtete[n] Vorgang. Auswanderung war hier nicht ein individueller Entschluss von Familien, die ihre Vorläufer über das Meer gesandt hatten – die jüdische Einwanderung nach Amerika hatte vornehmlich diesen Charakter der ‚Familienwanderung' –, sondern umgekehrt: die Eltern verzichteten, unter dem Druck einer augenblicklichen Not und in Vorahnung einer größeren, auf die Gemeinschaft mit ihren Kindern, trennten sich von ihnen und sandten sie fort, auch ohne Hoffnung oder gar Gewißheit, ihnen einmal folgen zu können." (Simon 1959: 19)

8 Vgl. dazu Benz et al. 1998: 3.

le, die assimilierten Familien angehörten, sie waren getauft bzw. gehörten keiner Religionsgemeinschaft an. In der Folge der Nürnberger Rassengesetze von 1935 wurden alle zu Juden erklärt; in den von Deutschland besetzten Ländern (s. u.) wurden diese Rassengesetze sofort eingeführt. Nur wenige Kinder waren schon erzieherisch und psychologisch auf eine Emigration vorbereitet. Zu diesen wenigen gehörten z. B. die, die die Jawne-Schule[9] besuchen konnten, ein „Privates Jüdisches Reform-Realgymnasium mit Realschule für Knaben und Mädchen" in Köln, wo Kinder schon ab 1933 auf eine Zukunft außerhalb Nazi-Deutschlands vorbereitet und in Neuhebräisch (Iwrit) und Englisch unterrichtet wurden. Von den anderen hatten nur wenige Englischunterricht, vor allem in Österreich wurde Französisch traditionell oft häufiger unterrichtet;[10] noch weniger hatten das Glück, vor der Abreise Privatstunden zu bekommen.

Die jüdischen Kinder in Österreich lebten bis zum Anschluss 1938 in gewisser Hinsicht in der „Welt von gestern" (Stefan Zweig), einer Welt, die von den allmählich sich verschlechternden Lebensbedingungen der Juden und Jüdinnen in Deutschland unberührt schien. Nach dem „Anschluss" wurden dann in kürzester Zeit alle diskriminierenden Maßnahmen umgesetzt, die in Deutschland im Laufe von Jahren verordnet worden waren. Ähnliches galt für die Gruppe der Kinder in der Tschechoslowakei,[11] wo es 1939 Sir Nicholas Winton gelang, 669 Kinder nach Großbritannien zu bringen. Völlig anders war hingegen die Situation der Kinder polnischen Ursprungs, die in Deutschland lebten. Zusammen mit ihren Familien wurden sie während der sogenannten Polenaktion 1938 aus Deutschland in Lager im Niemandsland an der deutsch-polnischen Grenze gebracht.[12] Für sie war die Initiative von Rabbi Solomon Schonfeld *(Chief Rabbi's Religious Emergency Council in London)* der entscheidende Rettungsfaktor.[13]

Auf die Reise durften nur 10 Reichsmark und so viel Gepäck mitgenommen werden, wie die Kinder selber tragen konnten (viele hatten einen Rucksack und einen Koffer). Bei ihrer Ankunft in Großbritannien waren

---

9 Vgl. Die Jawne – Lernen am historischen Ort. In: Lern- und Gedenkort Jawne. URL: https://www.jawne.de/content/index_ger.html [letzter Zugriff: November 2018].

10 Vgl. Klippel 2007.

11 Im März 1939 hatten deutsche Truppen Prag besetzt, nachdem im Oktober 1938 das Sudetenland annektiert wurde.

12 Im Rahmen der sog. Polenaktion wurden im Oktober 1938 ca. 17 000 im Deutschen Reich lebende, aus Polen eingewanderte Juden und Jüdinnen verhaftet und dann mit bewachten Sonderzügen über die Grenze vor allem in Lager bei Bentschen (heute Zbąszyń), Konitz (Chojnice) an der Grenze zu Pommern und bei Beuthen (Bytom) an der Grenze zu Oberschlesien abgeschoben. Zu dieser Zwangsausweisung vgl. Goldberg 1998.

13 Vgl. z. B. Craig-Norton 2019.

sie von der Hilfe ihnen meist fremder Menschen abhängig. Sie durchlebten eine Phase des Übergangs und psychologischer, sprachlicher und kultureller Anforderungen: der Abschied von den Eltern,[14] die Reise und Ankunft in Großbritannien, wo sie eine neue Sprache lernen und sich in einen neuen Lebenszusammenhang, eine neue Kultur einfügen mussten. Sie mussten schneller als andere ihres Alters erwachsen werden. Die Erfahrung der Reise wurde unterschiedlich verarbeitet: für einige war es eher ein Abenteuer, dessen Bedeutung erst später klar wurde, für andere ein quälender Riss, bei dem es auch an der Grenze zu neuen Bedrohungen kam, verbunden mit großer Unsicherheit, was die Zukunft anbelangt – ob sie z.B. zu Pflegefamilien kamen oder in Heimen/Hostels untergebracht wurden. Viele mussten die Pflegepersonen wechseln, lebten in mehreren Hostels, kannten keine oder wenig kontinuierliche Zugehörigkeit mehr; Geschwister wurden meistens getrennt. Ein eigenes Thema ist die Religion: Nicht immer konnten orthodoxe jüdische Kinder in ebensolchen Familien untergebracht werden bzw. passten die religiösen Prägungen zusammen; liberale religiöse Gemeinden haben andere Traditionen in Großbritannien, es meldeten sich insgesamt nicht genug Familien und in den unter unterschiedlicher Verwaltung stehenden Hostels konnte die religiöse Erziehung nicht immer gewährleistet werden.[15] Aber auch das Gegenteil geschah: liberal oder nicht religiös erzogene Kinder kamen zu (anders) religiösen Familien.

Die psychologische Dimension dieser Erfahrungen kann man in autobiographischen Texten nachvollziehen, z.B. bei Ruth Barnett, Martha Blend, Ruth L. David, Karen Gershon, Vera Gissing, Charles Hannam und vielen anderen mehr.[16] Eine der bekanntesten literarischen Verarbeitungen ist der Roman *Austerlitz* von Winfried G. Sebald.

Die Geschichte des Kindertransports ist eine Geschichte von Rettung und Überleben, wie in vielen der autobiographischen Texte und auch in Filmen, die nach dem ersten Treffen der ‚Kinder' 1989 entstanden sind, betont wurde.[17] In neueren Untersuchungen wird diese vorherrschende positive Darstellung relativiert, sowohl aus historischer Perspektive[18] als auch im Hinblick auf persönliche negative Erfahrungen und die Schwierigkeiten ihrer Verarbeitung, die erst in einer späteren Phase genauer unter-

14 Zum Thema Abschied von den Eltern vor der Emigration nach Palästina/Israel (im Israelkorpus) vgl. Thüne 2016.

15 „By 1945, the Jewish refugee children still in Great Britain were no longer children, no longer refugees, and, in certain cases – no longer Jewish", Baumel-Schwartz 2012: 218.

16 Vgl. dazu z.B. Hammel 2013.

17 Z.B. in einer der ersten Publikationen zum Thema: Turner 1990/1994.

18 Kushner 2006 und Craig-Norton 2019.

sucht wurden[19] und die problematischen Seiten des Kindertransports zeigen.[20] In den Interviews klingen beide Seiten immer wieder mit. Dies ist ähnlich in den Berichten derjenigen meiner Interviewpartner_innen, die nicht mit dem Kindertransport nach Großbritannien kamen. Trotz der objektiven Unterschiede gibt es aber vor allem einen Punkt, in dem sich die Erfahrungen überschneiden: wie nämlich der Wechsel von einer Sprache in die andere erlebt wurde.

Mein Erkenntnisinteresse

Für mich als Linguistin stellte sich die Frage, ob die, die als Kinder oder Jugendliche nach Großbritannien gekommen waren, noch Deutsch sprechen konnten, welche Einstellung sie zum Deutschen entwickelt haben und ob die Sprache in der Familie bewahrt wurde. Gleichzeitig ging es um das Englische: Wie waren die Englischkenntnisse, als sie nach Großbritannien kamen, wie haben sie Englisch gelernt?[21] 2017 und 2018 konnte ich in Großbritannien Interviews mit hauptsächlich jüdischen Mi-

19 Neben den Zeitzeugenaussagen in Gershon (1966) vgl. dazu auch Hinweise bei Berghahn (1988: 131f.) und besonders die psychotherapeutischen Arbeiten von Ruth Barnett (z. B. 2003) und von Guske (2009). Durch die Verfilmung des Romans *Landgericht* von Ursula Krechel (2012), die in zwei Teilen im Februar 2017 im ZDF gesendet wurde, ist der Kindertransport in Deutschland in der letzten Zeit wieder in Erinnerung gerufen worden. Die Grundlage des Romans bildet die Geschichte der Familie Ruth Barnetts (vgl. dazu Barnett 2010 sowie Guske und Guske 2012). Vellins (2013: 5) kommt auf der Grundlage von Autobiographien und Interviews in Yorkshire, die er mit ‚Kindern', die bisher noch nicht interviewt worden waren, geführt hat, zu dem Schluss: „[...] behind the celebratory collective memory there exist numerous individual memories of the Kinder which, while still expressing gratitude for salvation, nevertheless reveal experiences at odds with the public scheme and which both darken and offer challenges to the collective triumphant construct that has prevailed".

20 Vgl. Barnett 2003, Guske 2009 und Vellins 2013.

21 Zu der sprachlichen Situation von deutschsprachigen Migrant_innen, die in den 1930er Jahren nach Großbritannien gegangen waren, gibt es nicht viele Untersuchungen. Das Thema wird von Berghahn (1988) und in der des *Research Center of German and Austrian Exile Studies* in London (Malet und Grenville 2002) berührt. Hervorheben möchte ich zwei Studien, die sich ganz auf die Sprache konzentrieren: 1) Epplers Analyse des *Emigranto* (2010), eine Form der Sprachmischung in einer Gruppe von deutschsprachigen Emigrant_innen der 1930er Jahre aus Wien in London auf der Grundlage von Interviews in den 1990er Jahren; 2) Schmids Arbeit zum Sprachverlust (2002), ebenfalls auf der Grundlage von Interviews aus den Jahren 1995 und 1997 mit deutschsprachigen jüdischen Migrant_innen der Nazizeit aus Düsseldorf, die in den englischsprachigen Raum gegangen waren. Obwohl Sprachwechsel und Formen des Sprachverlusts auch in den von mir gesammelten Interviews zu beobachten sind, waren die meisten Interviewpartner_innen auf der Diskursebene durchaus in der Lage, ihre Erfahrungen auf Deutsch zu vermitteln.

grant_innen aus Nazi-Deutschland und Österreich sammeln: Zwei Drittel der Interviewten waren mit dem Kindertransport gekommen, die anderen als Kinder, Jugendliche oder junge Erwachsene, z.T. allein, z.T. in Begleitung von anderen. In beiden Gruppen hatten einige das Glück, dass ein oder beide Elternteile folgen konnten bzw. dass ihnen die Emigration in ein anderes Land gelang; die meisten sahen ihre Familien nie wieder.

Mein Interesse war durch die Untersuchungen zu den „Jeckes" entstanden, Untersuchungen zur Sprache von jüdischen Migrant_innen der 1930er Jahre aus dem deutschsprachigen Raum nach Palästina/Israel, die Anne Betten in den 1990ern geführt hatte (wodurch das sogenannte Israel-Korpus entstanden ist).[22] Für die „Jeckes" war der Sprachwechsel ins Hebräische mit anderen Schwierigkeiten verbunden als der Sprachwechsel in den meisten anderen Emigrationsländern. Neuhebräisch wurde zwar ihre Alltagssprache, aber Lesen und Schreiben blieb oder wurde im Alter wieder mühselig, zumal zum Iwrit während der britischen Mandatszeit auch Englisch hinzugekommen war. Doch viele sprachen noch nach Jahrzehnten ein sehr gepflegtes, lebendiges Deutsch und waren mehrsprachig. Es lag auf der Hand, dass die Situation der Kinder und Jugendlichen, die in den 1930er Jahren nach Großbritannien gekommen waren, damit nicht zu vergleichen war. Sie kamen in einem Alter, in dem die jüngeren noch mit dem Erwerb ihrer Muttersprache beschäftigt waren, der Erwerb einer neuen Sprache also eine zusätzliche Herausforderung darstellte. Wie verlief der Sprachwechsel ins Englische und der damit verbundene Kulturwechsel? Und gaben sie damit das Deutsche auf? Es war ja auch die Sprache ihrer Eltern und ihrer Kindheit *und* die Sprache ihrer Verfolger.

Bei meiner Untersuchung folgte ich dem sprachbiographischen Ansatz,[23] der in den letzten Jahren eine neue Perspektive auf die Mehrsprachigkeit eröffnet hat: Sprachen, die Menschen im Laufe ihres Lebens lernen, werden als Formen ihres Identitätsausdrucks verstanden. Wie gehen Menschen nun mit ihren verschiedenen Sprachen, Varietäten, aktiven und passiven Kenntnissen um? Eine wichtige Rolle spielen dabei nicht nur die rein sprachlichen Kenntnisse, sondern Aussagen zum Spracherleben, d.h. zu Situationen, in denen Menschen sich selbst oder andere als sprachlich Handelnde wahrnehmen bzw. wahrgenommen werden. Es ging mir zum einen also darum zu verstehen, was die Gesprächspartner_innen über ihre sprachliche Situation berichten, zum anderen um die mit Sprache verbundenen Erinnerungen – z.B. darum, wie man sich durch Sprache zugehörig oder nicht zugehörig fühlen kann, wie sprachliche Macht oder Ohnmacht erfahren wird, denn „Spracherleben ist nicht neutral, es ist mit emotionalen

22 Vgl. Betten 1995/2000, danach mehrfach; z.B. Leonardi et al. 2016.
23 Vgl. z.B. Franceschini 2010, Busch 2013/2017.

Erfahrungen verbunden, damit, ob man sich in einer Sprache wohlfühlt oder nicht".[24]

Spracherleben und Spracherwerb

Seit 1933, d.h. dem Beginn der Herrschaft des Nazi-Regimes, wurde das Verhältnis der Kinder und Jugendlichen zur Sprache Deutsch auch durch das beeinflusst, was sie auf der Straße, in der Schule, im Radio oder von Nachbarn hörten. Victor Klemperer, einer der aufmerksamsten Beobachter dieser Zeit, zeichnete in seinen Tagebüchern ab 1933 veränderte Töne, Rede- und Verhaltensweisen genau auf. Am 15.3.1933 notierte er: „Die Stimmung dieser Zeit, das Warten, das Sichbesuchen, das Tagezählen, die Gehemmtheit in Telefonieren und Korrespondieren, das zwischen den Zeilen der unterdrückten Zeitungen Lesen – alles das wäre einmal in Memoiren festzuhalten." Nur fünf Monate später, am 19.8.1933, hatte sich das Klima schon verschlechtert: „Aber alles, buchstäblich alles erstirbt in Angst. Kein Brief mehr, kein Telefongespräch, kein Wort auf der Straße ist sicher. Jeder fürchtet im andern Verräter und Spitzel." Aus der Gehemmtheit in der Kommunikation war Angst geworden. Das Radio sendete die Reden Hitlers („*Oratorisch*, mündlich. Primitiv – auf höherer Stufe!", 14.9.1934), an den Straßenecken hing *Der Stürmer*[25] mit Hetzüberschriften: „‚Die Juden sind unser Unglück.' Oder: ‚Wer den Juden kennt, kennt den Teufel.'" (17.4.1935). Kinder und Jugendliche waren dieser Propaganda ausgesetzt; sie verinnerlichten die Parolen, wenn sie nichts anderes hörten, und selbst dann war es schwierig, sich ihnen zu entziehen.[26] Die jüdischen Kinder beobachteten, ob sie es wollten oder nicht, was auf den Straßen passierte. Dazu nur zwei Beispiele aus den Interviews: Als ein achtjähriges Mädchen (Rosemarie Beer) am Tag des Anschlusses in Wien aus dem Fenster blickte, sah sie die SA marschieren und hörte das *Horst-Wessel-Lied*, das sie ein Leben lang im Ohr behält. In Breslau sah ein anderes Mädchen (Ruth Boronow) an den Litfaßsäulen judenfeindliche Plakate; später beobachtete sie aus der Straßenbahn, wie Menschen geschlagen wurden. Auch die nichtsprachliche Kommunikation veränderte sich: Blicke, Lächeln, Körperhaltung, das Sich-Belauscht-Fühlen; Kinder merkten, dass die Erwachsenen oft selber nicht verstehen bzw. erklären oder sprechen konnten.

Schon bevor eine konkrete Bedrohung erfolgte, meist im Zusammenhang mit den Novemberpogromen, bei denen vor allem die Väter oder andere

---

24 Busch 2013: 19.

25 *Der Stürmer*, eine antisemitische Wochenzeitung, wurde 1923 von Julius Streicher gegründet und erschien bis Februar 1945.

26 Vgl. Stargardt 2008: 20.

männliche Familienmitglieder verhaftet und in Lager gebracht wurden, spürten Kinder und Jugendliche, wie sich das Verhalten der Erwachsenen veränderte. Die jüdischen Organisationen rieten, nicht aufzufallen, die Eltern rieten, leise zu sprechen. Und gerade an den Reaktionen der Eltern, ihrer Angst und Anspannung, dem Weinen und der Fassungslosigkeit lasen die Kinder ab, wie die Welt, die sie kannten, zusammenbrach,[27] unheimlich und fremd wurde.

Das einleitende Motto in Victor Klemperers *LTI (Lingua Tertii Imperii)* stammt von dem deutsch-jüdischen Philosophen und Judaisten Franz Rosenzweig: „Sprache ist mehr als Blut“[28]. Will man den schwierigen Satz in diesem Kontext umformulieren, könnte man sagen: Sprache ist Teil unserer Identität, kognitiv, kulturell – ja, sie ist immer auch mit körperlicher Erfahrung verbunden. Selbst wenn wir eine Sprache vergessen haben, können Spuren bleiben. Wer mit einer Sprache aufgewachsen ist, dem bleibt ihr Klang im Ohr: die Stimmen von Menschen, die einem nahestehen, von Menschen, die man auf der Straße sprechen hört, im Radio, in Filmen usw., der Ton, in dem sie gesprochen wird, oder besser: die verschiedenen Töne. Klemperer hat beschrieben, wie ein Teil der Bevölkerung zunehmend verstummte, die Beziehungen der Menschen untereinander vergiftet wurden: „Befehl der Regierung von Mund zu Mund zu verbreiten an alle Juden: Verbot, nach acht Uhr das Haus zu verlassen, Verbot, jüdische Verwandte als Besuch bei sich aufzunehmen“ (14.9.1938). Es sind nicht nur die Propagandamittel, Radio und Zeitung, die nun eine andere Sprache verbreiteten, Befehle sollten mündlich weitergegeben werden.

Doch die Chronologie der Ereignisse erfolgt für viele nicht graduell entlang den historischen Ereignissen, sondern vor allem durch einschneidende persönliche Schlüsselerlebnisse (z. B. in der Schule) oder durch Erlebnisse, bei denen Kinder z. B. sahen, wie ihre Eltern gedemütigt wurden. Antisemitismus und Judenverfolgung wurden für sie konkret, jüdische Kinder spürten ihr ‚Anderssein‘, spürten, wovon sie vorher oft nichts wussten. Wie sie Bedrohung erlebten, aber auch Verantwortung übernahmen und Zivilcourage erfahren konnten, davon gibt es auf den folgenden Seiten viele Beispiele. Bei den damals kleinen Kindern blieben häufig lebhafte, wenn auch fragmentarische Bilder zurück, ältere beschreiben, wie sie sich

---

27 Dafür gibt es in *I came alone. The stories of the Kindertransports* (1980), dt. *Ich kam allein. Die Rettung von zehntausend jüdischen Kindern* (1994) viele Beispiele, wie z. B. von Olga Drucker: „In der Nacht hörte ich laute Schritte, sie kamen die Treppe hoch, und dann hörte ich seltsame, barsche Stimmen. Und ich glaube, ich habe auch gehört, daß Mama leise weinte. […] Am nächsten Morgen. ‚Wo ist Papa?‘, frage ich als erstes. Mamas Augen sind rot, sie sieht ganz verhärmt aus. ‚Er … er mußte ganz schnell verreisen.‘ Es klingt falsch. Ich glaube ihr nicht.“ (1994: 29).

28 Klemperer 1947: 8.

um Geschwister oder den Haushalt kümmern mussten, wenn die Eltern sich um Visum und Affidavit bemühten.

In diesem Zusammenhang wird oft von Trauma und Traumatisierung gesprochen.[29] Es ist im Einzelfall nicht immer ganz deutlich, welches Ereignis tatsächlich traumatisch gewirkt hat und wie die Einzelnen mit ihren Erfahrungen umgehen. An den Abschied von den Eltern, ein einschneidendes Ereignis, können sich viele nicht mehr erinnern. Kinder und Jugendliche sind auf der einen Seite sensibler, auf der anderen können sie im Augenblick leben und erstaunliche Kräfte aktivieren. Diese Ressourcen helfen den Kindern bei ihrer Ankunft in Großbritannien, in kurzer Zeit in die (meist) neue Sprache und Kultur hineinzuwachsen.

Im Allgemeinen wurde dem Spracherwerb in dieser grundsätzlich spannungsreichen Umbruchssituation weniger Bedeutung beigemessen als anderen Fragen, und tatsächlich erinnerten sich auch nur wenige Interviewpartner_innen 2017 an Schwierigkeiten. Das Alter, in dem eine neue Sprache gelernt wird, spielt eine entscheidende Rolle. Während in vielen Hostels Englischunterricht von Anfang an systematisch betrieben wurde, blieb es den Pflegefamilien überlassen, auch diese Aufgabe mit zu übernehmen. In der ersten Sammlung von Erinnerungen zum Kindertransport, *We came as children* (1966 als eine kollektive anonyme Autobiographie von Karen Gershon, selber ein ‚Kind', zusammengestellt), gibt es Hinweise darauf, dass weder die Kinder noch die Pflegefamilien auf den Spracherwerb vorbereitet waren.

> „*At Dovercourt, all of us had the chance to learn some English. Some did and some didn't and it did not seem to depend on age or intelligence.
> *I fought against the need to learn English for years – I think because the German language was all that was left to me of my childhood and I did not want to give it up.
> *Because I knew no English I was put with the Infants when I started school and this confirmed the inferiority I had felt in Germany as a Jew – here I was inferior because I was a foreigner.
> *We had learned sufficient English after a few weeks to begin school, but of course it was a very broken English, and I remember my unhappiness at being laughed at by the other children because of our accents and incorrect way of speaking. [...]
> *There were several refugee children and our foster parents insisted that we should try to speak English among ourselves. They were both very kind but very severe. If we spoke German while we were at the table, we had to leave our meal and go straight up to bed." (Gershon 1966: 86f.)[30]

---

29 Vgl. auch Barnett 2003; Guske 2009.

30 *In Dovercourt hatten wir alle die Möglichkeit, etwas Englisch zu lernen. Einige taten

Die Beispiele zeigen, wie unterschiedlich die Reaktionen auf die sprachliche Umbruchssituation waren: neben problemlosem Lernen auch Scham wegen des Akzents und der (unvermeidlichen) Fehler. Es gab ‚Kinder', die sich sprachlich herabgesetzt fühlten, die jahrelang mit dem Englischen kämpften, weil sie Deutsch nicht aufgeben wollten. Auch in späteren Berichten kommen Erinnerungen an Schwierigkeiten mit der Sprache vor allem in der Anfangsphase hoch. In einem autobiographischen Text an Iris Guske berichtete Curtis Mann über seine Ankunft mit dem Kindertransport und die Schwierigkeiten zu kommunizieren: „Looking back on that time period, I want to say, that I had a feeling of emptiness. [...] I did not feel connected."[31] Auf der Ebene des Spracherlebens führen Kommunikationsschwierigkeiten zu den beschriebenen Gefühlen der Leere *(emptiness)* und Unverbundenheit *(not connected)*. Dadurch können Missverständnisse und das Gefühl entstehen, auf die Wirklichkeit keinen Einfluss nehmen zu können. Auch in den von Christiane Berth[32] zitierten Beispielen aus der „Werkstatt der Erinnerung", einem Archiv mit Interviews aus den Jahren 1985 bis 2003, wird deutlich, wie verwirrt einige Kinder waren und dass die Schwierigkeiten der sprachlichen Kommunikation nie allein nur sprachliche Bedeutung haben. Es kam, trotz bester Absichten, in der Kommunikation zu Missverständnissen mit emotionaler Bedeutung, so etwa auch bei der Anrede der Pflegeeltern, von denen einige als Vater und Mutter, andere als Onkel und Tante angeredet werden wollten, was in den Kindern Loyalitätskonflikte auslösen konnte.[33]

Unsicherheit und Unwissenheit über die Erfahrungen der Kinder und der existenziellen Herausforderung, vor der die Betroffenen standen, waren die Regel, und es stechen diejenigen hervor, die über eine profunde Kenntnis der Situation verfügten. Zu ihnen gehörte Anna Essinger, Reform-

---

es, andere nicht und es schien nicht vom Alter oder der Intelligenz abzuhängen. *Ich kämpfte jahrelang gegen die Notwendigkeit, Englisch zu lernen – ich denke, weil die deutsche Sprache das Einzige war, was von meiner Kindheit geblieben war und ich wollte es nicht aufgeben. *Weil ich kein Englisch sprach, kam ich in eine Grundschulklasse und das verstärkte mein Minderwertigkeitsgefühl, das ich als Jude in Deutschland hatte – hier war ich minderwertig, weil ich Ausländer war. *Wir hatten nach ein paar Wochen genug Englisch gelernt, um in die Schule zu gehen, aber es war natürlich ein sehr gebrochenes Englisch und ich erinnere mich, wie unglücklich ich war, als die anderen Kinder über unseren Akzent und die falsche Ausdrucksweise lachten. [...] *Da waren mehrere Flüchtlingskinder und die Pflegeeltern pochten darauf, dass wir versuchen sollten, untereinander Deutsch zu sprechen. Sie waren beide sehr nett, aber sehr streng. Wenn wir Deutsch bei Tisch sprachen, mussten wir sofort aufstehen und zu Bett gehen.

31 „Wenn ich an die Zeit zurückdenke, möchte ich sagen, dass ich ein Gefühl der Leere hatte. [...] Ich fühlte mich nicht verbunden". Guske 2009: 239. Vgl. dazu auch Thüne 2019.

32 2005: 59.

33 Vgl. Wexberg-Kubesch 2013: 65.

pädagogin und Gründerin des Landschulheims Herrlingen, das sie ab 1933 als Schule im Exil unter dem Namen Bunce Court School weiterführte – Anna Essinger, die sich darüber im Klaren war, dass der Spracherwerb schnell erfolgen musste („the constant reminder: ‚speak English'", S. 9), dass aber die Kinder untereinander weiterhin Deutsch sprachen („the unofficial language of the school was German for a long time", S. 9). Der Wechsel in eine neue Sprache und Kultur sollte also erfolgen, ohne dass die kulturellen Werte der ersten Sprache und Kultur völlig aufgegeben wurden.

„There was a two-fold aim: to make the children feel that human values had not changed in spite of everything that happened; and that their cultural background was worth cultivating even though they were removed from their natural soil. On the other hand, they had to learn to look forward to living in a new country, to appreciate the people with whom they had to live and communicate, to dig up new ground for themselves." (S. 10/11)[34]

Um diese Vermittlung zu erreichen, spielten Kunst, Theater und Musik eine große Rolle in der Bunce Court School.

Tatsächlich ging es in dieser Situation nicht nur um den Sprachwechsel, sondern auch um eine tiefgreifende kulturelle Veränderung, die nicht nur das Wissen um die kulturelle Differenz betraf, sondern zu allererst das Sichzurecht-Finden in anderen Wohnverhältnissen, neue Verhaltensweisen, die Art und Weise, miteinander umzugehen. Sowohl der Wunsch, sich zu integrieren, als auch der Druck von außen, sich anzupassen, waren groß. Die Eltern hatten ihren Kindern eingeschärft, sich ‚artig' zu verhalten, nicht aufzufallen. Das entsprach etwa dem, was auch die Hilfsorganisationen in Großbritannien von den Flüchtlingen erwarteten. In den zweisprachigen „Richtlinien" des „Deutsch-Jüdischen Hilfskomitees" kann man nachlesen:

> „1. Verwenden Sie Ihre freie Zeit unverzüglich zur Erlernung der englischen Sprache und ihrer richtigen Aussprache.
> 2. Sprechen Sie nicht deutsch auf der Strasse, in Verkehrsmitteln oder sonst in der Öffentlichkeit, wie z.B. in Restaurants. Sprechen Sie lieber stockend englisch als fliessend deutsch – und *sprechen Sie nicht laut.*"[35]

Schneller Spracherwerb und unauffälliges Sprachverhalten wurden von den Erwachsenen erwartet, umso mehr von Kindern und Jugendlichen.

34 „Es gab eine zweifache Aufgabe: die Kinder fühlen zu lassen, dass menschliche Werte bestehen blieben, trotz allem, was passiert war; und dass es sich lohnte, ihre kulturelle Herkunft weiter zu entwickeln, obwohl sie von ihrem ursprünglichen Land entfernt wurden. Auf der anderen Seite mussten sie lernen, nach vorn auf das Leben in einem neuen Land zu schauen, die Menschen, mit denen sie leben und kommunizieren mussten, zu schätzen, einen neuen Grund für sich zu schaffen."

35 *While you are in England. Helpful Information and Guidance for every Refugee* (1938), hg. von The German Jewish Aid Committee, Jewish Board of Deputies, London, S. 13, Hervorhebung im Original.

Dazu gehörte auch die richtige Aussprache – das Thema des Akzents wird in vielen Gesprächen aufgegriffen (s. o.). Auch Namen konnten ein Hindernis darstellen. Einige Kinder und Jugendliche mussten ihren Namen ändern, andere wollten es. Junge Männer, die später zur Armee kamen, wurden meist zu ihrem eigenen Schutz zur Namensänderung verpflichtet, um nicht als Deutsche aufzufallen. Die Kriegserfahrung war für die Flüchtlinge im Allgemeinen ein weiterer Einbruch, da sie nun häufig als Feinde mit den „Deutschen" identifiziert wurden. Für einige der jüngeren Kinder, die gerade erst in Großbritannien angekommen waren, konnten Loyalitätskonflikte entstehen, während die älteren Jungen riskierten, als *enemy aliens* interniert zu werden. Lotte Kramer erinnert sich:

> „Wir kamen aus Deutschland mit einem Transport und waren offiziell staatenlos, aber wir waren immer noch Deutsche und von daher in England Feinde. Glücklicherweise wurden wir nicht ins Gefängnis gesteckt. Sie griffen viele feindliche Ausländer auf, weil sie dachten, es könnten Spione sein. Wir fünf Mädchen blieben, Gott sei Dank, verschont. Aber es war eine harte Zeit, und natürlich bekommt man fürchterliches Heimweh und ängstigt sich wegen seiner Eltern. Furchtbar. Es ist so furchtbar, wenn ich an diese Zeit denke."[36]

Die Untersuchung

Es war mein erklärtes Ziel, in den Interviews die sprachliche Entwicklung der Gesprächspartner_innen im Laufe ihres Lebens zu verstehen. Bei der Kontaktaufnahme habe ich ihnen deshalb die Frage gestellt, ob sie bereit wären, das Interview vollständig oder teilweise auf Deutsch zu führen. Nur fünf Personen haben es vorgezogen, immer auf Englisch zu antworten; bei den anderen konnte es vorkommen, dass sie kurz oder auch länger ins Englische wechselten, weil sie ein Wort oder eine Formulierung suchten, dann aber das Gespräch wieder auf Deutsch fortführten.[37] Vor und nach dem Interview bekamen die Gesprächspartner_innen jeweils einen kurzen Fragebogen: In dem ersten ging es darum, die biographischen Eckdaten kennenzulernen (der Fragebogen wurde vorher verschickt), in dem zweiten sollten die Interviewten mit einem gewissen zeitlichen Abstand nach dem Interview ihren Sprachgebrauch und ihre Sprachkompetenz einschätzen. Dadurch konnten erste Informationen über die Bedeutung von Sprachen im Leben der Interviewpartner_innen gewonnen werden. Aber erst in den

36 Lotte Kramer im Gespräch mit Beate Hörr, in: Kramer 1999: 136.

37 Die Gespräche auf Englisch mit Michael Brown, John Ruppin, Margot Showman, Eva Shrewsbury und Gerald Wiener sowie die Passagen auf Englisch in den anderen Interviews wurden von mir (EMT) übersetzt.

Gesprächen, in der Fachliteratur auch narrative Interviews genannt, wurde die Perspektive der Einzelnen deutlich, indem sie ihr subjektives Erleben und Empfinden ausdrückten, wie sie die sprachlichen Veränderungen im Laufe ihres Lebens verarbeitet haben und wie sie heute dazu stehen.

Der Kontakt wurde zum einen durch Anzeigen im Newsletter der *Association of Jewish Refugees* (AJR) und im Newsletter der *Kindertransportees* hergestellt, zum anderen durch persönliche Kontakte durch Kolleg_innen in Großbritannien, Deutschland und Österreich. Die Auswahl kann nicht repräsentativ für die Gruppe der deutschsprachigen Migrant_innen sein, sie ist aber – soweit ich sehen kann – die augenblicklich jüngste Erhebung mit dieser Gruppe in deutscher Sprache.[38] Fast alle Gespräche fanden unter vier Augen in der Wohnung der Interviewten statt. In zwei Fällen war eine erwachsene Tochter dabei, die sich gelegentlich einschaltete. Ich kannte meine Gesprächspartner_innen nicht, wir siezten uns also, aber manchmal boten sie mir vorher oder im Gespräch das „Du" an, weil es im Englischen diesen Unterschied in der Anrede nicht gibt, obwohl wir auf Deutsch sprachen. Einige hatten schon Autobiographien publiziert, die ich z. T. vorher gelesen hatte, weswegen im Gespräch manchmal darauf eingegangen wurde. Das gilt auch für die privaten Aufzeichnungen, die andere mir meist nach den Gesprächen zur Verfügung stellten. Wieder andere hatten sich in Lyrik und Prosa mit ihren Erfahrungen auseinandergesetzt.

Die Interviews bildeten die wesentliche Grundlage für die Rekonstruktion der Sprachbiographien der Interviewpartner_innen. Sprache ist für die Identität eines Menschen entscheidend, sie ist das zentrale Medium zwischenmenschlicher Kommunikation, in dem und durch das personale und soziale Identitäten konstruiert werden.[39] Fast alle der Interviewpartner_innen sprachen in ihrer Kindheit Deutsch, auch wenn einige aus Familien kamen, in denen auch Polnisch, Tschechisch oder Ungarisch zur Familiensprache gehörten. Jiddisch spielte für die allermeisten keine Rolle, was typisch für die assimilierten Juden vor allem in Deutschland war.

Dass das Deutsche für die Kinder, die nach Großbritannien kamen, eine belastete Sprache war, kennzeichnet das Verhältnis zu dieser Sprache das ganze Leben lang. Sie wird vergessen, abgelehnt, wiedergewonnen, aber

---

38 Die von Lilly Maier in den Jahren 2013 und 2014 durchgeführten Interviews mit Menschen des Kindertransports, die nun in den USA leben (vgl. Maier 2014), sowie die Interviews von Craig-Norton (2019) wurden auf Englisch geführt, wie auch die Interviews aus den 1990er Jahren des Research Centers of German and Austrian Exile Studies (Malet und Grenville 2002). Berth (2005) zieht Interviews auf Deutsch heran, die in den Jahren 1985 bis 2003 von der Forschungsstelle für Zeitgeschichte in Hamburg bei Besuchen von ehemaligen jüdischen Hamburger_innen aufgenommen wurden (vgl. Berth 2005: 11).

39 Vgl. Kresic 2016.

niemandem ist sie völlig gleichgültig. Das gilt sowohl für die Kinder des Kindertransports als auch für die, die mit jemand anderem (im besten Fall einem Elternteil) gekommen sind. Tatsächlich ist die Einstellung zum Deutschen, zur deutschen Kultur ganz unterschiedlich – Lotte Kramers Gedicht deutet nur eine Facette des Spektrums an. Es haben sich komplexe, zum Teil spannungsreiche Konstellationen entwickelt, die durch die kulturelle Assimilation beeinflusst wurden und Auswirkungen darauf hatte, ob man Deutsch als Herkunftssprache akzeptierte oder nicht und wie dies den eigenen Kindern vermittelt wurde. Wenn es gelang, diese Spannung auszuhalten bzw. durch neue Begegnungen und Erfahrungen zu verändern, konnte die Situation zu einer Ressource werden.

Die Fragen nach dem Sprachwechsel und den Erfahrungen in der neuen Kultur bildeten den Ausgangspunkt meiner Untersuchung. Doch die Antworten gingen weit darüber hinaus: Es sind z. B. Erinnerungen an die Eltern, Beschreibungen der dramatischen Reise und Ankunft, Lebensberichte unter den Vorzeichen von Trauma und Rettung, bei denen auch die Sprache immer wieder eine Rolle spielt.

Das erste Kapitel ist dem Leben vor dem Kindertransport gewidmet: Erinnerungen an die Familie, an die Orte der Kindheit, die Schulzeit, erste Erfahrungen mit dem Antisemitismus und die Entscheidung zur Emigration. Das zweite Kapitel schildert die Reise nach Großbritannien: die Ankunft, die ersten Eindrücke und Erlebnisse, die Begegnung mit der neuen Sprache und Kultur, die Reaktionen und Aufnahme in Großbritannien. Im dritten Kapitel findet ein Zeitsprung statt: Es wird nun über das Leben als Erwachsene gesprochen, es wird von Reisen zurück in deutschsprachige Länder, z. B. an den Geburtsort, berichtet, und es wird die Frage der Mehrsprachigkeit, der Identität und der Tradition in der Familie berührt. Dass die Kinder und Jugendlichen lange Zeit auch Opfer des Schweigens waren, des Schweigens über existenzielle Konflikte und nicht zuletzt über die Shoah, klingt immer wieder an. Die meisten der von mir Interviewten blieben in Großbritannien, einige emigrierten in die USA oder nach Israel, nur ganz wenige kehrten nach Deutschland oder Österreich zurück.

Es war mir bei der schriftlichen Wiedergabe der mündlichen Antworten wichtig, den spontanen Charakter beizubehalten, da die Interviewpartner_innen sich unmittelbar und in gewisser Hinsicht auch ungeschützt gezeigt haben. Obwohl alle Deutsch verstanden und gesprochen haben, ist es doch eine Sprache, die die meisten nicht oft über längere Zeit sprechen, so dass außer dem gelegentlichen Wechsel ins Englische auch Pausen, Verbesserungen, Fragen nach Worten und unvollendete Sätze vorkamen. Es ist die Natur von Gesprächen, dass bestimmte Themen in ihrem Verlauf wieder aufgegriffen werden; deswegen habe ich jeweils einzelne Abschnitte ausgewählt, auch wenn das Thema an anderen Stellen des Gesprächs wieder aufgenommen wurde. Das hat dazu geführt, dass auch ein Teil der Nachfragen, des typischen Hin-und-Hers von Gesprächen, ausgespart wurde. Manchmal ist es jedoch unentbehrlich, weil sich zeigt, dass es nicht leicht war, sich zu erinnern. Auch wurden nicht zu allen Themen die Antworten aller Befragten wiedergegeben. Bei der sprachlichen Präsentation habe ich mich bemüht, möglichst nah am Originalwortlaut und am Sprachduktus zu bleiben; Wiederholungen und der Einfluss des Englischen machen sich manchmal bemerkbar. An wenigen Stellen wurden einzelne Phrasen, die in gesprochener Sprache eine andere Struktur haben als in der Schriftsprache, zugunsten eines besseren Leseverständnisses behutsam an Grammatik und Orthographie angepasst. Nicht die Analyse der Sprachkompetenz stand im Vordergrund, sondern das grundsätzliche Verstehen des Gesagten. So sind denn manchmal einige Aussagen pointiert herausgehoben worden, andere Male wurden längere Abschnitte gewählt, um den größeren historischen Zusammenhang zu klären.

> „So wie alle Äußerungen der Sprecher als spontan gewürdigt werden sollen, so ist es auch nicht die Absicht […], dieses Buch als historische Dokumentation oder gar als ‚objektives' Geschichtsbuch verstanden wissen zu wollen. Weder Vollständigkeit noch Ausgewogenheit wurden angestrebt, sondern immer der ganz persönliche Blick, das subjektive Erleben, die individuelle, oft tatsächlich vereinzelte Meinung […]."

Das schrieben 1995 Anne Betten und Miryam Du-nour, die Herausgeberinnen des Bandes *Wir sind die Letzten. Fragt uns aus. Gespräche mit den Emigranten der dreißiger Jahre in Israel* in ihrer Einleitung.[40] Es sind Überlegungen, die auch für dieses Buch zutreffen, das den Arbeiten von Anne Betten viel verdankt. Danken möchte ich aber vor allem meinen Gesprächpartner_innen für ihr Engagement, ihre Offenheit und Großzügigkeit. In ihren Berichten klingen auch die Geschichten mit, die nicht erzählt werden konnten.

(Ausgewählte Hörbeispiele und weiteres Material werden auf folgender Webseite zur Verfügung gestellt: http://gerettet2019.wordpress.com)

---

40 1995: 14f.

Bibliographie

Barnett, Ruth. 2003. „Familiengedächtnis. Erste und zweite Generation in der therapeutischen Praxis". In: Benz, Curio und Hammel, 156–170.

Dies. 2010. *Person of No Nationality: A Story of Childhood Loss and Recovery.* London: David Paul.

Baumel-Schwartz, Judith Tydor. 2012. *Never look back: The Jewish Refugee Children in Great Britain*, 1938–1945. West Lafayette: Purdue.

Benz, Wolfgang, Claudia Curio und Andrea Hammel, Hrsg. 2003. *Die Kindertransporte 1938/39, Rettung und Integration.* Frankfurt am Main: Fischer.

Berghahn, Marion. 1988. *Continental Britons. German-Jewish Refugees from Nazi-Germany.* Oxford, Hamburg, New York: Berg.

Berth, Christiane. 2005. *Die Kindertransporte nach Großbritannien 1938/39. Exilerfahrungen im Spiegel lebensgeschichtlicher Interviews.* München: Dölling und Galitz.

Betten, Anne, Hrsg. 1995. *Sprachbewahrung nach der Emigration – Das Deutsch der 20er Jahre in Israel. Teil I: Transkripte und Tondokumente.* Mit CD. Unter Mitarbeit von Sigrid Graßl. (= Phonai 42). Tübingen: Niemeyer.

Dies. 2000. „‚Vielleicht sind wir wirklich die einzigen Erben der Weimarer Kultur'. Einleitende Bemerkungen zur Forschungshypothese ‚Bildungsbürgerdeutsch in Israel' und zu den Beiträgen dieses Bandes". In: *Sprachbewahrung nach der Emigration – Das Deutsch der 20er Jahre in Israel. Teil II: Analysen und Dokumente,* Hrsg. Anne Betten und Miryam Du-nour, unter Mitarbeit von Monika Dannerer. (= Phonai 45), 157–181. Tübingen: Niemeyer.

Betten, Anne und Miryam Du-nour. 1995. *Wir sind die Letzten. Fragt uns aus. Gespräche mit den Emigranten der dreißiger Jahre in Israel.* Gerlingen: Bleicher; 3. Auflage, Gießen: Haland & Wirth im Psychosozial-Verlag 2004.

Blend, Martha. 1995. *A Child Alone.* London: Vallentine Mitchell.

Busch, Brigitta. 2013/²2017. *Mehrsprachigkeit.* Wien: Facultas WUV.

Craig-Norton, Jennifer. 2019 (i. E.). *The Kindertransport: Contesting Memory.* Bloomington: Indiana University Press.

Curio, Claudia. 2006. *Verfolgung, Flucht, Rettung: Die Kindertransporte 1938/39 nach Großbritannien.* Berlin: Metropol.

David, Ruth L. 1996. *Ein Kind unserer Zeit.* Frankfurt am Main: Dipa-Verlag.

Eppler, Eva. 2010. *Emigranto: The syntax of German-English code-switching.* Wien: Braumüller.

Essinger, Anna. 194X. *Bunce Court School 1933–1943.* [nicht publizierter Text, genaues Verfassungsjahr unbekannt, Wiener Library London]

Franceschini, Rita, Hrsg. 2010. „Sprache und Biographie" [Themenheft]. *Zeitschrift für Literaturwissenschaft und Linguistik* (LiLi) 160.

Gershon, Karen, Hrsg. 1966. *We came as Children. A collective Autobiography.* London: Victor Gollancz Ltd.

Gissing, Vera. 1994. *Pearls of a Childhood: A Unique Childhood Memoir in Wartime Britain in the Shadow of the Holocaust.* London: Robinson Books.

Goldberg, Bettina. 1998. „Die Zwangsausweisung der polnischen Juden aus dem Deutschen Reich im Oktober 1938 und die Folgen". In: *Zeitschrift für Geschichtswissenschaft* 46: 971–984.

Göpfert, Rebekka. 1999. *Der jüdische Kindertransport von Deutschland nach England 1938/39. Geschichte und Erinnerung.* Frankfurt am Main: Campus.

Guske, Iris. 2009. *Trauma and Attachment in the Kindertransport Context.* Newcastle upon Tyne: Cambridge Scholars Publishing.

Guske, Iris und Nils Guske. 2012. „Fading childhood Memories of World War II. Displacement: Appropriation, Non-Appropriation, and Misappropriation“. In: *War and Displacement in the Twentieth Century. Global Conflicts,* Hrsg. Sandra Barkhof und Angela K. Smith, 224–246. London: Routledge.

Hammel, Andrea. 2013. „Authenticity, Trauma and The Child's View: Martha Blend's *A Child Alone*, Vera Gissing's *Pearls of Childhood* and Ruth L. David's *Ein Kind unserer Zeit*“. In: *Forum for Modern Language Studies* 49 (2), 201–212.

Hannam, Charles. 1977. *A Boy in your Situation.* London: Harper & Row.

Klemperer, Victor. 2012. *„Ich will Zeugnis ablegen bis zum letzten.“ Tagebücher 1933–1945.* Eine Auswahl. Berlin: Aufbau-digital.

Ders. 1947. LTI – *Notizbuch eines Philologen.* Berlin: Aufbau.

Klippel, Friederike. *Fremdsprachenunterricht (19./20. Jahrhundert).* https://www.historisches-lexikon-bayerns.de/Lexikon/Fremdsprachenunterricht_(19./20._Jahrhundert). Zugegriffen: 3. März 2018.

Kramer, Lotte. 1999. *Heimweh: Gedichte.* Ausgew., übers., hrsg. von Beate Hörr. Frankfurt am Main: Brandes und Apsel.

Dies. 2011. *New and collected Poems.* Ware: Rockingham Press.

Krechel, Ursula. 2012. *Landgericht.* Salzburg: Jung und Jung.

Kresic, Marijana. 2006. *Sprache, Sprechen, Identität. Studien zur sprachlich-medialen Konstruktion des Selbst.* München: Iudicium.

Kushner, Tony. 2006. *Remembering Refugees: Then and Now.* Manchester: Manchester University Press.

Leonardi, Simona, Eva-Maria Thüne und Anne Betten, Hrsg. 2016. *Emotionsausdruck und Erzählstrategien in narrativen Interviews. Analysen zu Gesprächsaufnahmen mit jüdischen Emigranten.* Würzburg: Könighausen & Neumann.

Leverton, Bertha und Shmuel Lowensohn, Hrsg. 1990. *I came alone. The Stories of the Kindertransports.* Leicester. The Book Guild; dt. Ausgabe 1994. *Ich kam allein. Die Rettung von zehntausend jüdischen Kindern.* Hrsg. Rebekka Göpfert. Frankfurt am Main: dtv.

Maier, Lilly. 2014. *Ein Leben nach dem Kindertransport. Eine Betrachtung von längerfristigen Nachwirkungen der Kindertransporte unter Einsatz von Zeitzeugen-Interviews mit amerikanischen Holocaust-Überlebenden.* [Unveröffentlichte Bachelorarbeit fur den Studiengang Geschichte an der Ludwig-Maximilians-Universität München.] Vgl. dazu auch: Dies. 2018. *Arthur und Lilly: Das Mädchen und der Holocaust-Überlebende – Zwei Leben, eine Geschichte.* München: Heyne.

Malet, Marian und Anthony Grenville, Hrsg. 2002. *Changing Countries. The experience and Achievement of German-Speaking Exiles from Hitler in Britain from 1933 to Today.* London: Libris.

Michaelis Stern, Eva und Dolf Michaelis. 1989. *Emissaries in Wartime London 1938–45.* Jerusalem: Hamaatik Press.

Schmid, Monika S. 2002. *First Language Attrition, Use and Maintenance.* Amsterdam: John Benjamins.

Sebald, Winfried G. 2001. *Austerlitz.* München: Hanser.

Simon, Ernst. 1959. *Aufbau im Untergang. Jüdische Erwachsenenbildung im nationalsozialistischen Deutschland als geistiger Widerstand.* Tübingen: Mohr

Stargardt, Nicholas. 2008. *Kinder in Hitlers Krieg.* München: Pantheon.

Taylor, Jennifer. 2009. *The Missing Chapter: How the British Quakers Helped Save the Jews of Germany and Austria from Nazi Persecution.* Society of Friends. http://remember.org/unite/quakers.htm. Zugegriffen: 16. Februar 2018.

Thüne, Eva-Maria. 2016. „Abschied von den Eltern. Auseinandersetzungen mit dem Tod der Eltern im Israelkorpus“. In: Leonardi, Thüne und Betten, 47–84.

Dies. 2019. „Sprache nach der Flucht. Erfahrungen der ‚Kinder' des Kindertransports 1938/39". In: *Sprache, Flucht, Migration: Kritische, historische und pädagogische Annäherungen*, Hrsg. Radhika Natarajan. Wiesbaden: Springer VS.

Turner, Barry. 1990. *And the Policeman smiled.* London. Bloomsbury; dt. Ausgabe 1994. *Kindertransport. Eine beispiellose Rettungsaktion.* Gerlingen: Bleicher Verlag.

Vellins, Ian E. 2013. *The Kindertransport Children. Memory, Narration, Celebration and Commemoration: Reconstructing The Past.* [unveröffentlichte Magisterarbeit an der Universität Leeds (UK)]

Wexberg-Kubesch, Anna. 2013. *Vergiss nie, dass du ein jüdisches Kind bist. Der Kindertransport nach England 1938/39.* Wien: Mandelbaum.

Zweig, Stefan. 1942. *Die Welt von Gestern. Erinnerungen eines Europäers.* Stockholm: Bermann-Fischer.

Kapitel 1

Familie

Wir konnten gut leben.

ET: Wir fangen am besten mit Ihrer Kindheit an. Sie wurden 1925 geboren und kommen aus Köslin. Kamen Ihre Eltern auch schon daher?

LB: Ja, die waren in Köslin geboren.

ET: Können Sie sich noch an die Zeit in Köslin erinnern?

LB: Aber natürlich. Ich kann mich sehr gut an meine Jugend erinnern. Ich hatte eine sehr glückliche Jugend, bis die Nazis zur Macht kamen. Meine Schwester war damals sechzehn. Mein Vater war ungefähr fünfzig, fünfundfünfzig, meine Mutter zwei Jahre jünger. Meine Eltern waren nicht reich, aber sie haben genug gehabt. Wir konnten gut leben, wir hatten eine große Wohnung, einen Flügel. Mein Vater war Klavierspieler, nicht beruflich, aber er hat sehr gut gespielt und unsere Ferien waren immer an der Ostsee am Strand. Dort haben wir drei, vier Wochen gelebt im Sommer in Großmöllen. War eine kleine Stadt, ungefähr 30000 Menschen, und da war eine kleine jüdische Gemeinde, vielleicht achtzig, hundert Personen.

Leslie Baruch Brent

Es war selten, dass wir zusammen auf Ferien gegangen sind.

ET: Können Sie sich noch erinnern an die Zeit in Berlin?

KL: Oh ja. Ich war 14 Jahre alt, ich war schon nen Erwachsener. Wir wohnten im Hansaviertel, am Hansaplatz, Altona Straße 6, das war ein Apartmentblock, aber der ist nicht mehr, ist mit den Bomben runtergegangen.

ET: Können Sie mir etwas über Ihre Eltern erzählen?

KL: Mein Vater kam aus Krone an der Brahe, das ist wohl bei Poznan, bei Posen. Dann kam er nach Berlin. Hat erst für eine Tante gearbeitet, die hatten ein Kurzwarengeschäft und so ein Modegeschäft. Danach hatte er selbst eine Branche von ihr abgekauft, die war am Hansaplatz.

ET: Ihre Großeltern lebten noch in Krone an der Brahe?

KL: Nein. Die waren schon lange, lange weg von Krone an der Brahe.

ET: Und die Familie Ihrer Mutter?

KL: Meine Mutter kam von Pasewalk, Mecklenburg-Vorpommern. Die Eltern sagten immer, ein Teil von der Familie kam aus Portugal, aus Spanien. Waren sephardic, *in English* man sagt, sie waren *more posh* [vornehmer].

ET: Ihre Mutter kam dann nach Berlin?
KL: Mutter hat in Berlin gearbeitet, war Sekretärin. Dann hat sie geheiratet, aber immer noch im Geschäft mitgearbeitet. Es war selten, dass wir zusammen auf Ferien gegangen sind, aber manchmal hat es geklappt.

Keith Lawson

Die juristische Tradition geht noch eine Generation zurück.

GT: Mein Vater und mein Onkel waren Rechtsanwälte und Notare und das Notariat ist ihnen weggenommen worden von den Nazis. Ihre Praxis wurde zusammen von beiden geführt in einem Büro Unter den Linden. Als Kind, an einem Sonntag, hat mein Vater mich in sein Büro mitgenommen. Flotowstraße ist nicht weit weg von der Straße, die damals die Charlottenburger Chaussee hieß, und wir sind in einer Droschke gefahren, noch von Pferden gezogen. Die Taxis in Berlin waren zum Teil Autos und zum Teil waren sie noch Pferdekutschen. Dann sind wir durch das Brandenburger Tor gefahren zu Vaters Büro.
ET: Ihr Vater wurde auch schon in Berlin geboren?
GT: Nein. Mein Vater wurde in einer kleinen Stadt oder in einem Dorf geboren, das hieß Betsche, war in der alten Provinz Posen und Betsche blieb bis nach dem Ersten Weltkrieg noch in Deutschland. Der größte Teil der Provinz Posen wurde zu der Zeit dann polnisch, aber Betsche blieb noch deutsch. Es ist jetzt natürlich polnisch und heißt jetzt nicht mehr Betsche, sondern Pszczew. Meine Großeltern verstarben, bevor ich geboren war. Die ganze Familie zog nach Berlin, wahrscheinlich so Ende des 19. Jahrhunderts. Mein Vater ging auch zu einem Gymnasium in Berlin, das hieß das Friedrichwerdersche Gymnasium. Er muss so im Alter von elf bis 16 Jahren nach Berlin gezogen sein. Und die juristische Tradition geht noch eine Generation zurück, denn mein Vater hatte einen Onkel, der war auch Jurist, wurde aber Richter, nicht Rechtsanwalt. Im Ruhestand ist er nach Danzig umgezogen und da starb er im Jahre 1935; zumindest in Danzig waren die Zustände nicht so furchtbar wie später.
ET: Ihre Mutter kam nicht aus Betsche?
GT: Nein, meine Mutter wurde in Berlin geboren. Ihre Eltern kamen auch aus der Provinz Posen, aber sie sind noch früher als meine väterlichen Großeltern nach Berlin übergesiedelt. Meine Mutter war elf Jahre jünger.

Günter Treitel

Es war ein ganz normales Leben.

Großvater Hermann Trost war Textilhändler. Sie hatten ein kleines Geschäft in Liegnitz in Schlesien. Es war ein Geschäft, das funktionierte. Ich war ja erst zwei Jahre alt, als ich dorthin kam und fünf, als wir wegzogen, also erinnere ich mich nicht an viel. Sie verkauften Stoffe. Das Geschäft lief gut, weil die Leute aus der Gegend dort einkauften. Die Frauen kamen, um Stoff für Kleider, Anzüge, Vorhänge und all das zu kaufen. Dann starb meine Großmutter 1931 oder 1932, ich kann mich nicht genau erinnern. Und mein Großvater gab das Geschäft auf und wir zogen nach Berlin in die Bamberger Straße. Einen Kilometer vom KaDeWe entfernt. In der anderen Richtung war der Bayerische Platz. Ich spielte mit einem Freund dort. Daran erinnere ich mich sehr gut. Wir lebten in einer Wohnung mit einem Balkon im ersten Stock. Meine Mutter war geschieden. Sie schaute nach ihrem Vater. Es war ein ganz normales Leben, nehme ich an. Ich ging in eine Schule in der Nähe. Nachodstraße, denke ich. Da war ich ein Jahr und dann sagten sie, Juden müssten sie verlassen.

Gerald Wiener

Ich glaube, dass meine Eltern mich geschützt haben.

BK: Meines Vaters Name war Jakob, 1884 in Fürth geboren. Ich hab seinen Geburtsschein irgendwo. Er war Schuhvertreter.

ET: Die Familie war schon lange Zeit in Fürth?

BK: Ja, der erste Herr Koschland hat den Namen genommen 1760 oder so, von woher er gekommen ist, in der Tschechoslowakei heißt eine Stadt Kožlany. Er ist nach Süddeutschland gegangen, zuerst, glaub ich, nach Ichenhausen, auch so in der Gegend, und mein Stamm, Vater und Großvater, die waren dann in Fürth. Meine Mutter hieß Babett, besser Bella, die Leute haben sie so genannt. Und ihr Nachname war Ichenhausen, geboren 1900.

ET: Vom Namen dieses Ortes? Und daher kam sie auch?

BK: Sie kam von Fürth. Die Familie muss von Ichenhausen gekommen sein. Wie kommt man sonst zu so einem Namen?

ET: Können Sie sich noch an Ihre Kindheit in Fürth erinnern?

BK: Ja. Natürlich die ersten zwei, drei, vier Jahre, das ist sehr schwer, denn ein kleines Kind erinnert sich nicht, aber ich kann mich erinnern, ungefähr mit sechs, 1937/1938, als man die Nazis gesehen hat. Aber ich habe nichts so gefühlt, ich glaube, dass meine Eltern mich geschützt haben.

Bernd Koschland

Dann sah ich die Pferde herauskommen und ihre Hufe schlugen Funken auf dem Kopfsteinpflaster.

Mein Vater war Rechtsanwalt, hat in München studiert und meine Mutter hat Kunst studiert, sie war Malerin. Der Vater meiner Mutter war aus Ungarn, war Getreidehändler. Der Herr Papa ist in Arnstein geboren und die Familie ging danach nach Würzburg. Er war der Älteste von sieben, glaub ich. Der Nächste, der Onkel, machte mit dem Familienbetrieb weiter. Das war Pferdezucht, Arbeitspferde mit langen Haaren an den Beinen, wirklich wundervolle Geschöpfe, absolut wundervoll. Ich erinnere mich, dass ich auf dem Hof mit den Ställen stand. Dann sah ich die Pferde herauskommen und ihre Hufe schlugen Funken auf dem Kopfsteinpflaster.
Wir wohnten in München-Bogenhausen, in der Possartstraße 10. Und das Interessante ist, das Haus wurde bombardiert und es war weg. Das erste Mal, dass ich wieder zurückgekommen bin, habe ich gesagt: „Ich möchte mir doch mal die Possartstraße 10 anschauen." Gibt's nimmer. [...] Meine Mutter hatte zwei Brüder. Der ältere war ein begabter Pianist. Und er ist in einem von den camps gestorben. Aber was interessant war, obwohl interessant nicht das richtige Wort ist, wahrscheinlich traurig, man hat ihn von einem camp zum anderen geschickt. Mein Bruder hat das entdeckt. Wir haben nie darüber gesprochen, aber ich habe das Gefühl, dass er homosexual war. Wenn man ihn da so wie n Stückerl Waschlappen herumgeschickt hat. Sein Bruder war viel jünger. Sein Name war Waldner, also nicht besonders jüdisch.

Bea Green

Meine Mutter war eine der ersten Studentinnen.

RD: Meine Mutter stammte aus Frankfurt und mein Vater aus dem Odenwald, Fränkisch-Crumbach. Die Familie war da, ich glaub, seit Anfang 18. Jahrhundert. Mutters Familie war überhaupt liberal und hat kaum das Judentum bemerkt. Aber Vaters Familie auf dem Land war schon ziemlich orthodox. Ich meine, nicht streng orthodox, aber auch nicht liberal.

ET: Sie hatten auch mehrere Geschwister, die Kinder aus der ersten Ehe Ihres Vaters und dann die Kinder aus der Ehe Ihrer Eltern.

RD: Ja, das stimmt. Mein Großvater hieß Isaac Oppenheimer, die Großmutter hieß Johanna. Er hatte schon eine Zigarrenfabrik und, ich glaube, die ging ganz gut. Die Frauen vom Dorf und vom Land herum haben gern dort gearbeitet, weil sonst haben sie immer auf dem Feld gearbeitet, haben nie was verdient, sie waren ja die Mütter, die Schwestern, die Tanten und so weiter von den Bauern. Die Fabrik war die erste Gelegenheit, wo Frauen ihr eigenes Gehalt haben konnten und Vater war großzügig. Denn sehr wenige Leute haben damals Pension bezahlt. Das waren die ersten im Dorf, die das Recht hatten.

ET: Ihre Mutter war bereits eine studierte Frau.

RD: O ja, und das war selten zu dieser Zeit. Frauen haben viel später studiert in Deutschland als in England. Sie war eine der ersten Studentinnen. Wie die Großeltern das erlaubt haben, weiß ich nicht. Man ist damals von einer Uni zur anderen gezogen. Sie war zuerst in Heidelberg. Dann in Jena, in Berlin und dann in Frankfurt.

ET: Was hatte sie studiert?

RD: Mathematik und Naturwissenschaften. Sie hat ein Jahr in Kovno unterrichtet. Warum Kovno, verstehe ich nicht. Wir hatten nichts mit Kovno oder Litauen zu tun. Da hat sie ein Jahr in einer Schule verbracht. Es kann eine jüdische Schule gewesen sein, ich weiß nicht, ich glaube, das hat ihr sehr gut gefallen. Aber dann hat sie geheiratet und es waren eigentlich schon drei Kinder da. Vaters erstes Kind Anni hatte die Lungenkrankheit Tuberkulose und ist ganz jung gestorben. Ich kann mich erinnern, ich habe sie auf dem Todesbett gesehen, man hat mich hingebracht. Ich war zwei Jahre alt, 1931, als sie gestorben ist. Sie war Anfang zwanzig und sehr krank. Damals starb man an Tuberkulose.

Ruth L. David

Nach den Briefen zu schließen, muss meine Mutter recht gebildet gewesen sein.

ET: Sie wurden 1930 in Breslau geboren. Können Sie mir etwas über Ihren familiären Hintergrund sagen?

MB: Leider ist mein Wissen sehr gering. Ich werfe es mir selber vor, dass ich meinem Onkel, der überlebt hat und 1975 in England gestorben ist, nicht mehr Fragen gestellt habe. Ich weiß mehr über die Vorfahren meiner Mutter als über die meines Vaters. Sie lebten in Katowice und kamen 1914 oder so nach Breslau. Genaue Daten kenne ich nicht. Und obwohl ich meine Großeltern in Breslau besucht habe und ich eine Vorstellung davon habe, wie sie aussahen, weiß ich nichts über ihren Beruf oder was sie taten. All das ist eine Leerstelle. Über die Eltern meiner Mutter weiß ich etwas mehr. Sie kamen aus Ostrowo aus dem heutigen Polen und ich kann mit Sicherheit sagen, dass meine Großeltern eine Art Hotel oder Pension hatten. Mit fünf oder sechs habe ich angefangen zu verstehen, was passierte. Als erstes habe ich begriffen, dass meine Großmutter von Mutters Seite starb. Leider bekam sie Krebs, gerade als ich geboren wurde. Ich denke, das war 1934. Mein Großvater arbeitete damals als das, was wir heute einen Vertreter nennen würden. Seine Ware war eine Art von Fußbodenpolitur, weil ich mich erinnere, dass er einen Behälter mit dieser Fußbodenpolitur mitbrachte, wenn er uns besuchte. Er kam regelmäßig. Ich glaube nicht, dass er einen festen Wohnsitz hatte, er fuhr viel herum. Mein Vater hatte eine Schwester und einen Bruder. Ich glaube, der Bruder hatte eine Art geistige Behinderung. Über ihn und seine Schwester Lina oder wie ihr Name war, weiß ich wirklich sehr wenig. Über Mutters Seite weiß ich mehr. Sie hatte einen Bruder, der Wissenschaftler war, ein sehr gescheiter Historiker, antike Geschichte, er war ein Experte für Philon Judaeus und Flavius Josephus. Er kam 1934 nach England und forschte zuerst an der Universität von Cambridge und dann in Oxford, aber nachdem er unglücklicherweise während des Kriegs interniert worden war, fand er danach Arbeit bei der BBC in der Auslandsabteilung für die deutsche Sparte. Doch nach einiger Zeit hatte er keine feste bezahlte Anstellung mehr. Sehr traurig. Er arbeitete eine Zeitlang für Ferienagenturen und begleitete Gruppen nach Italien und Deutschland, sprach vier oder fünf verschiedene Sprachen. Sein Leben war einsam, er war nie verheiratet. […]

ET: Hatte Ihre Mutter einen Beruf?

MB: Nein, ich glaube nicht. Ich weiß sehr wenig über die Zeit, bevor sie geheiratet hat. Sie war eine sehr fürsorgliche Frau, liebte das zu Hause und sorgte gut für uns. Ich weiß nicht, aber nach den Briefen zu schließen, muss sie recht gebildet gewesen sein. Soweit ich weiß, hat sie nach der Schule keine weitere Ausbildung gehabt.

ET: Ihr Vater war Richter?

MB: Ja, er wurde 1937 entlassen, bekam eine kleine Pension, aber nichts, womit man viel anfangen konnte.

Michael Brown

Das war ja alles so begrenzt für uns.

ET: Ihr Mädchenname war Margarete Abrahamsohn, in Berlin-Schöneberg geboren. Können Sie mir etwas über Ihre Familie sagen?

MR: Wir waren Halbjuden. Mein Vater war jüdisch und meine Mutter nicht und sie war auch eine treue Kirchgängerin. Mein Vater war Rechtsanwalt und Notar und konnte eben in den letzten Jahren seinen Beruf nicht mehr ausüben. Ich hab ihn, glaub ich, gar nicht gekannt, dass er noch in seinem Büro arbeiten konnte. Meine Mutter war Hausfrau. Sie hatte wohl auch besonders gelernt, in einer Hauswirtschaftsschule.

ET: Kamen Ihre Eltern beide schon aus Berlin?

MR: Ich glaube nicht. Ich glaube, meine Mutter war wahrscheinlich Berlinerin.

ET: Ihre Mutter war katholisch oder protestantisch?

MR: Protestantisch.

ET: Kam der Vater aus einer anderen Gegend von Deutschland?

MR: Ich glaube, ja. Er hat dann auch studiert. Ich hab noch eine ältere Schwester.

ET: Können Sie sich noch an Ihre Großeltern erinnern?

MR: Nein, an die von väterlicher Seite überhaupt nicht. Die mütterliche Großmutter hab ich vielleicht noch gesehen, aber da war ich noch klein. Meine Mutter hatte vier Brüder, denen es wahrscheinlich nicht gefallen hat, dass sie einen Juden geheiratet hat, aber …

ET: Die wohnten auch in Berlin?

MR: Nein, irgendwo weiter weg. Wir konnten ja kaum wohin. Das war ja alles so begrenzt für uns.

Margarete von Rabenau

Ich habe in den Kessel geschaut, wie sie die Schokolade gerührt haben.

ET: Sie wurden 1923 in Wien geboren. Können Sie etwas über die Familie des Vaters und der Mutter erzählen?

WK: Der Großvater ist in Polen geboren, genau weiß ich das jetzt nicht, ich müsste das nachschauen. Mein Vater ist in Wien geboren und meine Mutter in Russland, in einer kleinen Stadt in der Nähe von Kiew mit einem langen Namen.

ET: Die Mutter kam mit der Familie dann nach Wien?

WK: Ja, wie sie ein kleines Mädel war. Ich habe noch ein Bild von ihr mit ihrer Schwester, es muss Anfang 20. Jahrhundert gewesen sein. […]

ET: Der Großvater, also der Vater von der Mutter, ist nach Wien gekommen?

WK: Er hat studiert. Ich habe ihn nie gekannt, denn er ist, ich glaube, drei Jahre bevor ich geboren bin, gestorben. Er war so Privatwissenschaftler, wir hatten nie mit ihm zu tun gehabt, weil er so weltfremd war. Die Großmutter war dann allein, die Brüder meiner Mutter waren achtzehn, neunzehn Jahre jünger als sie. Die haben im selben Haus wie wir in Wien gewohnt, im dritten Stock, die Großmutter mit ihren zwei Söhnen, und durch Zimmervermieten hat sie es ermöglicht, dass beide Burschen studieren konnten. Der eine war Doktor der Rechte, der ältere, der andere hat Mathematik studiert und hat dann Versicherungsmathematik gemacht. Beide sind nach Amerika.

ET: Die Familie vom Vater hat auch im selben Bezirk gewohnt?

WK: Hat auch im 2. Bezirk gewohnt. Aber die waren weiter weg. Der Großvater hatte am 4. Mai Geburtstag, also 1856, in Polen, ich glaube, und er ist 1933 gestorben, eines natürlichen Todes.

ET: Was war der Großvater von Beruf?

WK: Wenn ich mich erinnere, haben sie eine Auskunftei gehabt, eine kommerzielle Auskunftei.

ET: Was hat Ihr Vater beruflich gemacht?

WK: Der Vater wollte immer Arzt werden und leider Gottes, die Großmutter, sie hätte es ermöglichen können. Aber ich weiß, die andere Großmutter, die mütterliche Großmutter, sie hat gesagt: „Warum lassen Sie Ihre Söhne studieren? Sie sollen arbeiten gehen." Und hat meinen Vater nicht studieren lassen. Er musste arbeiten gehen, war zuerst kommerzieller Angestellter. Meine erste Erinnerung, da war ich zirka drei, vier Jahre alt. Er hatte eine Schokoladenfabrik gehabt in Wien, gute Schokolade, ich erinnere mich an die Schokolade. Er hat mich einmal mitgenommen und da haben sie mich gehalten und habe in den Kessel geschaut, wie sie die Schokolade gerührt haben. Er war aber nicht sehr schlau in der Wahl seiner Mitarbeiter. Die haben dann eines Tages alles ausgeräumt und dann ist das pleitegegangen. Er hat schwer gearbeitet, aber, leider Gottes, hat sich dann als Handelsreisender sein Brot verdient.

Walter Kammerling

Mein Großvater war ein Oberrabbiner.

Mein Großvater war ein Oberrabbiner. Damals kamen jüngere Leute auf Besuch. Und ein Offizier der österreich-ungarischen Armee auf Urlaub in Wien, er war vielleicht 22 oder 23, hat den Oberrabbiner besucht. Da der Oberrabbiner beschäftigt war, hat meine Mutter sich mit ihm unterhalten. Meine Mutter war vielleicht 18 Jahre oder so etwas Ähnliches. [...] Mein Vater war Rechtsanwalt. Er konnte nicht mehr arbeiten nach dem Anschluss. Das war sehr schwer, die jüdischen Anwälte waren die *most disliked.*

Karl Grossfield

Der Bruder meines Vaters nahm mich mit sich nach Breslau.

Ich bin in Kolomea geboren. Vor dem Krieg war es Galizien. 1930 haben es die Russen besetzt und heute ist es Ukraine. Mein Vater hatte ein Buchbindergeschäft. Ich hatte eine jüngere Schwester und einen jüngeren Bruder. Meine Großmutter ist vor dem Ersten Weltkrieg gestorben. Sie kam aus Rumänien und mein Großvater hat gelebt, bis die Deutschen die Juden getötet haben. Eigentlich haben Ukrainer viele Juden getötet in Kolomea. Während des Ersten Weltkriegs hat die ganze Familie in Wien gelebt. Mein Onkel und meine Tante kamen aus Breslau nach Wien und sie waren alle zusammen. Mein Onkel und meine Tante wohnten in demselben Gebäude wie Robert Stolz. Von den Eltern meiner Mutter habe ich keine Ahnung. Ich weiß nichts.

Mit fünf Jahren bin ich von Kolomea weg. Der Bruder meines Vaters nahm mich mit sich nach Breslau, er hatte ein großes Geschäft und Immobilien, alles Mögliche, er war sehr reich. Aber er ist 1933 gestorben. Ich fing die jüdische Schule Ostern 1932 an. Nach dem 9. November wurden die Lehrer abtransportiert nach Buchenwald, Konzentrationslager. Und das war das Ende meiner Schulausbildung.

Ben Brettler

Da haben sie sich getroffen und ich bin das Resultat.

ET: Wo sind Sie 1924 geboren?

HH: In einem Kaff mit Namen Brambauer, Kreis Lünen.

ET: Wie war der Name Ihres Vaters?

HH: Mein Vater lief in Deutschland unter dem Namen Adolf. Sein richtiger Name, mit dem er geboren wurde in Polen, war Ben-Zion. Er war 1869 in Warschau geboren, meine Mutter 1894 in Krakau und hieß Fela. Mein Vater kam 1916 nach Deutschland. Er war qualifizierter Metalldreher und wurde 1916, wenn man so sagen darf, rekrutiert und arbeitete bei Hösch in Dortmund bis 1920, als die Deutschen dann wieder zurückkamen. Dann hat er ein Herrenwarengeschäft aufgemacht in Dortmund. Das lief einigermaßen gut bis 1927/28. Da war dann die Depression.

ET: Was hat Ihre Mutter gemacht?

HH: Meine Mutter war Hausfrau, hat auch im Laden geholfen, bis 1932, da kam mein Bruder Manfred.

ET: Wie hat sie Ihren Vater kennengelernt?

HH: Meine Mutter kam auf Besuch nach Brambauer, wo ihr Bruder mit einer deutschen Jüdin verheiratet war. Die hatten auch ein großes Herrenwarengeschäft. Und mein Onkel und meine Tante führten meine Mutter aus zu einem koscheren Gasthaus in Dortmund, wo mein Vater wohnte. Da haben sie sich getroffen und ich bin das Resultat. [...] 1934 waren die Nazis schon am Ruder und das Geschäft lief nicht mehr. Meines Vaters Familie war zu großen Teilen nach Palästina ausgewandert. Und wir hatten auch die Absicht, aber konnten es uns nicht erlauben. Und 1934 entschieden meine Eltern, die Wohnung in Dortmund aufzugeben, und so zogen wir nach Brambauer zurück, wo mein Vater dann ein Seifenwarengeschäft eröffnete. Das lief einigermaßen. Die Bevölkerung da war zum großen Teil nicht deutsch, weil sie ja auch in der Kohlengrube arbeitete, aber nicht jüdisch, möchte ich betonen.

Herbert Haberberg

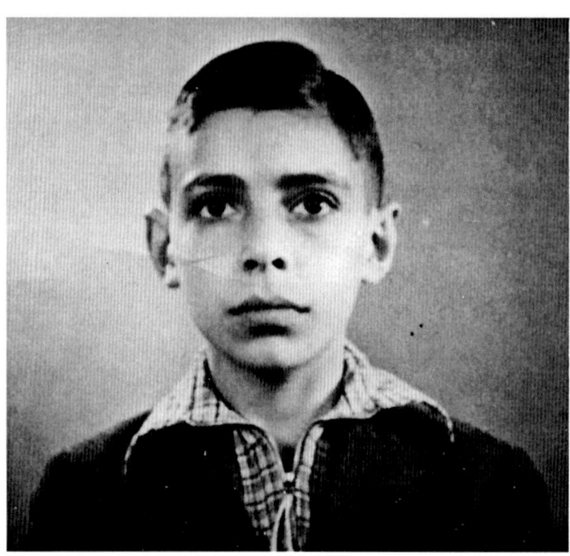

Wir waren eine arme, aber liebvolle Familie.

MS: Meine Mutter kam aus Meseritz und mein Vater aus Zwickau. Sie trafen sich wohl in Leipzig, aber ich bin nicht ganz sicher.

ET: Sie wurden in Leipzig geboren?

MS: Nein. Mein Bruder muss in Leipzig geboren sein, der ältere. Aber ich wurde in Bochum geboren. Das Komische ist, dass ich keine Geburtsurkunde habe und keine aus Deutschland bekommen konnte. Ich hatte nie daran gedacht. Jedenfalls hat ein Freund meine Geburtsurkunde bekommen und darauf stand, dass ich zu Hause geboren wurde, in der Querenburgerstraße.

ET: Waren Ihre Eltern beide Juden?

MS: Ich weiß es nicht, mein Vater sicher.

ET: Erinnern Sie sich an Ihre Großeltern?

MS: Nein. Wir hatten keinen Kontakt mit Verwandten, waren vollkommen allein. Das einzige Mal war an meinem achten Geburtstag, daran erinnere ich mich. Meine Großmutter schickte mir Ohrringe aus Koralle. Und dann hörte ich, dass sie, kurz bevor wir aus Deutschland weggeschickt wurden, gestorben war.

ET: Wie war der Name Ihres Bruders?

MS: Gershon. Nein, Georg, aber in Israel wurde es Gershon. Er war vierzehn Jahre älter.

ET: Haben Sie noch weitere Geschwister?

MS: Wir waren fünf Kinder. Ich war die Jüngste. Nach der Depression waren wir sehr arm. Ich glaube nicht, dass mein Vater jemals eine richtige Anstellung danach bekommen hat. Und ich denke, dass meine Mutter als Putzfrau arbeitete. Es ist alles so vage, denn damals sprach man über nichts mit den Kindern. Als ich hierherkam, machte ich immer einen Knicks. Wir waren eine arme, aber liebevolle Familie. Wo wir wohnten, gab es einen Park, der nicht weit weg war. Und wir gingen sonntags dort spazieren und zogen uns gut an.

Margot Showman

Sie haben mir einen Satz auf Tschechisch beigebracht.

RC: Mein Vater kam ursprünglich aus der Tschechoslowakei, aus Wesseli an der Marsch. Die Eltern von meinem Vater habe ich, als ich ein kleines Mädel war, getroffen. Wir sind einmal in die Tschechoslowakei gefahren. Ich konnte kein Tschechoslowakisch sprechen. Sie haben mir einen Satz auf Tschechisch beigebracht: „Mein kleines Mädel, wenn jemand fragt, woher du kommst, sag *jsem svině*." Ich fragte: „Was heißt das?" „Das heißt, ich komme aus Wien." But, was sie eigentlich gesagt haben, *jsem svině*, ich bin ein Schwein. Und so bin ich herumgegangen. „*Jsem svině*." Ich habe mich gewundert, weil jeder so viel lacht.

ET: Und die Großeltern sprachen kein Deutsch?

RC: Ich glaube. Ich kann mich nie an eine Konversation mit denen erinnern. Ich hab Angst gehabt vor denen, die waren so anders wie ich oder meine Eltern.

ET: Warum?

RC: Alt. *Very set.* Wie sagt man das auf Deutsch?

ET: Ein bisschen steif.

ET: Haben Sie die Eltern von der Mutter noch kennengelernt?

RC: Meine Mutter war in Wien geboren. Ich habe nur den Großvater Emil, den Vater meiner Mutter kennengelernt. Rosa Horner hieß die Mutter und der Vater Emil Rosenblatt. Meine Mutter war Jeannette Rosenblatt.

ET: Die Brüder von der Mutter lebten auch in Wien?
RC: Ja, die wohnten in Wien. Ich war bei ihnen, but nicht sehr oft.

Rosemarie Cawson

Seine Frau war die Geschäftstüchtigere.

ET: Dein Vater war Zahnarzt. Kannst du etwas über die Familie deines Vaters erzählen?
PK: Sein Vater war orthodox jüdisch in Wien und hat ein ganz kleines Juwelengeschäft gehabt. Mein Vater hat immer gesagt, dass seine Frau die Geschäftstüchtigere war. Er war ein netter Mann und hat hier in England gewohnt, bis er 84 war. Meines Großvaters Schwiegervater war von der Tschechoslowakei, von Austerlitz, wo meine Großmutter herkam. Auch sie kam mit 91 nach England, ist mit 99 gestorben.
ET: Die Familie deines Großvaters wohnte schon lange in Wien?
PK: Ich glaub, zwei Generationen früher waren sie von Polen gekommen. Er hatte einen Bruder gehabt, der ein Doktor wurde und nach New York ist in der Hitler-Zeit.
ET: Die Familie Weiß, die Familie der Mutter war auch seit Generationen in Wien?
PK: Nein, die kamen nicht aus Wien, sondern aus Österreich, wo der Weinberg war. Das war ein sehr gutes Geschäft. Aber wie sie es dann übernommen haben, haben sie Bankrott gemacht. Und die sind dann nach Wien gegangen.

Peter Kurer

Sie wollten niemandem sagen, dass sie von Ungarn kamen.

HH: Mein Vater hieß Weißrock und meine Mutter Lotti. Charlotte Serilmann Rotholz. Sie hatte einen Stiefvater und einen Vater.
ET: Woher kam die Familie Rotholz?
HH: Das weiß ich auch nicht. Ich glaube Ungarn. Und ich weiß nicht warum, aber sie wollten niemandem sagen, dass sie von Ungarn kamen.
ET: Aber sie haben schon in Berlin gelebt?
HH: Ja, die ganze Zeit, als wir geboren wurden, haben sie dort gelebt.
ET: Was war Ihr Vater von Beruf?
HH: Ich weiß nicht, was er war. Als wir nach Persien gingen, hat er erst mit Öl zu tun gehabt. Aber dann hat er eine Buchhandlung aufgebaut. *The first European* Buchhandlung. Wir haben ein großes Haus gehabt.

Helga Hanfling

Mein Vater hieß Sali, das ist kurz für Salomon.

HS: Mein Vater hieß Sali, das ist kurz für Salomon, geboren 1880. Und meine Mutter hieß Frieda, geboren 1888.
ET: Und Ihre Eltern stammten beide aus Fürth?
HS: Meine Familie hatte ein Geschäft, einen Laden in Fürth. Ich hatte einen älteren Bruder, Fritz, später Frank, noch vor dem Ersten Weltkrieg geboren.
ET: Und die Großeltern kamen auch aus Fürth?
HS: Die Großmutter kam aus Fürth, der Großvater kam von einem Dorf, Sugenheim. Die hatten das Geschäft. Die Eltern von dem Vater wohnten in Kitzingen. Und als der Großvater starb, wie ich ganz jung war, zog die Großmutter nach Frankfurt. Sie hatte drei Söhne und eine Tochter und wohnten in Frankfurt.

Heinz Skyte

Mein Vater wurde als Frontkämpfer von den Nazis ausgezeichnet.

FL: Mein Vater war geborener Berliner, meine Mutter war in Magdeburg geboren. Meine Großmutter väterlicherseits kam auch aus Berlin und mein Großvater, der vor dem Ersten Weltkrieg starb, den ich nicht kannte, der kam aus was jetzt Polen ist.
ET: Was haben Ihre Eltern beruflich gemacht?
FL: Vor dem Ersten Weltkrieg war mein Vater Fabrikbesitzer und hat Baumwolle fabriziert. Das ist natürlich durch den Ersten Weltkrieg kaputtgegangen. Dann war er kaufmännischer Vertreter in der Fahrradbranche.
ET: War Ihr Vater Soldat im Krieg?
FL: Ja. Er war in der Artillerie und wurde als Frontkämpfer ausgezeichnet.
ET: Ihre Mutter hat auch gearbeitet?
FL: Nein, sie hat studiert, um Lehrerin zu werden, aber hat dann geheiratet, als sie – glaub ich – zwanzig war.

Fritz Lustig

Wieso kamen ein ungarischer Jude und eine tschechische Jüdin in ein kleines österreichisches Dorf?

ES: Vater war in Ungarn geboren, in einer Grenzstadt, Eisenstadt. Ich habe mich immer gewundert, warum mein Vater eine Tschechin geheiratet hat, in einem kleinen Dorf in Österreich. Wieso kamen ein ungarischer Jude und eine tschechische Jüdin in ein kleines österreichisches Dorf, wo haben sie einen Rabbiner gefunden? Ich glaube, das war nur eine religiöse Heirat. Denn später in London mussten sie wieder heiraten, weil sie keine Dokumente hatten.

ET: Sie sind dann 1919 geboren, kurz nach dem Krieg. War der Vater auch im Krieg?

ES: Nein, er war hier. Meine Eltern sind sofort nach der Heirat nach London gefahren, um ihre Familie zu besuchen. Ich habe aber das Gefühl, dass sie auch daran dachten, auszuwandern. Damals war das ja keine Schwierigkeit, brauchte man keine Dokumente. Dann brach der Krieg aus. Mein Vater hat mir einmal gesagt, er ist zu spät zum Bahnhof gegangen. Aber ich glaube, es war nicht wahr. Er wollte nicht in den Krieg. Er wurde hier in ein Kriegsgefangenenlager, *the Isle of Man*, gesteckt und ich habe sogar seinen Namen dort gefunden.

ET: Nach dem Krieg sind sie nach Wien zurückgegangen?

ES: Hat er einen Brief von seiner Schwester bekommen: „Du musst zurückkommen. Der Vater ist gestorben, du musst auf die Mutter achtgeben." Warum er auf die Mutter achtgeben musste? Ich glaube, sie hat unterdessen eine eigene Familie gehabt. Sie war die große Schwester, sie hat ihm gesagt, was er tun muss. Sie hat ihn auch sehr liebgehabt. Und ich bin in Wien geboren im Wilhelminenspital.

ET: In welchem Bezirk hat die Familie gewohnt?

ES: Im 14. damals. Ich sage damals, denn während des Krieges wurde Österreich ein Teil von Deutschland und nach dem Krieg haben sie die Bezirke etwas geändert und die Wohnung ist nicht mehr im 14. Bezirk. Ich glaube, im 15. oder im 13.

Eric Sanders

Meine Eltern waren Cousin und Cousine.

ET: Sie sind 1919 in Wien geboren, direkt nach dem Krieg. Ihre Eltern hießen beide Rosenfeld.

VR: Sie waren Cousin und Cousine, deswegen haben sie denselben Namen. Mein Vater war Rechtsanwalt. Meine Mutter hatte zuerst keinen Beruf. Sie hat die Schule mit 15 verlassen, glaub ich, war ganz ungebildet in einem bourgeoisen Sinn, bis mein Vater sie sozusagen erzogen hat. Sie haben jung geheiratet. Ich habe Brüder und Schwestern gehabt, die sind alle tot. Ich war der Letzte von vieren.

ET: Wissen Sie noch, wo Sie gewohnt haben in Wien, in welchem Bezirk?

VR: Im 13. Bezirk, Hitzing.

ET: Die Mutter stammte aus Berlin?

VR: Ja. Der Vater stammte aus Wien. Ich glaube, meine Großväter waren Brüder.

ET: Was haben die beiden Großväter getan beruflich?

VR: Sie waren im Theater, Theaterbesitzer. Das war ein Großvater. Der andere war ein sehr bekannter Anwalt in Wien.

Victor Ross

Sie waren sehr gute Deutsche.

SS: Mein Vater war in der Ukraine geboren, dann ist er mit seinen Eltern nach Warschau gezogen. Meine Mutter ist in Krakau geboren. Sie kamen beide nach Deutschland. Mein Vater war ungefähr siebzehn Jahre alt und meine Mutter auch. Das war 1919. Meine Mutter hat ihre Mutter verloren als vierjähriges Kind und sie wurde bei ihren Großeltern aufgezogen. Sie hatte eine Tante, die Schwester von ihrem Vater, in Chemnitz, so ist sie nach Chemnitz gekommen. Mein Vater kam zu Besuch zu der Tante, da haben sie sich kennengelernt und verliebt. Mein Vater hatte keinen Beruf, er war Händler und meine Mutter hat mit dem Vater gearbeitet. Mein Bruder ist 1924 geboren, er hieß Friedrich Wilhelm wegen des deutschen Kaisers.

ET: Das heißt, Ihre Eltern waren sehr deutsch, sie liebten den Kaiser.

SS: Ja, sie waren sehr gute Deutsche. Sie haben beide Hochdeutsch gesprochen.

Stella Shinder

Mein Vater war ein Luftmensch.

ET: Sie sind 1922 in Frankfurt geboren. Ihr Vater hieß Marcel Block und Ihre Mutter?

PB: Juanita Schönefeld, sie ist in Spanien geboren. Aber ich hab nie herausfinden können, was ihr Vater dort in Spanien gemacht hat, eine Art *businessman*. Ihre zwei Brüder sind in Spanien geboren. Mein Großvater ist nach dem preußisch-französischen Krieg von Bayern, wo die wohnten, ins Elsass gezogen, wo er Leiter einer Textilfabrik war. Und dort ist mein Vater geboren, aber deutsche Staatsbürgerschaft. Die wurden dann natürlich nach dem Ersten Weltkrieg rausgeschmissen und sind dann nach Frankfurt.

ET: Was hat Ihr Vater beruflich gemacht?

PB: Das ist ne gute Frage. Meiner Ansicht nach war er ein Luftmensch. Er war sehr charmant. Aber ich kann mich nicht erinnern, dass er irgendwelche richtige Arbeit hatte. Von was wir gelebt haben, weiß ich nicht. Im Elsass waren die sehr, sehr vermögend. Und dann ist der Großvater noch vor dem Ersten Weltkrieg, glaube ich, gestorben. Meine Großmutter ist danach aus welchem Grund nach Frankfurt gezogen. Mein Vater war schon ziemlich alt und seine älteren Brüder sind im Krieg gefallen. Und ich weiß nicht, warum mein Vater nicht im Krieg war, denn er hätte das richtige Alter haben müssen.

ET: Hat Ihnen denn hier, als Sie nach Edinburgh kam, in die *prep school*, hat Ihnen die Familie gefehlt?

PB: Mein Vater war einmal hier in den Sommerferien und meine Großmutter auch, meine Großmutter Marvine, seine Mutter, eine *lovely woman*. Meine andere Großmutter hat ne ganz andere Geschichte. Die sind in Spanien gewesen, als mein Großvater dann starb, ist sie zurück. Sie kam aus Böhmen. Also, die ganze Familie kam aus Böhmen und Mähren und ist zurück und hat ein Geschäft eröffnet in Karlsbad mit sehr teurer Bettwäsche und Tischwäsche, Maison Schönefeld, das – muss ich sagen – schon weltberühmt war. Eine sehr starke und willensstarke Person. Und ich glaub, der hat mein Vater auch nicht sehr gut gefallen, denn er war ein Luftmensch, charmante Person. Irgendwer hat mir mal gesagt: „Marcel était toujours assis dans un fauteuil." [Marcel saß immer im Sessel.]

Peter Block

Ich wusste überhaupt nichts über Juden.

ET: Sie sind in Hamburg-Eppendorf geboren. Können Sie den Hintergrund Ihrer Familie genauer erklären?

MT: Meine Vorfahren, schon die Großeltern, sind alle irgendwie konvertiert, meine Großmutter wurde schon als Baby getauft. Das war auch auf ihrer Todesurkunde, die mir die Tschechen netterweise aus Theresienstadt geschickt haben, da steht *Religion evangelisch*. Aber sie ist irgendwann im November 1942 dort elend umgekommen, alte Menschen damals, sie war 74, glaub ich. Sie war recht aktiv christlich mit meinem Großvater, der schon 1926 starb, er war sogar Kirchenältester in der evangelischen Kirche. Sie waren befreundet mit dem Pastor. Meine Mutter war dann sehr bald leider alleinerziehend mit mir, wie ich so zwei, drei Jahre alt war, in Hamburg-Blankenese. Wir haben sonntags die Bibel gelesen, irgendein Kirchenlied gesungen und zu Weihnachten immer die Geburtsgeschichte Jesu Christi. Aber wir sind nicht mehr in die Kirche gegangen, weil die Pfarrer zunächst, wenigstens in Blankenese, deutsche Christen waren und auch so ein bisschen antisemitisch eingestellt. Wie sich später herausstellte, haben die auch die Namen aller konvertierten Juden weitergegeben. Das hat natürlich zur Endlösung mit beigetragen. Also gut, ich wusste überhaupt nichts über Juden, bis meine Mutter mich aufklärte 1938, kurz bevor sie sich entschloss, dass wir doch möglichst, wenn's noch geht, auswandern sollten.

Michael Trede

Orte der Kindheit

Berlin

Der Tiergarten und das KaDeWe, was ich als Kind so mochte

ET: Sie sagten, dass Sie recht aufgeregt waren, als Sie mit Ihrer Frau nach Berlin fuhren. Weil Sie etwas wiedererkannten?

GW: Ja. Ich ging leider nicht zu meiner Schule, ich weiß nicht warum. Ich erinnere mich an bestimmte Stellen und es war aufregend, die Bamberger Straße entlang zu gehen. Aber vieles hat sich auch verändert. Die Wohnung, wo wir lebten, gab es nicht mehr und der ganze Platz ist größer geworden. Aber der Tiergarten und das KaDeWe, was ich als Kind so mochte, und auf dem Kurfürstendamm spazieren, das alles hatte nicht mehr denselben Charme wie damals, als ich als Kind sonntags dorthin ging mit meinem Großvater und meiner Cousine Marion und ihren Eltern, die in Auschwitz starben. Wir durften uns einen Kuchen aussuchen. Vielleicht ist das der Grund, weshalb ich bis heute gerne dorthin gehe, wo sie gute Kuchen haben. Ich weiß es nicht. Es muss noch ein bisschen Deutschland in mir geben.

Gerald Wiener

Wir wählten unsere eigenen Klubs, unser eigenes Theater, unser eigenes Schwimmbad.

ET: Wie war es 1936 in Berlin?

VR: Ich mein, ich war mir der Feindseligkeit der Lehrer bewusst. Meine Mitschüler, die konnten nicht viel machen, weil ich sehr selbstständig, sehr aggressiv war. Außerdem war ich ein Ausländer. Ich war ein Österreicher. Deswegen haben sie mich etwas, wie soll ich sagen, nicht respektiert und auch nicht geschont. Sie haben mich anders behandelt als einen deutschen Mitschüler, der jüdisch gewesen wäre. Also, es war kein schweres Leben in der Beziehung.

ET: Und auch außerhalb der Schule nicht?

VR: Nein, gar nicht. Aber natürlich im Sinne, dass man nicht am wirklichen deutschen Berliner Leben teilgenommen hat. Wir wählten unsere eigenen Klubs, unser eigenes Theater, unser eigenes Schwimmbad. In dem Sinne waren wir also ausgeschlossen. *No dogs, no Jews.*

Victor Ross

Der Pastor war in der Bekennenden Kirche.

Wir gingen in eine katholische Grundschule. Das war wahrscheinlich auch eben, weil wir dort mehr akzeptiert wurden, als vielleicht in einer gewöhnlichen Schule. Dann kamen wir in ein Cäcilienlyzeum in Berlin. Aber dann durften wir im letzten Schuljahr nicht mehr zur Schule gehen. Und man war natürlich immer als Jude ausgezeichnet. Aber meine Mutter ging sehr treu und gerne in eine Nachbarkirche, wo ein Pastor von Rabenau, Eitel-Friedrich von Rabenau, der Pfarrer war. Der war in der Bekennenden Kirche. Es war bekannt, dass er eben für Juden Sympathie hatte, und dass wir dort angenommen werden würden. Da gingen wir dann auch ganz regelmäßig und gerne in die Jugendgruppe. Ich war befreundet mit einer Tochter von Pastor von Rabenau. Und auch mit ihrem Bruder. Und wir blieben in Kontakt, als wir nach England gingen.

Margarete von Rabenau

Wien

Mit dem Schnee viel Spaß gehabt in unserem Garten.

ET: Kannst du dich noch erinnern an Wien, an diese erste Kindheit?

PK: Ich kann mich schon an ein paar Sachen erinnern. Selbstverständlich kann ich mich erinnern, wie Hitler *was welcomed*, als er reingekommen ist. Die Aeroplane sind den ganzen Tag da herum und ich kann mich erinnern, meinen Vater zu fragen, wieso haben die so viele Aeroplane? Die Swastikas an jeder Wand. Und ich kann mich erinnern, herunterzugehen in die Straße, um zu sehen, ob meine Mutter den Fußweg polieren muss. Da waren ziemlich viel jüdische Frauen, die das machen mussten. Aber ich weiß nicht warum, meine Mutter war nicht eine von denen. Aber vor der Zeit kann ich mich noch erinnern, mit dem Schnee viel Spaß gehabt zu haben in unserem Garten in Wien und Schneemann zu machen. Meine Eltern hatten eine schöne Wohnung, und da wir zeitlich nach England gekommen sind, das heißt, wir sind im Juni 1938 nach England gekommen, konnten wir unsere Möbel bringen und, was viel wichtiger war, mein Vater den Zahnstuhl und alles, so dass er hier Zahnarzt werden konnte.

Peter Kurer

Da musste man es hinnehmen.

WK: Wir waren im 2. Bezirk und der 2, Bezirk hat historisch eine große Anzahl Juden gehabt, es war das Ghetto. Unsere Schule zum Beispiel, das war das Realgymnasium im 2. Bezirk und in unserer Klasse waren von 36 Schülern vier Nichtjuden. Einer war getauft, das war ein Jude, es hat nachher nicht viel genützt. Auf der Straße, wenn es da hieß „Juden" und so weiter, das hat man hingenommen. Nach dem Anschluss, da musste man es hinnehmen. Dann sind wir immer verprügelt worden. Die waren immer in der Mehrheit, sonst haben sie das nicht gemacht. Es hat einen Antisemitismus vorher gegeben und nachher natürlich auch.

ET: Haben Ihnen die Eltern gesagt, was man machen sollte?

WK: Aber nein, überhaupt nicht, was ist zu machen? Ich meine, dagegen kannst nichts machen, es ist so. Man darf es nicht vergessen. Die Atmosphäre in Wien war sehr interessant kulturell in jeder Weise. Der jüdische Einfluss war sehr groß. Humor, Theater, Film. Das ist alles weg.

Walter Kammerling

Breslau

Ich wollte Straßenbahnfahrer werden.

ET: Erinnern Sie sich an Breslau?

MB: Ich wurde dorthin gebracht, um bei einer Großtante, Tante Hedwig, zu bleiben. Ich glaube, sie mochte mich recht gern. Ich kann mich ungefähr an die Wagen der Straßenbahn erinnern, der Elektrischen. Als Junge war ich fasziniert davon. Ich wollte wirklich Straßenbahnfahrer werden, wir hatten keine in Oppeln. Das ist es, was ich besonders von Breslau erinnere.

ET: Weil Sie in Oppeln groß wurden?

MB: Meine Eltern mussten kurz nach meiner Geburt dort hingezogen sein. Mein Vater bekam eine Stelle dort, er war Landgerichtsrat. Ich glaube, sein Fachgebiet war Arbeitsrecht und bemühte sich sehr um seine Karriere, so kurz sie auch war, denn 1937 wurde er entlassen.

Michael Brown

Vorne die besseren Zimmer, das waren die Biedermeier-Zimmer.

ET: Sie sind auch in Breslau zur Schule gegangen?

RD: Ja. Meine Eltern hatten sehr viele Verwandte, Bekannte und ich wurde eingeladen. Die hatten Kinder und da haben wir zusammen gespielt auf der Erde, meistens Spiele mit Bällen oder irgendwas, und die waren fast alle Musiker. Meine Mutter war auch Musikerin, sie hat Klavierstunden in Breslau gegeben. Das erste Jahr hatte ich noch eine Großmutter mütterlicherseits, die war einmal zu Weihnachten da. Wir haben nie Chanukka gefeiert. Immer Weihnachten. Die Leute, die beim Vater geholfen haben in der Praxis, die hatten eine kleine Weihnachtsbescherung. Da war ein großes Zimmer und die Türen waren offen und das war immer sehr aufregend für mich zu sehen. Ich habe die Ida sehr geliebt. Das war die Köchin. Und da hab ich oft mit ihr zusammen gekocht. Sie hatte da ein schönes Zimmer bei meinem Vater, alles in der großen Wohnung. Müssen acht Zimmer gewesen sein. Vorne die besseren Zimmer, das waren die Biedermeier-Zimmer.

Ruth Danson

Hannover

Es war eine große, eindrucksvolle Villa.

ET: Sie lebten in der Nähe vom Königsworther Platz?

MB: Ja. Wir fanden eine nette Wohnung, nach zwei vergeblichen Versuchen, so steht es in den Briefen meiner Eltern. Das Gebäude gehörte ursprünglich einem deutschen jüdischen Industriellen namens Joseph Berliner, ein recht beeindruckender Mann, der Anfang 1938 starb. Es war eine große, eindrucksvolle Villa, die noch steht. Als Nachkommen gab es eine alleinstehende Tochter. Sie vermietete entweder freiwillig oder gezwungenermaßen Räume in dem Gebäude in der Brühlstraße. Wenn man in Richtung des Platzes geht, ist es das letzte Gebäude links.

ET: Besitzen Sie noch etwas von Hannover, von Ihrer Familie, das Sie behalten haben?

MB: Ich hatte eine Fotografie von meinen Eltern in einer Art Glasrahmen. Und ich erinnere mich, dass ich sehr darauf Acht gegeben habe. Sie ist über die Jahre verschwunden. Aber lange Zeit habe ich sie angeschaut und mich erinnert. Ja, das hat mir sehr viel bedeutet.

Michael Brown

Frankfurt

Ich erinnere mich besonders an den Polarbären.

ET: Können Sie sich noch an Frankfurt erinnern?

ES: Oh ja, ich habe viele Erinnerungen. Als ich nach Frankfurt zurückkam, war ich überrascht, dass der Bahnhof noch genauso aussah, wie ich ihn in Erinnerung hatte. Und ich erinnere mich an den Zoo, weil wir, so nehme ich an, ziemlich oft in den Zoo gegangen sind, und woran ich mich besonders erinnere, ist der Polarbär, der nahe am Eingang war. Er schlug seine Hände zusammen und sagte: „Bild, Bild". Nun, da war immer noch eine Nische für den Polarbären, als wir zurückkamen. Das hat mich auch sehr überrascht. Ich kann mich an nichts anderes vom Zoo erinnern. Nur an den Bären. Und ich erinnere mich an die Schumann-Straße, wo wir wohnten, wo die Universität ist.

Eva Shrewsbury

Bunzlau

Seitdem bin ich begeistert von Zügen.

ET: Erinnern Sie sich noch an diese Jahre in Bunzlau?

JR: Hauptsächlich an schlimme Dinge. Ganz deutlich erinnere ich mich an die „Kristallnacht". Wir hatten einen Gemischtwarenladen. Haushaltswaren, Porzellan, Spielzeug und andere Sachen. Sie kamen und warfen alles raus. Und die Leute standen draußen und beschimpften uns wüst. Aber ich war sechs Jahre alt und dachte nur eins: Hinten in dem Laden waren ein paar Spielzeugzüge und ich war besorgt, dass sie beschädigt wurden. Seitdem bin ich begeistert von Zügen und mein Sohn auch. Aber davor erinnere ich mich an sehr wenig. Wir hatten einen Spielzeug-Zeppelin, der an einem Seil durch den Raum lief. Und ich erinnere mich an den Teich im Winter und wie wir versuchten, Schlittschuh zu fahren. Auch erinnere ich mich sehr genau, dass mein Vater unter anderem mit Fellen handelte. Er hatte ein Lager. Ich war nie in dem Lager, aber dahinter befand sich ein großer Garten und ich weiß immer noch mehr oder weniger, was wo blühte. Das Obst da und die Veilchen dort und Stachelbeeren und Himbeeren und all das.

John Ruppin

Chemnitz

Mein Vater hatte das Geschäft auf derselben Etage.

ET: Können Sie sich an die Zeit in Chemnitz noch erinnern?

SS: Ich kann mich an alles erinnern, von drei Jahren an aufwärts. Also, meine Eltern hatten ein sorgenfreies Leben. Sie hatten viele Freunde mit Familien und wir haben mit den Kindern gespielt. Keine deutschen Kinder. Ich bin dann mit sechseinhalb Jahren auf die erste Schule gegangen. Es war schon antisemitisch. [...]

ET: Können Sie sich noch ein bisschen an Chemnitz erinnern?

SS: Ja. Die erste Straße war Mühlenstraße. Da hatten wir eine Wohnung. Wir sind dann in einen besseren Bezirk gegangen, Troppauerstraße, und ich kann mich an die Wohnung erinnern. Mein Vater hatte das Geschäft auf derselben Etage.

ET: Warum wollten Sie nie nach Chemnitz fahren?

SS: Irgendwie, weil die Erinnerungen von Chemnitz waren nicht so gut. Da war schon großer Antisemitismus.

Stella Shinder

Fränkisch-Crumbach

Fränkisch-Crumbach war sehr altmodisch.

ET: Haben Sie noch Erinnerungen an Fränkisch-Crumbach?

RD: Oh ja. Ich kann mich nicht mehr sehr gut erinnern, dass ich mit anderen Kindern gespielt habe. Aber eine wollte mit mir spielen und dann hatte ihr Vater das verboten. Weil ich jüdisch war. Das muss nach 1933 gewesen sein. Ich war vier Jahre alt. Also Fränkisch-Crumbach war sehr altmodisch. Niemand hatte ein Radio und Zeitungen kamen von draußen. Wir hatten die *Frankfurter Zeitung* und noch eine. Aber das Spielen mit anderen Kindern hat dann aufgehört. Meine Schwester war sehr befreundet mit einem Jungen nebenan. Die haben immer dumme Sachen zusammen gemacht, sind in die Scheune geklettert auf einer hohen Leiter und so weiter. Und ich habe noch Bilder, die ganz komisch sind. Auf einmal hat das aufgehört, sie durften sich nicht mehr sehen und Hannah hat sich sehr geärgert. Dann durften wir nicht mehr in die Volksschule.

Ruth L. David

Köslin/Pommern

Da haben die Störche ihre Nester gehabt.

LB: Mein Vater hat England immer sehr verehrt. Zum Beispiel, eine komische Erinnerung: wenn man auf der Straße läuft, dann nimmt man wie die Engländer, Sportsmänner, die Füße immer parallel, komische Haltung.

ET: Kannte er England?

LB: Keiner war in England. Er war ein Vertreter einer sehr bekannten Firma, die Kinderkleider verkauft und gemacht hat. Er ist sehr viel gereist und war lange Zeit nicht zu Hause. Ich hab noch die Erinnerung, als er nach Hause kam. Unsere Wohnung war ganz in der Nähe vom Bahnhof und ich habe immer gewartet am Bahnhof und er war immer der erste mit den zwei Koffern die Treppe runter. Eine wunderschöne Erinnerung ist das.

ET: Welche Dinge haben Sie am meisten geprägt in Ihrer Kindheit in Köslin?

LB: Es kommt aber darauf an, in welchem Teil meiner Jugend. Vor Hitler habe ich schöne Erinnerungen, schöne Ferien. Mein erstes Fahrrad wurde mir gekauft, ich bin mit meinem Vater zur Ostsee gefahren, ungefähr 10 km Weg sind wir geradelt. Wir hatten dort eine kleine Wohnung, haben drei oder vier Wochen da gewohnt, die ganze Familie. Wir haben sehr schöne Zeiten am Strand gehabt, aber nach 1933 wurde es sehr unangenehm.

ET: Haben Sie noch eine Beziehung zu der Landschaft?

LB: Die Landschaft dort war sehr flach, das ist in Pommern, Hinterpommern. Da gibt es viel Getreide und Kühe und Kartoffeln. Hinterpommern ist sehr berühmt für seine Kartoffeln. Das ist eine Erinnerung, die ich immer noch habe und die ich auch jetzt wieder gespürt habe, als ich zurückgegangen bin nach Koszalin, wie es jetzt heißt. Auf dem Weg zur Ostsee gab es Masten mit kleinen *platforms*. Da haben die Störche ihre Nester gehabt. Aber nach Hitler wurde ich natürlich als Jude betrachtet und ganz anders behandelt als die Nichtjüdischen.

ET: Das hat auch die Atmosphäre in der Familie verändert?

LB: Ja, genau. Das wurde nie mit mir besprochen. Meine Eltern haben mir nie darüber etwas gesagt. Aber das fühlte man. Die Atmosphäre hat sich ganz geändert.

Leslie Baruch Brent

Religion

Jeckische Frömmigkeit

BK: Ja, wir waren religiös, das heißt nicht so meschugge, sondern das heißt jeckisch, jeckische Frömmigkeit, ich glaub, das sagt alles. Ich hab mit dem Vater gelernt, Thora und so weiter. Wir waren behütet.

ET: Und können Sie sich noch an die Synagoge in Fürth erinnern?

BK: Dass ich mitgegangen bin, ja. Aber das ist alles. Und natürlich: die Synagoge wurde zerstört.

Bernd Koschland

Mein Vater konnte Speck essen zum Frühstück und dann zur Synagoge gehen.

GT: Mein Vater ging jeden Sonnabend in die Synagoge. Wir haben auch gebetet zu Hause, die jüdische Tradition eingehalten. Er war, auf Englisch würde ich sagen, er war ein *practising Jew*, aber nicht ein *orthodox Jew*. Mein Vater konnte Speck essen zum Frühstück und dann zur Synagoge gehen und er hat das so gemacht, wie es ihm passte. Später, als ich heiratete, meine Frau war nicht jüdisch, das war sehr schwer für meinen Vater. Er hat diese Heirat überhaupt nicht anerkannt, bis wir einen Enkelsohn produziert haben, dann war alles wieder gut.

ET: Haben Sie hier weiterhin den jüdischen Glauben praktiziert?

GT: Nein, ich habe nie den jüdischen Hintergrund versteckt, aber ich war nie ein *practising Jew*.

ET: Auch die Geschwister nicht?

GT: Mein Bruder war eine Zeitlang ein ganz orthodoxer Jude, meine Schwester gar nicht.

Günter Treitel

Mein Großvater hatte die Idee für den Bau der Synagoge.

RD: Meine Familie war jüdisch-liberal, aber als die Nazi-Macht größer wurde, hat Mutter sich entschlossen, sich mehr dem Judentum zuzuwenden.

ET: Es gab eine Synagoge in Fränkisch-Crumbach?

RD: Ja, mein Großvater war verantwortlich dafür, er war derjenige in der

Gegend, der es geschafft hat, diese sehr kleine Synagoge aufzubauen. Mit Hilfe vom Dorf, aber es war seine Idee.

Ruth L. David

Man hat mich unten mit den Herren sitzen lassen.

BG: Meine Familie war nicht streng religiös, *but observant.*

ET: Also an den großen Festtagen gingen sie in die Synagoge?

BG: Sogar samstags, am Schabbat, ist der Herr Papa in die Synagoge gegangen und des Öfteren hat er mich mitgenommen. Meine Mutti wollte noch bissel weiterschlafen und meinen Bruder hat's überhaupt nicht interessiert. Also ich bin mit dem Vati in die Synagoge. Weil ich noch so klein war, hat man mich unten mit den Herren sitzen lassen. Sonst warn die Frauen oben. Also nie orthodox. *I would call it liberal, fairly liberal.* Und wie wir immer rausgekommen sind aus der Synagoge mitten in München, um nachher zur Trambahn zu gehen, um nach Bogenhausen zu fahren nach Haus, zum Mittagessen, vor der Synagoge sind wir so rumgewimmelt und da hat der Vati immer gesagt: „Komisch, lauter Juden." Der Hitler hat gesagt, er will einen Parkplatz da und hat's runterreißen lassen vor November 38. Jetzt gibt eine neue, a wunderschöne.

Bea Green

Es gab eine gewisse Feindlichkeit gegenüber den polnischen Juden.

HH: Wir waren religiös eingestellt. Die Eltern haben nicht im heutigen Sinn eine orthodoxe religiöse Ehe geführt. Es gab immer mehr Freiheit in Deutschland. Aber man muss auch betonen, dass Deutschland zu der Zeit eine gewisse Feindlichkeit gegenüber den polnischen Juden zeigte, sogar von den deutschen Juden.

ET: Wie kommt das?

HH: Den deutschen und österreichischen Juden war es nicht erlaubt, handwerkliche Tätigkeiten auszuüben, weil die Zünfte der Kirche verbunden waren. Also gingen die in das finanzielle Leben: Viehhandel, Getreidehandel, dann später in die Medien, in die Banken und so weiter. Die polnischen Juden kamen zum großen Teil als Handwerker oder Grubenarbeiter. In dem Ort, in dem wir geboren wurden, waren sechs jüdische Familien, drei hatten in der Kohlengrube gearbeitet, weil das Leben in Polen nicht besonders glänzend war und die Sonne vielleicht in manchen Augen besser schien, als es wirklich war.

Niemand konnte vorhersehen, dass die Diskrimination, die da herrschte, sich auswirken würde. [...] Das große Problem war die Antipathie gegenüber den Ostjuden. Das darf man nicht verheimlichen. Das herrschte sogar in England, möchte ich betonen. Zum Beispiel, ich kann mich nicht erinnern, irgendwie bei einem Schulfreund eingeladen worden zu sein. Wir waren Menschen zweiter Klasse in den Augen der deutschen Juden. Dass mein Vater ein Handwerker von Beruf war, passte einfach nicht mit dem Mittelstand zusammen.

Herbert Haberberg

Es ist schwer genug, einen jüdischen Partner zu finden.

Vaters Familie war religiös, Mutters Familie nicht. Mein Vater war von einer orthodoxen Familie, aber vom 13. Bezirk war es ziemlich weit zu der nächsten Synagoge. Wie wir nach England gekommen sind, da musste mein Vater das letzte Jahr von Zahnheilkunde wiederholen und war zu beschäftigt, zu einer Synagoge zu gehen; sind wir nicht gegangen. Dann waren wir *bombed.* Da sind wir zu einer orthodoxen Synagoge gegangen, aber nur weil mein Bruder und ich unseren 13. Geburtstag und Bar Mitzwa hatten. Normalerweise sind wir einmal im Jahr hingegangen. Dann sind wir zurück nach Manchester, wo eine sehr gute Reformsynagoge ist. Und das war wirklich unsere jüdische Ankunft in England, die Reformsynagoge. Aber wie ich 17, 18 Jahre alt war, habe ich mir gedacht, wenn ich einmal heirate, vielleicht Kinder habe, dann möchte ich, dass die Kinder auch jüdisch sind. Es ist schwer genug, einen jüdischen Partner zu finden, wenn man zu der großen jüdischen *Community* gehört. Aber wenn der Kreis noch kleiner wird, nur Reform, ist es viel schwerer. Also hat man mich bekannt gemacht mit einem sehr netten Orthodoxen von Deutschland, mit dem ich dann immer ein sehr schönes Verhältnis gehabt habe, und so bin ich ein normaler Orthodoxer geworden. Meine Frau war auch von derselben orthodoxen Synagoge hier in Manchester.

Peter Kurer

Ich bin kein religiöser Mensch mehr.

ET: War Ihre Familie eine religiöse Familie?

ES: Ich nehme das sicher an, in einer kleinen Stadt, in der so viele Juden wohnten, konnte kein Jude nicht religiös sein. Sogar in Wien und dann hier in London war meine Familie unter Druck von der Familie.

Ich bin kein religiöser Mensch, kein religiöser Jude mehr. Aber diese Umänderung fand erst statt, als ich vierzig war.

Eric Sanders

Das ist nichts für mich.

In Berlin gingen wir vielleicht zweimal pro Jahr in die Synagoge. Zu Neujahr, Rosch Haschana und zu Jom Kippur. Das ist alles, an was ich mich erinnere. Als ich in Margate war, wurde ich dreizehn und weil es ein jüdisches Kinderheim war, musste ich meine Bar Mitzwa haben. Aber danach ging ich in Oxford zur Schule. Und ich weiß bis heute nicht, wie es kam, aber eine Familie Roth, Cecil Roth, nahm sich meiner an. Er war Professor an der Universität und hat viele Bücher geschrieben, eins davon heißt *Der Jüdische Beitrag zur Zivilisation*. Wie auch immer, sie waren recht wohlhabend und luden mich zu sich ein. Einmal, daran erinnere ich mich, musste ich der Junge beim Pessach sein, solche Sachen. Und die haben an meinen Schuldirektor geschrieben, dass ich am Samstag in die Synagoge gehen muss. In der Zeit hatten wir samstags Schule. Also, das war Pflicht. Es war eine ziemlich orthodoxe Synagoge und ich hasste es. Ich hasste es wirklich und verstand kein Wort. Ich meine, ich verstand ein paar Wörter Hebräisch, jeder kann das, wenn er die Bar Mitzwa hat. Ich dachte, das ist nichts für mich. Das war falsch, ich weiß. Aber ich wandte mich gegen die orthodoxe jüdische Religion. Die Leute, bei denen ich war, versuchten nie, jemanden zu überzeugen. Sie respektierten jede Religion. Und viele kamen zu ihnen. Sie waren so ein leuchtendes Vorbild für einen christlichen Sozialismus. Also, das muss mich beeinflusst haben. Dann war zufällig einer der besten Freunde meiner Mutter ein Gemeindepfarrer. Sie kannte ihn, weil er in dem Krankenhaus, wo sie arbeitete, die Messe abhielt. Und obwohl meine Mutter nicht die jüdische Religion befolgte, ist sie nie konvertiert. Sie hatte keine Probleme, eine Messe zu besuchen. Es waren vermischte Einflüsse. In Edinburgh war ich von einer Kirchengemeinde angezogen und ich trat der Jugendbewegung dort bei. Es war großartig, mit anderen Jugendlichen zusammen zu sein. Dann wurde es ziemlich harte Arbeit in der Kirche und ich wurde gegen den Willen meiner Mutter getauft. Sie sagte: „Es ist derselbe Gott. Warum tust du das?“ Aber ich tat es. Und jetzt habe ich zu viele Zweifel.

Gerald Wiener

Wir waren nichts andres als Juden.

ET: War Ihre Familie religiös?

WK: Nicht sehr, wir haben Pessach gehalten, zu den Hohen Feiertagen lieber gefastet. Mutter hat Kerzen angezündet am Freitag. Wir waren, sagen wir, bewusste Juden, zu den hohen Feiertagen ist man in den Tempel gegangen. Koscher haben wir nicht gehalten. Ich weiß, der Vater ist zu Pessach mit einem großen Koffer an Eiern gekommen. Wir haben gewusst, wir waren Juden. Nein, wir haben nicht Fleisch und Milch getrennt gehalten, das alles nicht. Aber es war nie die Frage, wir waren nichts andres als Juden.

Walter Kammerling

Die Oberrabbiner waren nicht nur religiöse Führer.

KG: Die Familie meiner Mutter war sehr religiös, mein Großvater war ja Oberrabbiner und in dieser Zeit waren die Oberrabbiner nicht nur religiöse Führer. Es ist ein bisschen mehr wie bei den griechischen Patriarchen, die auch halb politische und religiöse Führer wurden.

ET: Und die Familie des Vaters hatte auch so einen religiösen Hintergrund?

KG: Nein. Die Familie meines Vaters hatte eher einen geschäftlichen Hintergrund. Ja, mein Großvater war außergewöhnlich intellektuell.

Karl Grossfield

Mein Vater war ein überzeugter Zionist.

ET: War Ihre Familie sehr religiös?

MB: Nein, sie war nicht religiös. Ich denke, sie haben die Grundregeln befolgt, vielleicht die Festtage, Neujahr, Rosch Haschana, Jom Kippur. Mein Vater hatte ein paar Verbindungen zur Kirche, in den Briefen erwähnt er das. Aber ich denke, sie waren stärker rational als religiös. Mein Vater war sehr am Judaismus interessiert, wie die Lehren der Rabbis und diese Dinge. Eher von einem intellektuellen Standpunkt aus, statt aus Glauben. Und er war ein überzeugter Zionist, er unterstützte Palästina sehr und wollte wirklich dorthin emigrieren. Aber es war nicht möglich, weil es für Richter kaum Bedarf gab. Er wäre sozusagen ganz am Ende der Schlange gewesen.

Michael Brown

Ich glaube nicht, dass [meine Eltern] religiös waren.

Ich glaube nicht, dass sie religiös waren. Die einzige Sache, die ich meine Eltern gefragt habe, war, warum ich nicht mit den anderen Kindern zur Schule ging. Bunzlau war eine kleine Stadt, ich würde sagen, da waren ungefähr fünfzig Juden. Es gab eine Synagoge, die auch in der „Kristallnacht" niederbrannte. Und die Straße, wo wir wohnten, existiert auch nicht mehr: Nummer eins Görlitzer Straße. Bombardiert. Das Zentrum von Bunzlau ist wieder ganz aufgebaut worden, genauso wie es war. Der Rest ist eine neue Stadt, so wie überall. Das hat mir jemand erzählt, der dorthin gefahren ist.

John Ruppin

Meine Eltern waren sogenannte Dissidenten.

Meine Eltern hatten keinerlei Zusammenhang mit der jüdischen Gemeinde. Sie waren sogenannte Dissidenten, gehörten zu keiner religiösen Gemeinschaft. Und bevor die Nazis kamen, war es natürlich so, dass, wenn man christlich getauft war, man nicht mehr als Jude behandelt wurde. Und da hielten meine Eltern es für gut, ihre vier Kinder taufen zu lassen. Also bin ich protestantisch getauft. Hier auf dem Papier war ich evangelisch, Lutheraner, aber ich habe nie einer Gemeinde angehört. Alle meine Kinder sind Dissidenten geworden, haben keinerlei religiösen Gemeinschaft angehört.

Fritz Lustig

In England wurde man sagen, sie waren atheists.

ET: Sie kommen aus einer jüdischen Familie und war das eine praktizierende Familie?

VR: Nein, nein. In England würde man sagen, sie waren *atheists*. Sie hatten keine Religion, sie waren nicht in der Synagoge. Mein Bruder hat ein Bar Mitzwa unternommen wegen Kindertransport. Aber ich nie und ich weiß nicht, ob meine Schwester vielleicht einmal, zweimal im Leben in der Synagoge war. Die Familie war nicht religiös.

ET: Später sind Sie auch getauft worden.

VR: Ja, meine Mutter wollte das. Sie hatte die Idee, dass das zurückkommen könnte. Und sie wollte, dass ich christlich wurde, *Church of England*, und hat mich getauft, als ich etwa zehn Jahre alt war.

ET: War das wichtig für Sie, dass Sie diese Religion hatten wie die meisten Engländer?

VR: Für mich? Nicht sehr wichtig. Das war meine Mutter, die das wichtig fand. Aber bei den Quäkern war ich sehr religiös, sehr, sehr religiös als Kind. Die Quäker haben auch Treffen, aber nicht wie die Church of England, wo man sonntags zur Kirche muss. Jeden Abend musste ich beten, niederknien, die Hände falten und mit Gott oder Jesus sprechen. Jeden Tag, jeden Abend. Und das fand ich sehr gut. Immer noch finde ich das gut.

Vernon Reynolds

We were österreichisch first und jüdisch somewhere else.

RC: Mein Bruder ist schon früh nach Palästina, weil er politisch ganz anders als mein Vater war. Mein Vater war für den König und Krieg. Er konnte den Engländern nie vergeben *the treaty of Versailles.* Die Juden warn so assimiliert. *We were* österreichisch *first* und jüdisch *somewhere else.* Das war Religion. Die religiösen *Festivals* habe ich mit meinen Freundinnen kennengelernt. Der Vater meiner Freundin war *a very* frommer Jude *from Poland* und dort bin ich zum Sederabend gegangen. Die haben mich immer eingeladen. Aber zu Hause. Einmal im Jahr ist mein Vater zur Synagoge gegangen. [...]

ET: Wie entstand der Kontakt zu den Quäkern?

RC: Wir haben im Wald gespielt mit meinen zwei deutschen Freundinnen. Und sicher hat man die Zeit vergessen. Und das ist also mit mir immer. Zeit vergessen, sehr unpünktlich. Und wir haben die Messe verpasst. Dann sind wir zur Direktorin gegangen. „Ihr hattet das Privileg, die Messe zu besuchen. Ihr könnt nicht mehr kommen." Wir sagten: „Wir werden wieder spielen." Nach einer Zeit rief sie uns wieder zu sich und sagte: „Ich kann nicht erlauben, dass ihr Kinder als Atheisten aufwachst. Ihr müsst eine Religion wählen." Die zwei deutschen Mädel haben Briefe von ihrer Mutter bekommen. Und die Mutter war keine Jüdin. Aber *she took Jewishness.* Sie hat den Kindern so schöne Briefe geschrieben über das Judentum und die Kinder sagen: „Wir bleiben Juden." Ich weiß nicht, wann das war, da habe ich meinen Eltern gesagt: „Vielleicht werde ich keine Jüdin bleiben." Und sie sagen, die haben mir gesagt: „Du musst machen, was immer du willst und was gut ist." Meine Eltern haben nie gesagt: „Du darfst das Judentum nicht aufgeben". Die Direktorin sagte dann zu uns: „Entscheidet euch." Die Mädchen entschieden, Jüdinnen zu bleiben. Und die Direktorin tat etwas wirklich Außergewöhnliches: Sie überzeugte einen Rabbi von London, jeden Monat einmal nach den Kindern zu sehen. Ich erinnere mich, wie sie mit dem Rabbi zusammensaßen und er liebte es, denn er kam aus London raus, an einen schönen Ort, und hatte einen schönen Tag. Was mich betraf, man hatte mir gesagt, als ich zur Messe ging: „Jesus liebt dich." Ich dachte: „Oh, ich liebe Jesus." Ich kannte das Neue Testament schon. Sie sandte mich zu ihrer Nichte im Dorf mit einem Quäker. Ich kam dahin, saß da mit den Quäkern, wunderbar. Weil ich noch ich selbst sein kann und ich kann das alles glauben, das Neue Testament.

Rosemarie Cawson

Antisemitismus

Da hab ich natürlich viel gesehen.

Dann war ein Tag, da musste ich über die große Straße rennen. Zu Leon Lewis, das warn auch sehr gute Freunde von uns. Mutti hat gesagt: „Wir konnten schon nicht mehr telefonieren, ohne das Kissen dazwischen zu legen." Man hat alles abgehört. Alles, zu Hause. Und ich musste mich schon viel mehr kümmern als früher um das Haus, weil Mutti ging, um das Affidavit für Amerika zu kriegen für ihren Bruder. Da sagt sie: „Geh mal rüber schnell zu Leon Lewis und sag ihm, dass der Vati schon abgeholt worden ist von der SA. Sie sollen vorsichtig sein." Sie waren schon in der Auswanderung weiter als wir. Die waren sehr reich. Wir waren nicht arm, aber gar nicht so reich. Bei den Leuten waren schon große Koffer gestanden. Ich hab das ausgerichtet, *bye bye* gesagt, auf Wiedersehen. Dann bin ich auf die Straße zurück, es war schon dunkel. Und da seh ich – in der Mitte von der Straße musste man warten – da ist was an der Litfaßsäule angeschrieben. Ich dreh mich um, dachte: „Ach, das ist ja wieder alles gegen die Juden, das will ich gar nicht lesen, habe ich schon im Tageslicht gelesen." Also, ich drehe mich um, die Leute stehen alle mit dem Rücken zu mir und machen auf einmal den Hitlergruß. Da dacht' ich: „Mensch, der Hitler kommt und fährt vorbei." Ich habe gehört davon, dass der mit dem Auto nach Breslau kommt. Bin ich wieder zurück in die Mitte, hab mich mit hingestellt. Dacht' mir, wenn ich das nicht mache, krieg ich eins aufs Dach von irgendeinem frechen Jungen. Früher bin ich mit der Stadtbahn gefahren. Da hab ich natürlich viel gesehen, ausm Fenster noch. Da haben die Leute die Juden schon gehauen, mit Stöcken und Sachen geschmissen an sie. Dacht' ich, ich fahr lieber mit meinem Rad.

Ruth Danson

Ruth Danson mit Tochter Jacqueline

Zur Zeit der „Kristallnacht", da wussten wir schon, was war.

Das entscheidende Ereignis war, dass mein Onkel ins KZ kam. Das war im Sommer 1938, nicht im November. Im November, zur Zeit der „Kristallnacht", da wussten wir schon in der Familie, was war. Mein Vater musste sich verstecken, denn wir nahmen an, dass die Gestapo ihn einsperren würde in eins der Konzentrationslager, und mein Vater hätte das damals nicht überleben können. Der war in einem furchtbaren gesundheitlichen Zustand. Mein Vater wurde versteckt von einem alten Freund in Berlin in seinem Haus in Grunewald. Das war eine große Tapferkeit. Der hatte natürlich, wie die meisten Leute in Berlin, ein Mädchen im Hause und dieses Mädchen hätte ihn anzeigen können. Nicht nur meinen Vater, sondern auch meinen Bruder hat er in seinem Haus versteckt. Die Gestapo, wenn sie einen Mann einsperren wollte und der nicht da war, dann würden sie den Sohn nehmen. Ich war zu jung, damals haben sie nicht zehnjährige Kinder weggenommen, aber mein Bruder, der war sechzehn Ende 1938. Die beiden wurden gerettet von diesem Herrn Horlitz. Am ersten, vielleicht auch zweiten Tag nach dem Kristallnachtpogrom durften wir nicht ausgehen, wir wurden zu Hause behalten. Wir gingen nicht zur Schule zwei, drei Tage. Wir haben dann unseren Vater bei Herrn Horlitz besucht und müssen öffentliche Verkehrsmittel gebraucht haben. Meine Mutter hat gesagt, dass wir nicht reden sollen, überhaupt nichts, nichts machen sollen, das irgendwie auffallend war. Also das war sehr unangenehm. Wir gingen dann später in das Westend von Berlin. Da sahen wir, was geschehen war.

Günter Treitel

Wir mussten auf einem weiten Platz stehen.

Ich bin zu einer jüdischen Schule gegangen, derselben wie Henry Kissinger, aber er war da oben und ich war da unten. 1938, „Kristallnacht", da kann ich mich noch sehr gut erinnern. Wir wurden, wie überall, aus unserer Wohnung rausgenommen, mussten auf einem weiten Platz stehen und so weiter, nicht nur in Fürth, auch anderswo. Dann sind wir nach Haus, Mutter, Schwester und ich, Vater mit nach Dachau genommen. Und da gibt es eine sehr interessante Geschichte daran: Ich war in Israel vor fünf, sechs, sieben, acht Jahren mit zwei Freundinnen, bin ich nach Yad Vashem gegangen. Und da ist ein *Screen*, plötzlich hab ich was gesehen von der „Kristallnacht". Kam ein Bild von Dachau mit den Gefangenen dort und da hab ich gesagt: „Da steht mein Vater." Aber er ist rausgekommen, das war im November, vielleicht Dezember, Januar, Februar. Meine Schwester hat mir gesagt, dass er ein Visum bekommen hat, nach Paris zu gehen und das hat ihn befreit.

Bernd Koschland

Da war auch sein Anzug und war bespritzt mit Blut.

BG: Wie sie meinen Herrn Papa verhauen und durch die Straßen geführt haben, ist er nach Hause gekommen und ich war im Bett mit einer kleinen Erkältung und meinte, das sei die Mutti. Ich hab die Tür gehört, zuschlagen, im vierten Stock und hab gemeint, sie kommt rein und sagt: „Wie geht's?“ Niemand ist gekommen. Komisch. Ich bin also ausm Bett und hab die Tür aufgemacht. Da war das Badezimmer, davor hat der Vati immer seinen Anzug auf den Hänger. Und da war auch sein Anzug, war bespritzt mit Blut, also Blutflecken drauf. *It was a shock.* Ich hab's halt net verstanden und bin dann auf Zehenspitzen. Ich kann mich noch genau erinnern, wie ich mich gefühlt hab. Ich bin dann ganz vorsichtig den Gang runter bis zu dem Schlafzimmer der Eltern und die Tür war zu. Da habe ich noch geklopft – ich habe nie vorher an der Tür geklopft – und aufgemacht und da hab ich grad noch gesehen, wie der Vati das Plumeau raufgezogen hat, damit ich sein verschlagenes Gesicht nicht sehe. Er hat gesagt: „Warte, bis deine Mutter nach Hause kommt.“ Deine Mutter! Mutti war des. Auf einmal war das ganz was Andres. Da haben's versucht, mich davor zu beschützen. Natürlich hab ich alles gehört. Erst einmal ist die Mutti nach Hause gekommen, hat den Dr. Spanier, unseren Arzt, gerufen. Was mein Herr Papa viele Jahre später gesagt hat: „Weißt was, ich hab gemeint, mit den Stiefeln, die verletzen meine Nieren. Ich hab meine Arme so gemacht. Und da habens natürlich auf den Kopf gestoßen. Aber wir haben alle harte Schädel.“

ET: Das war 1933?

BG: 10. März 33. Also da sind mer nachher nach Walchensee zum Häusl. Und der Dr. Spanier ist mitgekommen. Wir haben noch gelacht und alles war in Ordnung. Mein Vater hat gemeint, dass er den Hitler überlebt. Hat er ja auch, aber nicht in der Form, wie er gedacht hat. „Von dem lasse ich mir net rausschmeißen.“ Sowas. Das kleine Mistviech.

Bea Green

Plötzlich waren draußen Männer, die in das Haus rein wollten.

Ich kam dann in dies Waisenhaus in Berlin. Ungefähr drei Monate vor „Kristallnacht“ wurde so eine Art Probe gemacht. Plötzlich waren draußen Männern, die in das Haus rein wollten und sich reingedrängt haben. Und mein Freund hat mir gesagt: „Komm mit mir, ich weiß den Weg zum Dach, da werden wir uns verstecken.“ Wir haben uns unter dem Dach versteckt und die Menschen sind eingebrochen. Die großen Jungen haben versucht, das Tor festzuhalten, aber die sind reingekommen, haben den Grundteil des Hauses zerstört und wollten dann die Treppe herauf. Da ist ein Lehrer, der hieß Heinz Nadel, wurde später Harry Harrison in England und wurde ein großer Freund von mir, dieser Heinz Nadel ist ihnen entgegengekommen mit einem kleinen Jungen im Arm. Er hat gesagt: „Ich will Sie daran erinnern, dass dies ein Waisenhaus ist." Da haben sie das Haus sofort verlassen.

Leslie Baruch Brent

Die Schule brennt.

LR: Wir hatten einen Hausmeister unten und seine kleine Tochter war vielleicht fünf Jahre alt und die hat gesagt: „Jude, Jude". Aber das hat uns nicht besonders geärgert. Ich hatte dunkle Haare und dunkle Augen, mein Bruder auch mit Locken dazu. Aber sonst hat uns niemand geärgert. Nein, wir hatten es eigentlich sehr gut. [...]

ET: Können Sie sich an die „Kristallnacht" noch erinnern?

LR: Ja, ich bin zur Schule gefahren auf meinem Fahrrad mit meiner Freundin Karola. Sie kam aus Ehrenfeld und wir sind zusammen zur Schule gefahren. Und da war keine Schule mehr. Da war alles gebrannt und wir mussten zurückfahren.

ET: Hat Ihnen jemand etwas erklärt?

LR: Nein, nein. Nichts gewusst, nichts verstanden. Dumm. Wir sind nach Hause gefahren und haben erzählt: „Die Schule brennt."

ET: Aber die Mutter hat verstanden, was passierte.

LR: Wahrscheinlich. Wir wussten ja gar nichts von diesem Tag. Wir wurden nicht gewarnt, dass dieser Tag kam. Der Vater hat sich versteckt manchmal. Auf dem Salierring fuhren die Straßenbahnen vorbei. Wenn ein Freund ihn angerufen hat, um ihm zu sagen: „Heute kommen sie", dann ist er sofort auf die Straßenbahn gestiegen und ist hin und her gefahren, andauernd, und hat gewartet. Und wir haben eine Vase ins Fenster gestellt und wenn die Vase weg war, dann konnte er reinkommen. Das ging nur einmal, zweimal. Ich glaube nicht, dass es oft passierte, aber ich erinnere mich daran.

Lore Robinson

Man spürte es an allen Ecken.

MR: Da war zum Beispiel eine Lehrerin, die Englischlehrerin, die war sehr, sehr Nazi. Man spürte es an allen Ecken. In unserer Straße war ein Geschäft unten: „Juden nicht erlaubt". Und im Park in unserer Nähe durften Juden nicht auf den Bänken sitzen, und überall. Da waren Freundinnen, die verschwunden sind.

ET: Wie haben die Eltern reagiert in der Zeit?

MR: Sie versuchten, so viel wie möglich von uns fernzuhalten. Aber wir haben es natürlich gewusst und wir haben sogar wirklich immer Angst gehabt, kommen sie wieder nach Hause, wenn sie irgendwo gewesen sind. Wie wird das? Man lebte dauernd in dieser Unsicherheit. Wird alles in Ordnung sein, wenn sie wiederkommen? Es war eine sehr, sehr schwierige Zeit für die Eltern. Wie gesagt, sie versuchten, uns zu schonen und wir versuchten, sie zu schonen. Damals eben schon als Kinder. Aber sie waren wunderbare Eltern, so viel sie es sein konnten eben.

Margarete von Rabenau

In Blankenese gab es kein wirkliches Pogrom.

ET: Sie haben in der Schulzeit selber keine antisemitischen Erfahrungen gemacht?

MT: Kaum. Also persönlich, glaub ich, überhaupt nicht. Ich bin mal geärgert worden, weiß ich noch, von irgend so nem Straßenjungen da. Aber in Blankenese gab es kein wirkliches Pogrom, man merkte das. Ein halbjüdischer Schulkamerad von mir, der spätere Professor Freundlich in Köln, der bestätigte mir das. Im Gegenteil, unser Klassenlehrer hat mich, wenn man so will, vielleicht sogar ein bisschen bevorzugt, er hat mich z. B. mit einem Gedicht, das ich mal geschrieben hab, in andere Klassen geschickt. Das sollte ich da vorlesen. Und bei einem Schulkonzert, wo unser Klassenchor sang, hat der Dirigent mir den Stab übergeben für die letzten paar Lieder. Das stand dann auch in der Zeitung. Den Zeitungsausschnitt hab ich noch. Aber keine Erwähnung, wer dieser kleine Halbjude da war.

ET: Hat Ihnen Ihre Mutter von antisemitischen Erfahrungen erzählt?

MT: Die hat das alles von mir ferngehalten. Ich erinnere mich noch genau. Wir gingen jedes Jahr zum Hamburger Dom. Das ist ein Jahrmarkt und mit allen möglichen interessanten Buden und Sachen. Dann war da plötzlich ein Schild „Juden unerwünscht". Das muss 1938 gewesen sein. Da wusste ich schon: „Wir dürfen hier nicht rein", sagte ich zu meiner Mutter. „Ach", sagte sie, „komm". Und wir sind nicht weiter aufgefallen. Sie hat sich nicht drum gekümmert und sie hat mir das, all die Sachen, wirklich sehr gut von mir ferngehalten.

Michael Trede

Da war die Karikatur von einem Juden.

MB: Ich bekam mit, was passierte, als wir in Hannover waren. Wie ich schon sagte, das SS-Hauptquartier war an dem Platz, der heute der Königsworther Platz ist. Er hieß Horst-Wessel-Platz zu der Zeit, als ich dort war. Das SS-Hauptquartier war ein großer Häuserblock links des Platzes und außen gab es einen Schaukasten mit dem *Stürmer*. Da war eine Karikatur von einem Juden und unangenehme Überschriften. Also, mir war das bewusst. dass wir zu der Gruppe von Verfolgten gehörten, das wurde sehr, sehr klar. Ich erinnere mich, dass ich nach der „Kristallnacht" eigentlich sehr wild darauf war, Radio zu hören und dass dies natürlich eine Form der Kommunikation dieser Zeit war. Fernsehen gab es noch nicht und ich ging nie ins Kino. Ich konnte nicht, es war nicht erlaubt. Ich liebte es, Radio zu hören und ich kann mich erinnern, Nachrichten von Nazi-Überfällen gehört zu haben und Hitlers Stimme bellte durch den Lautsprecher, auch die Marschmusik und das Marschieren und der Jubel. Als Junge konnte ich die Konsequenzen davon für meine Familie und meine Religion nicht ganz verstehen. Für mich klangen diese Dinge ziemlich aufregend. Ich hörte nicht auf die genauen Wörter, die gesagt wurden. Aber mir war die Gegenwart der Nazis sehr bewusst, auch wenn ich nie richtig damit konfrontiert wurde.

ET: Erinnern Sie sich an die „Kristallnacht"?

MB: Sehr gut. Erst einmal war mir klar, dass etwas Bedrohliches passierte, denn meine Eltern waren total verängstigt. Sie hatten Angst, dass man an die Tür klopfen würde und die Gestapo oder irgendjemand kommen würde, um meinen Vater abzuführen, wegen seiner Aufgabe, denn zu der Zeit war er der Sekretär des Palästina-Büros. Dann durften wir natürlich nicht rausgehen. Meine Eltern beschlossen, sich nicht hinauszubewegen, weil sie fürchteten, gefasst zu werden. Deswegen blieben wir tatsächlich einen oder zwei Tage in der Wohnung und versuchten herauszufinden, was passierte. Meine Eltern fanden jemanden im Gebäude, einen ‚Arier', der mit einer Jüdin verheiratet war, der sehr nett war und etwas kaufte, was uns half. Dann nach ein paar Tagen nahm mich mein Vater mit zur Synagoge, wo wir nur ein paar Wochen vorher zu Neujahr gebetet hatten, und zeigte mir die Trümmer; alles war zerstört. Es war wirklich ein Schock. Mir war die Gefahr total bewusst, diese Not, in der wir waren.

Michael Brown

Wir durften das nicht hören.

Mein Bruder sollte nach Amerika und kam nach Hause aus Mannheim, weil die „Kristallnacht" hat da früher angefangen. In Fränkisch-Crumbach wusste man nichts davon, er kam nach Hause und hat den Eltern erzählt, was geschehen ist. Wir Kinder mussten raus. Wir durften das nicht hören. In der Nacht kamen sie dann zu uns. Meine Mutter war bereit und Ernst war bereit. Aber wir Kinder wussten nichts davon und das war schlimmer. Ernst wurde mit meinem Vater nach Buchenwald gebracht. In seiner Tasche haben sie sein Visum gefunden für Amerika, da haben sie ihn nur zwei Wochen behalten, haben sie ihn gehen lassen, aber nur für ungefähr achtundvierzig Stunden, um zurück nach Crumbach zu kommen und von dort aus nach Holland Rotterdam, um sein Schiff zu bekommen. Das hat geklappt. Er kam zurück aus Buchenwald. Er sah fürchterlich aus, schrecklich. Schläge im Gesicht und so weiter. Schlimm. Aber er war nur zwei Wochen im Lager. Mein Vater kam nach vier Wochen zurück, als sehr alter kranker Mann. Und danach war er auch überzeugt, dass alle gehen mussten. Das war dann zu spät. Wir sind nach Mannheim gezogen, weil es natürlich viel leichter war, in einer Stadt zu leben als auf dem Dorf. Und meine Mutter hat Arbeit gefunden. Sie stammte aus Mannheim, kannte noch Leute und war bekannt als gebildete Frau. [...] Ich wollte in kein Geschäft gehen, da stand nämlich „Juden ist der Eintritt verboten". Und das machte mir große Angst, ich wollte gar nicht aus dem Haus. Aber die Leute kannten uns nicht.

Ruth L. David

Meine Schwester wurde abgeholt, um die Straßen sauber zu waschen.

Als die Deutschen einmarschierten, da waren die Straßen natürlich bemalt. Die Nazis haben die Juden gesucht, um das Trottoir abzuwaschen und da kam jemand zu uns in unser Haus, um jemanden abzuholen. Da haben sie meine Schwester, die war zwei Jahre älter, vierzehn Jahre alt, abgeholt, um diese Straßen sauber zu waschen. Als mein älterer Bruder zurückkam, dachte er, er werde dorthin gehen, um sie abzulösen. Das hat er getan, da musste er bleiben und meine Schwester auch. Man muss sehr vorsichtig sein, wenn man eine gute Tat tut.

Karl Grossfield

Wir wurden ungefähr 70 km weiter in einem Kaff abgestellt und über die Grenze gejagt.

HH: Mein Vater wurde am 28. Oktober 1938 verhaftet, morgens, ich ging zur Schule, ich kam in der Schule an, da sagte mir mein Lehrer: „Hau ab, geh nach Hause zurück, du wirst ausgewiesen." In der Alten Mühle, im Pferdestall, in dem wir wohnten, zwei Ställe weiter entfernt waren die Eltern von dem Herrn aus Paris, der vom Rath erschossen hatte, Herschel Grynszpan. Ein Bruder meiner Mutter lebte in Kattowitz, war der Partner einer Firma, die Uhren und Wecker montierten aus der Schweiz und aus Deutschland, die in Polen verkauft wurden, und war ziemlich wohlhabend. Uns wurde ja nur erlaubt, 10 Mark mitzunehmen. Die Reise war schrecklich. Vor der Abfahrt kriegten alle von uns drei Scheiben Brot, Armeebrot, das dursterregend ist. Trocken, da war nichts drauf. Als dann der Zug kam und wir losfuhren, war alles unterwegs, die SS-Wache war da. Der Zug hielt an in verschiedenen Städten, Dortmund, Unna, Hamm, Bielefeld und auch Hannover, wo Leute dazukamen. Und der Zug fuhr siebzehn Stunden. Es gab nichts zu trinken. Jedes Mal, wenn wir in einen Bahnhof einfuhren und die Fenster aufmachten, und die Leute baten, uns ein Glas Wasser zu verschaffen, die Plastikbeutel gab's ja noch nicht, dann kam die SS-Wache: „Weg, raus!" Und nach siebzehn Stunden Fahrt, es war furchtbar, tranken die Leute das Wasser aus der Toilette, das man ja nicht trinken durfte, einige mussten ihre Medikamente einnehmen. Wenn man sich überlegt, was in späteren Jahren mit den Viehwagen passierte. Und dann kamen wir in Neu Bentschen an und wir mussten den Zug verlassen. Auf einmal kam die Anordnung, Männer und Jungen über vierzehn Jahre wieder in ein Coupé einsteigen. Meine Mutter und mein Bruder blieben zurück und ich musste mit meinem Vater wieder einsteigen. Das Coupé wurde dann in eine Seitenschiene eingeführt und da legten die SS-Leute Bracken rund herum und zündeten die an, verschlossen die Türen. Sie können sich ja vorstellen, wie man sich da fühlt. Der Wagen wurde dann angekoppelt an eine Lokomotive und wir wurden ungefähr 70 km weiter in einem Kaff abgestellt und über die Grenze gejagt. Die Polen wussten nicht, wer wir waren. In Neu Bentschen oder in Zbąszyń, oder wie es hieß, wollten sie uns nicht rein lassen. Aber wir kamen rein, hatten kein Geld, die meisten von uns hatten kein Geld. An der Grenze stand ein einziger Soldat und der wusste nicht wohin. Einige sprachen Polnisch und erklärten ihm, was da passierte, und er holte einen Offizier und der wusste auch nicht, der sagte: „Gut, kommt rein." Da war so eine Art Gasthaus, kleines Kaff, wir gingen rein und die Leute, die Polnisch sprachen, erklärten dem Mann, was los war. Er war sehr zuvorkommend und wir durften übernachten. Am nächsten Tag wollten wir wieder weg, wir hatten nicht genug Geld. Zwei Tage später, irgendwie hatten wir genug Geld gesammelt von den Leuten, die 10 Mark hatten. Es wurde uns erlaubt, in einen Zug einzusteigen und die Reise dauerte siebzehn Stunden, achtzehn Stunden für die 40 oder 50 km zurück. Wir hörten, dass meine Familie in Zbąszyń war, das ist auf der anderen Seite von Neu Bentschen. Da kamen wir an, am Bahnhof waren meine Mutter und mein Bruder, die wussten nicht, dass wir kamen, aber in der Hoffnung, dass wir kommen. In der Zwischenzeit hatte meine Mutter ihren Bruder in Kattowitz angerufen mit den 10 Mark, die sie hatte, der schickte Geld, sofort, damit wir wenigstens zu essen hatten. Dann lebten wir – es war furchtbar, Sie können sich das gar nicht vorstellen – in dieser Mühle mit den Pferdeställen. Die Leute von einem jüdischen Komitee in Nowy Swiat hatten es geschafft, Stroh zu beschaffen, auf dem wir schlafen konnten. Das war natürlich überrannt von Ratten und Ungeziefer. Es war nichts da, ein Ort, der vielleicht in den ersten Vorweltkriegsjahren als landwirtschaftliche Industrie fungierte, aber unter den Polen war nichts zu holen. Als wir dann zusammenkamen, kam ein Telegramm von meinem Onkel, dass er nach Neu Bentschen kommen würde, um uns rauszuholen. Und er kam in einem Regierungswagen von dem Regierungschef für Polnisch-Schlesien, für Kattowitz, mit dem Fahrer und mit allem Drum und Dran. Die Polen wollten uns nicht rauslassen, hatten mehr oder weniger alles hermetisch versiegelt. Da hatte mein Onkel die Idee: er hatte den Namen seines Sohnes in seinem Pass und ich kam als er, musste mich auf dem Rücksitz hinten hinlegen, kein Wort sagen, konnte ja kein Polnisch, und so wurde ich rausgeschmuggelt, lebte dann illegal in Kattowitz und musste furchtbar vorsichtig sein, nicht von der Polizei aufgegriffen zu werden. Ich arbeitete in dem Betrieb meines Onkels, mehr oder weniger, um mich aus der Sicht rauszuhalten sozusagen. Ja, das war das Ende meiner Kindheit.

ET: Sie waren vierzehn Jahre alt.

HH: Ich war vierzehn Jahre alt, es gab kein zu Hause mehr. Nach einigen Monaten erfuhr ich von einem anderen Onkel, der auch ausgewiesen wurde aus Berlin: „Du gehst nach England mit deinem Bruder. Du bist von deinen Eltern für den Kindertransport angemeldet worden." Ich wusste nichts, mir war alles egal zu dem Zeitpunkt.

Herbert Haberberg

Sie standen Schlange für eine Suppe.

MS: Ich denke, wir waren unter den Ersten, die wegfuhren. Wir waren in einem normalen Zug und dieser Zug kam bis zum Niemandsland. Wir kamen am Bahnhof an und blieben dort ein paar Tage, bis sie entschieden, uns in dieses Lager zu bringen.

ET: Wie war dieses Lager?

MS: Sie standen Schlange für die Suppe. Ich behielt diesen Geschmack in meinem Mund für ziemlich lange Zeit und fand heraus, was es war. Es kam von ranzig gewordener Butter und ich hatte immer diesen Geschmack im Mund. Erst viel später, als Butter ranzig wurde, verstand ich, was es war. Ich bekam Diphterie dort. Deshalb kamen wir in ein provisorisches Krankenhaus und wurden isoliert. Ich war die einzige, aber ich bin nicht sicher. Wir kamen aus dem Lager raus, sie brachten uns nicht zurück. Und meine Brüder kamen auch.

Margot Showman

Der Code für „Vater wurde verhaftet."

HS: Mein Vater wurde verhaftet. Mitten in der Nacht kam die Vermieterin um halb vier morgens an die Tür und sagt: „Ihre Mutter ist am Telefon und will Sie sprechen." Ich sag: „Was? Jetzt?" „Ja." Ich ging mit ihr zum Telefon und Mutter sagte: „Vater ist weg." Das war der Code für „Vater wurde verhaftet." „Geh spazieren." Ich sagte: „Was, jetzt? Um halb vier morgens?" Sie sagte: „Jetzt, sofort." Ich habe mich angezogen und ging spazieren mitten in der Nacht, saß im Park auf einer Bank in Hamburg. Dann, wie die Läden aufmachten, um acht, ging ich in die Warenhäuser und blieb weg von der Schule und vom

Zimmer.

ET: Ist Ihnen etwas passiert?

HS: Mir nicht, aber nachdem ich herumgelaufen bin, den ganzen Tag, wurde ich sehr müde und in Hamburg war unser Hausarzt, der war im Ruhestand, er lebte in Hamburg, wo seine Tochter war. Ich habe ihn angerufen und hab gesagt: „Ich bin ganze müde, bin den ganzen Tag rumgelaufen." Da sagt er: „Komm zu uns. Es ist ganz sicher." Ging ich zu ihnen: „Was soll ich tun?" Der Arzt sagte: „Geh heim, geh ins Bett. Du bist krank. Sag was." „Welche Krankheit?" „Irgendwas, was man nicht erkennen kann." Da sagt er: „Du hast Rückenschmerzen, fürchterlich schmerzhaft." Als ich nach Hause kam, hat die *landlady* gesagt: „Die Gestapo war hier für dich." Aber ich war nicht da. Die sagten, die kommen wieder, aber sie kamen nicht wieder. Das ist die eine Geschichte. Da ist eine zweite Geschichte, die ganz lustig ist. Der Hausarzt war im Ersten Weltkrieg, wie mein Vater auch. Da er Arzt war, war er Offizier, ein Hauptmann. Die Gestapo kam, um ihn zu verhaften und er macht die Tür auf, in seiner vollen Offiziersuniform, mit dem Helm und dem Pickel *on the top*. Und die sagten: „Wir sind hier, um dich zu verhaften." Er sagte: „Ja, ich weiß. Ich bin bereit." Die sagten: „Du kannst nicht so kommen." Das war nicht in ihren Anweisungen. Sie wussten nicht, was sie tun sollten. Da gingen sie um *the corner* und kamen zurück und sagten: „Wir lassen dich im Moment. Vielleicht kommen wir wieder." Aber sie kamen nicht wieder.

Heinz Skyte

Und hör diese marschierende SA und das Horst-Wessel-Lied.

ET: Und erinnern Sie sich an den Anschluss?

RC: Das erste, das ich davon weiß, ist, die haben gesprochen: „Der Mörder von Dollfuß". Als Kind schau ich zum Fenster heraus und hör diese marschierende SA und das Horst-Wessel-Lied. „Die Reihen dicht geschlossen. SA marschiert mit festem Tritt, marschieren im Geist in unseren Reihen mit." Ich bin jetzt 92 und ich kann mich an das Lied mit den Worten erinnern. Und ich hab zum Fenster rausgeschaut, die waren auf der Straße und ich hab gelacht, weil sie so marschiert haben. Meine Mutter hat mich schnell in ein Haus gezogen. „Du *must not do that*." Weil das so komisch war an dem *goose step*. Als wir aus unserer Wohnung wegmussten, die haben's gesperrt, sie haben vergessen so ein Siegel *over* zu geben, sie haben's *simply* gesperrt. Und wir mussten dann zu den Leuten im ersten Stock. Da waren *other families*, drei *families*. Da war *one little incident*. Meine Mutter sagt: „Geh hinauf zur Wohnung, nicht klingeln, dort hab ich Geld im Wäscheschrank. Nimm es und bring es her." Und als Kind ging ich, öffnete die Türen, machte alles, nahm es und brachte es. Ob die Nachbarn mich gesehen haben oder nicht, es kam nicht raus und sie haben es nicht gesagt.

Rosemarie Cawson

Die Nazis hatten verboten, das Feuer zu löschen.

ET: Sie haben gerad die „Kristallnacht" erwähnt. Können Sie sich daran erinnern?

FL: Ich kann mich sehr gut erinnern. Damals haben wir gerade geprobt für ein Theaterstück in der Schule *Der Prinz von Homburg* von Kleist. Und wir hatten am 8. November 1938 eine Probe und warteten darauf, dass die Aula, wo wir probten, geöffnet wurde. Da hörten wir Musik von der Straße aus und als wir zum Fenster raussahen, sahen wir eine Prozession von Nazis, von SA-Leuten. Durch meinen Bruder, der sehr politisch tätig war, hatte ich sogar in Hitlers Buch *Mein Kampf* reingesehen und wusste also mehr oder weniger, was er plante gegen die Juden. Es war uns also vollkommen bewusst, was folgen würde. Natürlich, den Holocaust hat niemand erwartet, aber antisemitische Maßnahmen hat unsere Familie erwartet. Und allmählich hat mein Vater, er war selbstständig, die Verbindung mit seinen Fabrikaten nacheinander verloren. Am Schluss, 1938, 1939, hat er nicht mehr verdient.

ET: Ist Ihnen etwas passiert auf der Straße zum Beispiel?

FL: Nein, nein. Das war – glaube ich – nur in Wien, dass die antisemitischen Äußerungen auf der Straße stattfanden. Wie gesagt, in der Schule habe ich an keinerlei antisemitischen Äußerungen gelitten. Die Gesetze, die nach und nach veröffentlicht wurden, bestraften uns natürlich auch. Am 8. November 1938 war ich am Abend aus gewesen, um Kammermusik zu spielen. Als ich zurückkam, sah ich eine Menge von Menschen vor unserem Wohnhaus, wo unten ein Laden für alkoholische Getränke war. Die Schaufensterscheibe war kaputt und die Leute nahmen die Flaschen, die im Laden waren, stahlen sie. Mein Vater hatte sogar die Feuerwehr angerufen, denn die hatten versucht, den Laden anzustecken, aber die Feuerwehr kam nicht, denn die Nazis hatten verboten, das Feuer zu löschen. Das war der Zeitpunkt, wo man wusste, dass man die Auswanderung nicht mehr verschieben konnte, dass man sobald als möglich aus Deutschland raus musste.

Fritz Lustig

Erfahrungen in der Schule

Nimm deine Sachen und geh nach Hause.

ET: Haben Sie in der Schule antisemitische Erfahrungen gemacht?

UB: Kann ich nicht so sagen. Meine Mutter hat nur zu mir gesagt: „Wenn die Lehrerin eines Tages sagt, ‚Nimm deine Sachen und geh nach Hause‘, stell keine Fragen, nimm deine Sachen und geh nach Hause." Und so war's wohl auch. So genau kann ich mich daran nicht erinnern.

ET: Haben Ihre Eltern darüber gesprochen, was in Deutschland passiert ist, dieses veränderte politische Klima?

UB: Ich war da hineingeboren, Jahrgang 1932. Kannte ich ja nichts Anderes.

ET: Wie haben die Eltern dann gelebt, hatten sie Ersparnisse?

UB: Nein, Vater kriegte noch am Anfang eine ganz kleine Pension, bescheiden, aber es ging.

ET: Erinnern Sie sich an den 9. November, die Pogromnacht?

UB: Vater wurde ins KZ Sachsenhausen abgeholt und kam dann nach einigen Wochen wieder raus.

Ursula Beyrodt

Der Direktor hat sich entschuldigt.

ET: Können Sie sich an antisemitische Erfahrungen erinnern?

GW: Nicht persönlich. Die Tatsache, dass ich die Schule verlassen musste, war ein kleiner Schock. Dann kam ich auf eine Schule am Stadtrand, die hieß Lessler-Schule, und traf einen Jungen, der ein Freund für's ganze Leben wurde, eher wie Brüder. Seine Eltern waren politisch schlauer und sie zogen nach London. Mein Großvater sagte damals: „Es wird alles vorbeigehen und nichts wird passieren. Das kann so nicht weitergehen." Aber ich erinnere mich an die „Kristallnacht", weil es einen kleinen Laden direkt unter unserem Balkon gab. Eine kleine alte Frau und ihre Tochter hatten diesen Schreibwarenladen. Alle Fenster wurden eingeschmissen. Und ‚Jude‘ wurde überall hingeschmiert. Und das Komische ist, obwohl wir von Geburt Juden waren, waren wir keine praktizierenden Juden und mein Onkel starb mit seiner Frau in Auschwitz, der hatte im Ersten Weltkrieg gekämpft und das Eiserne Kreuz bekommen. Es ist so absurd.

ET: Wie haben sich die Lehrer in der Schule verhalten? Waren Sie schon Nazis?

GW: Nein, ich glaube nicht. Meine Mutter erzählte mir, dass der Direktor, den sie besuchen musste, sich sehr entschuldigt hat. Er gab zu verstehen, dass es ihm aufgezwungen wurde. Das Einzige, was ich persönlich von dieser Schule erinnere, ist das: Ich war ein kränkliches Kind, hatte alle paar Wochen Mandelentzündung. Aber ich war als sechs- oder siebenjähriger Junge auch sehr gut im Rechnen. Ich kam zurück zur Schule, nachdem ich ein paar Wochen weggeblieben war. Und ich wusste nicht die Antworten auf ein paar Fragen und deshalb bekam ich Schläge mit dem Stock oder mit dem Gürtel. Das fand ich so ungerecht. An diese Ungerechtigkeit erinnere ich mich bis heute.

Gerald Wiener

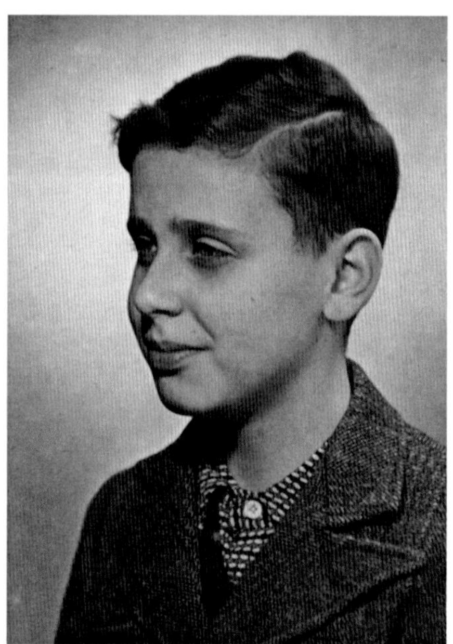

Immer dieses „Heil Hitler".

GT: Ich ging zur Volksschule Bochumer Straße in Berlin und der erste Tag in dieser Schule war fürchterlich. Ich bin fotografiert worden mit meiner Schultüte am Abend dieses Tages, ich lache, schien sehr zufrieden zu sein. Aber der Anfang des Unterrichts, es war im April 35, da war eine Fotografie von Hitler an der Wand. Die Lehrerin zeigte auf dieses Bild und sagte: „Wisst ihr, wer das ist? Unser Führer. Was sagt man? Heil Hitler." Natürlich, jüdische Kinder durften nicht „Heil Hitler" sagen. Ich war nicht das einzige jüdische Kind, aber das war ein furchtbares Gefühl, dass man sich nicht wie die anderen Kinder benehmen darf. Von Zeit zu Zeit standen wir auf, immer dieses „Heil Hitler" und zum Schluss mussten wir aus dem Schulzimmer, aus der

Schule, marschieren, dann sagte man ein letztes Mal wieder „Heil Hitler“. Also das war furchtbar, wie das so anfing mit kleinen Kindern. Am 26. Oktober ist mein Geburtstag, ich hatte eine Geburtstagsfeier zu Hause und da kamen die Kinder, ob sie jüdisch oder nicht waren, mit denen ich irgendwie befreundet war. Ein paar Wochen danach wurde ich aus dieser Schule ausgeschlossen. Nach ungefähr sechs Monaten musste ich eine andere Schule finden. Das war nicht so schwer zu der Zeit, denn die jüdische Gemeinde in Berlin hatte ihr eigenes Schulsystem und ich ging zu der jüdischen Gemeindeschule. Meine Schwester ging dann auf eine Schule, die hieß die Goldschmidt-Schule, die Geschäftsführerin von dieser Schule hieß Leonore Goldschmidt; das war hauptsächlich eine Privatschule für Mädchen, die als Sekretärinnen ausgebildet wurden. Da war eine Lehrerin in der jüdischen Schule, mit der ich auf keinem sehr guten Fuß stand. Also bin ich auch in die Goldschmidt-Schule gegangen. [...] Nachdem wir die Entscheidung gefasst haben, in die Vereinigten Staaten auszuwandern, wurden wir in noch eine andere Schule, die *American School* in Berlin geschickt. Das war eine Schule, die von einem amerikanischen Lehrer, der hieß Gregor Ziemer, gegründet wurde und war gedacht für die amerikanischen Diplomaten, die amerikanischen Geschaftsleute in Berlin; man bekam eine amerikanische Erziehung. Wir, mein Bruder, meine Schwester und ich, wurden in diese amerikanische Schule geschickt.

ET: Das war eine Privatschule?

GT: Ja, die *American School* war sehr teuer. Ich glaube, das Gymnasium für meinen Bruder kostete 10 Mark pro Monat und die Amerikanische Schule 30 Mark. Aber hauptsächlich gingen wir an diese Schule, um Englisch zu lernen. Die ganzen Sommerferien 1938 hatte ich privat Englisch gelernt. Ich glaube, im August oder September ging ich in die Amerikanische Schule bis zu meiner Auswanderung am 21. März 39.

ET: Wie war diese Schule?

GT: Das schien so eine Art Oase und man glaubte, dass man ganz frei war von der Naziregierung. In den letzten eineinhalb Jahren hab ich eine Korrespondenz gehabt, mit einer Dame in Texas, der Großnichte von Gregor Ziemer, die wollte wissen, welche Erinnerungen ich von der Schule hatte. Sie hat mir erzählt, dass die Nazis eine Regel hatten, nach der Privatschulen nicht mehr als ein Prozent jüdische Schüler haben sollten. Die Amerikanische Schule hatte vielleicht 80 Schüler. Wie diese Dame in Texas mir gesagt hat, hat die Gestapo diese Schule besucht, um zu sehen, ob diese jüdische Quote tatsächlich eingehalten wurde. Das war natürlich nicht der Fall. Es war sehr tapfer von Ziemer und scheinbar war die Gestapo dauernd in der Schule, aber das habe ich einfach nicht gewusst. Die Amerikanische Schule war ein großer Einfluss für mich, man lernte nicht nur die englische Sprache, sondern auch eine gewisse amerikanische Kultur.

Günter Treitel

Wenn wir aus der Schule rausgingen, da gab's so'n Boxen.

KL: Ich war zuerst in einer Grundschule in der Bochumer Straße, das ist in Berlin beim Tiergartenviertel. Dann kam ich mit zehn, elf zur Menzel-Oberrealschule, die ist am Ufer von der Spree. Da war ich anderthalb Jahre, glaube ich, bin mir aber nicht hundertprozentig sicher, ob es ein Jahr oder zwei Jahre waren. Aber danach kamen Schwierigkeiten. Ich dachte, ich war *top of the class*. Es wurde schwieriger und schwieriger. Sie wollten keine jüdischen Schüler mehr haben. Da ging ich zur Großen Hamburger Straße, mit der Bahn immer gefahren von Bellevue. Genau weiß ich wieder nicht, wie lange ich dort gewesen bin. Ich bin dort gewesen, bis ich ausgewandert bin. Ausgewandert bin ich im März 1939.

ET: In der Grundschule und der Menzel-Schule hatten Sie da antisemitische Erfahrungen?

KL: Oh ja. In der Grundschule zuerst gar nicht. Dann kamen drei oder vier Kinder. Nachher, wenn wir aus der Schule rausgingen, da gab's so'n Boxen, nech? Ich hab noch immer einen sehr großen Freund. Der noch lebt, der kam aus Berlin. Er war mein bester Freund, der konnte das gar nicht verstehen. Der hat auf meiner Seite dann mitgehauen. Da haben ihm seine Eltern nachher gesagt, das machst du nicht mehr, das kannst du nicht mehr machen. Also, das war die Grundschule. Aber das war nicht sehr besonders. Dann ging es über zu der Oberreal, wo ich persönlich keine Probleme hatte mit anderen Schülern in der Klasse. In der Oberschule war ich nicht sehr lange und in der Klasse gab es nie etwas. Ich hatte sogar große Freunde in der Klasse. Man wusste, die durften nicht mehr persönlich mit mir, die durften mich nicht mehr einladen zu Geburtstagen und solche Sachen.

Keith Lawson

Ich musste mich verneigen.

Ich erinnere mich noch. Da war ein katholischer Priester und wir wurden plötzlich getrennt. Da waren jüdische Kinder. Wir gehen heraus, haben die andere Lehrerin. Ich geh hinaus mit den anderen Kindern und ich hab was vergessen. Also ging ich zurück ins Klassenzimmer, um das zu finden. Und der katholische Priester: „Komm her!“ Und der legte seine Hand auf meinen Hinterkopf und ich musste mich verneigen. Ein Widerstand. Ich fühle das. Und ich erinnere mich genau daran, nur an das. Das war alles, was er tat. Ich musste mich verneigen. Sehr viel später ging ich einmal in eine Mitternachtsmesse. Und da konnte ich mich nicht verneigen. Es ging nicht.

Rosemarie Cawson

Offiziell mussten wir hinten sitzen.

FD: Offiziell mussten wir hinten sitzen. Wir durften nur zuletzt auf Fragen antworten, wenn der Lehrer fragte. Aber da ist die amüsante Sache: kurz vor dem Anschluss mussten die unteren Schulklassen gegen die höheren Klassen spielen. Das war eine Mordssache. Ich war einer der Unterschulischen. Und mit Verzweiflung warf ich mich vor die Füße des Mittelmanns der ersten Reihe beim Fußball, warf mich vor seine Füße, fiel der über mich. Wäre es Rugby gewesen, wäre das ganz fair. Im Fußball ist das nicht bekannt. Aber für ein paar Monate war ich ein Held der Unterschule. Wenn dann gesagt wurde, dass die jüdischen Schüler nicht mehr bei Sportwettkämpfen teilnehmen können, gab’s großen Protest in der Klasse. „Könnte der und der nicht mitmachen, wir brauchen dich für dies und das andere.“ Ich war einer von denen. Das andere, die nicht so schöne Seite war, ich wurde einmal verprügelt, aber bloß einmal. Da waren zwei Knaben, einer war mein Freund aus der Volksschule, mit dem ich sonntagmorgens oft spielte. Bester Freund in der Zeit. Und ein Dritter, der mit uns nach Hause ging. Wir gingen von der Realschule über den Börsenplatz. Das ist einer dieser typischen Wiener Plätze mit kleinem Garten in der Mitte. Da griffen die zwei mich an, warfen mich auf den Boden. Es war nicht sehr ernst. Ich wurde nicht verletzt. Am Ende liefen die beiden weg, als ich zu weinen anfing, weil der eine Junge wirklich mein bester Freund war, bis zum 13. März. Aber heute nach vielen Jahren, wenn ich darüber gesprochen hab, sage ich, als die wegliefen, die waren nicht stolze Nazis: „Wir haben einen Juden verprügelt, hoho.“ Die waren normale Jungs, fühlten sich schuldig und liefen weg.

ET: Wann ist das passiert?

FD: Das war 1938, in den ersten Tagen nach dem Anschluss. Mit dem Anschluss wurden alle Schulen geschlossen bis nach Ostern, was in diesem Jahr so Anfang, Mitte April war. Dann wurden jüdische

Kinder von der Schule ausgeschlossen. Ich glaube, dass wir bis Juli da waren und fingen in der Jüdischen im September an.

Francis Deutsch

In der Realschule wurde ich jeden Tag verhauen oder beschimpft.

ET: Thema Antisemitismus. Haben Sie da Erfahrungen in der Schule gemacht?

ES: Viele. In der Hauptschule fast nichts. Die Arbeiterkinder waren nicht antisemitisch. Da waren ein oder zwei. Aber die haben mich in Ruhe gelassen, weil ich stärkere Freunde hatte. Ich selbst war ein Feigling, ich war der Kleinste in der Klasse bis zu meinem sechsten Jahr. Im siebten Jahr, da hatte ich einen Freund, der sieben Jahre älter war als ich, und er hat mich inspiriert, zurückzuhauen, und in der siebten habe ich zurückgehauen, er hatte ganz recht: „Auch wenn sie stärker sind als du, sie kommen nicht gern nach Hause mit Beulen." Da habe ich ein Selbstbewusstsein bekommen, das ich bis dahin nicht hatte. Ich war sehr lebenslustig und das bin ich noch heute. In der Realschule wurde ich jeden Tag verhauen oder beschimpft: „Du Schweinejud." So oder nur einen Stoß gegeben.

ET: Haben die Lehrer etwas gesagt oder waren sie auch antisemitisch?

ES: Ich glaube, ein Lehrer war antisemitisch. Ich weiß nicht, welche anderen das vollkommen waren. Aber in der Siebten hatte ich auch einen wunderbaren Mathematiklehrer. Zum ersten Mal in meiner Schule lernte ich wirklich einmal und als wir auf eine Schulwoche gingen, da wurde alles vermessen, alles niedergeschrieben und der Mathematiklehrer hat mich zu sich bestellt. Wohl weil er wusste, dass viele der Kinder antisemitisch waren. Am ersten Tag des Anschlusses bin ich nicht mehr in die Schule gegangen. Wir waren darauf gesinnt, auszuwandern.

Eric Sanders

Manchmal haben auch Kinder Steine auf uns geworfen.

RD: Ich war nur sechs Monate auf der Grundschule, dann hat der Odenwald das nicht mehr erlaubt. Jüdische Kinder durften nicht mehr in die Volksschulen. Danach sind wir nach Höchst im Odenwald in eine jüdische Schule mit dem Bus gefahren. Auf dem Land war es viel schlimmer als in den Städten, weil die Leute so dumm waren, sie haben überhaupt nicht verstanden. Es gab auch gute Leute, die ihre Nachbarn beschützt haben, aber nicht in Fränkisch-Crumbach.

ET: Wie haben Sie sich in dieser jüdischen Schule in Höchst gefühlt? War die Atmosphäre besser?

RD: Es war viel besser. Wir mussten nicht den Hitlergruß machen. In der ersten Schule, wo ich die Einzige in der Klasse war, hat ein Lehrer mir gesagt, ich darf nicht den Hitlergruß machen. Das war schon schlimm. Da war ich sehr froh, dass ich nicht mehr in die Volksschule musste. Manchmal haben auch Kinder Steine auf uns geworfen auf dem Weg zurück von der Schule.

Ruth L. David

Diese Geschichten hört man nicht.

BG: Ich war erst in der Gebeleschule. 1933, wie ich acht Jahre alt war, wie sie meinen Herrn Papa verhaut haben, hat meine Frau Mutti gemeint, weil es doch bekannt geworden ist, dass ich besser nicht zurück zur Gebeleschule gehe. Da war ich also zwei Jahre in der jüdischen Schule. Auch ganz interessant. Dann kam ich ins St.-Anna-Lyzeum bis „Kristallnacht".

ET: Haben Sie denn in der Schule antisemitische Erfahrungen gemacht?

BG: Nie. Vor 20 Jahren hat mich eine Mitschülerin, nicht jüdisch, gefunden. Dann hat sie irgendwie arrangiert, dass von meiner früheren Klasse drei oder vier zum Mittagessen zusammen waren. Alle haben sie gesagt: „Erzähl uns halt, wie war das mit dem Kindertransport." „Ich erzähl's schon, aber erst einmal müsst ihr mir erzählen, wie war das für euch hier im St.-Anna-Lyzeum." Da haben sie sich angeschmunzelt und haben's gesagt: „Ja, du weißt schon, dass der Rex" – ich kann mich nimmer an seinen Namen erinnern, aber der Direktor von der Mädchenschule war ein Herr Doktor, der als Rex angeredet worden ist – „Du weißt, der Rex war gegen Hitler." „Wirklich? Habe ich nicht gewusst. Wieso?" Und dann haben sie gesagt: „Jedes Mal, wo der Hitler eine Rede gehalten hat, mussten alle Schulkinder in die Aula gehen und dem Hitler zuhören. Das war meistens um elf Uhr in der Früh. Wir auch, wir sind alle in der Aula. Drei-, vier-, fünfhundert Mädchen im St.-Anna-Lyzeum." Also sie sind alle in die Aula und jedes Mal stand da dieses riesengroße, schwarze Radio auf der Bühne und jedes Mal kam einer raus und sagte: „Tut mir furchtbar leid, aber schon wieder zerbrochen." Nicht einmal mussten sie dem Hitler zuhören. Die haben alle genau gewusst, was los ist und keiner von den Mädchen hat je den Direktor verraten. Diese Geschichten hört man nicht, man hört sie nur, wenn man frägt.

Bea Green

Er hat antijüdische Lieder angestimmt.

HH: Ich ging zur Jüdischen Volksschule in Dortmund, dort wurde ich eingeschrieben 1930, als Sechsjähriger. [...] Dann 1934 in Brambauer wurde ich in die Katholische Schule eingeschrieben. Das war ein nicht besonders glänzendes Erlebnis. Im ersten Jahr lief es, der Lehrer war ein gewisser Herr Ballhorn, ein Leutnant in der Armee im Ersten Weltkrieg, sehr religiös eingestellt, der von dem 1933 eingebrachten Judenhass nichts wissen wollte. Ich hörte später, als ich mal wieder zurückkam, dass er mit dem System nicht leben konnte. Im zweiten Jahr hatten wir einen Lehrer, der hieß Thiele, ein äußerst gläubiger Katholik, aber ein äußerst gläubiger Nazi. Er erschien jeden Tag in einer braunen, nicht der SA-Uniform, einer speziellen Uniform, ich wusste nicht, was das war. Er machte den fünf jüdischen Schülern in seiner Klasse das Leben schwer, unter anderem auch mir. Es war nicht besonders nett. [...]

ET: Was hat er gemacht? Hat er Sie beschimpft?

HH: Nein, er hat antijüdische Lieder angestimmt: „wenn das Judenblut vom Messer spritzt", es war nicht besonders angenehm.

ET: Wie haben sich die anderen Schüler verhalten?

HH: Die hatten Angst, durften sich ja nicht rühren. 1934 wurde in der Schule eine sogenannte Luftschutzlektion eingeführt. Da hatten sie einen Schuppen auf dem Spielplatz aufgebaut, der hermetisch versiegelt war. Die Schüler wurden da reingeschickt mit einer Gasmaske und Tränengas wurde losgelassen, bis auf die jüdischen Schüler. Wir wurden reingeschickt ohne Gasmaske. Es war ganz komisch, ich hörte den Herrn Thiele damals sagen: „Naja, Ihr werdet sowieso nicht überleben." Und das war 1934. Das ist mir in meinem Gedächtnis geblieben. [...] Meine Eltern nahmen mich aus der Katholischen Schule heraus und ich wurde dann wieder in der Jüdischen Schule in Dortmund eingeschrieben. Ich musste jeden Tag die 10 km in der Straßenbahn fahren. Ab und zu hatten sich da an der Straßenbahnhaltestelle Jungens versammelt, um mich zu verkloppen. Eines Tages stand ein Polizist dabei. Ich wollte mich wehren, da sagte er: „Das darfst du nicht." Ich war immer vorlaut, das muss ich sagen. „Ich darf solches, ich bin polnischer Staatsbürger." Da hat er die weggejagt.

Herbert Haberberg

Oft hatten auf der Straße die Kinder uns angespuckt.

SS: Mein Bruder war am Gymnasium, schon früher 1936 musste er das Gymnasium verlassen und ist dann nach Leipzig gefahren, weil da eine jüdische Schule war und er wohnte mit einer jüdischen Familie. Ich wurde später auch aus der Schule geworfen und eine Dame hat uns privat unterrichtet in ihrer Wohnung.

ET: Die Lehrer in der Schule waren auch antisemitisch?

SS: Das habe ich nie gefühlt. Aber die Kinder. Ich hatte einen Regenschirm, der war rot am Henkel. Und die Klara sagt zu mir: „Das Blut ist von einem Baby." Das kommt von den Eltern. Und oft hatten auf der Straße die Kinder uns angespuckt. Es war zwar schon ziemlich *uncomfortable*.

Stella Shinder

Herrlingen war wie eine substitute family.

PB: In Deutschland bin ich dann in ein Kinderheim gekommen mit dreieinhalb Jahren in Herrlingen. Anna Essingers Schwester Clara hatte das erste Kinderheim gebaut und da war ich, bei Clara Weimersheimer, und dann später in der Schule, bis ich nach England kam. Ich hab meinen Vater während den Ferien gesehen. Ist keine ganz normale Familie eigentlich. Herrlingen war wie eine *substitute family*, *really*.

ET: Haben Sie sich wohlgefühlt in Herrlingen?

PB: Absolut, sehr wohl gefühlt. Clara, die man Mutterle nannte, war wie eine Mutter.

Peter Block

Der Lehrer hat einen sehr zivilisierenden Einfluss auf meine Klasse gehabt.

FL: Das erste Grundschuljahr wurde mir erlaubt, Privatstunden zu haben, da ich anscheinend eine Kinderkrankheit hatte und der Schularzt begutachtete mich als zu schwach, um die Gemeindeschule zu besuchen. Da hab ich also Privatstunden mit ungefähr einem Dutzend anderer Kinder gehabt von einem Direktor einer Gemeindeschule. […] Dann übersprang ich das dritte Jahr und ging in das vierte Jahr. Als ich das vierte Jahr absolviert hatte, kam ich ins Gymnasium. Da lernte ich Latein als erste Fremdsprache und dann Griechisch und Englisch.

ET: Wissen Sie noch, wo das Gymnasium war?

FL: Ja, das war das Prinz-Heinrichs-Gymnasium in der Grünewaldstraße in Schöneberg neben der Apostel-Paulus-Kirche. Ich hatte großes Glück, denn vom vierten Jahr an hatten wir als Klassenlehrer einen Lehrer, den Doktor Bochis, der kein Nazi war. Natürlich konnte er das nicht offen zeigen, aber wir wussten es. Der hat also einen sehr zivilisierenden Einfluss auf meine Klasse gehabt, denn unsere nicht jüdischen Mitschüler gehörten alle zu irgendeiner Nazi-Organisation. Obwohl natürlich alle naziorientierten Sachen veranstaltet werden mussten, wie zum Beispiel der Hitlergruß am Anfang jeder Stunde und so weiter, ist es zu keinen antisemitischen Äußerungen und Tätigkeiten gekommen in unserer Klasse bis zum Abitur im Jahr 1937.

Fritz Lustig

Ich habe die letzten zwei Jahre in Deutschland in diesem Waisenhaus verbracht.

Ich war in einer nichtjüdischen Schule. Es war eine Mittelschule und der Lehrer, Englischlehrer, kam in SA-Uniform und war sehr antisemitisch. Ich war der einzige Jude in der Klasse. Ich kam morgens an und da hat jemand an die Tafel geschrieben: „Christen sind Lügner und Betrüger“. Natürlich wurde mir das angelastet. Ich musste mich vorne in die Ecke stellen und er hat uns antisemitische Sachen gesagt. Dann wurde die Verfolgung für mich sehr, sehr unangenehm. Ich wurde mit Steinen beworfen und Schneebällen im Winter und so weiter. Es kam dazu, dass meine Eltern gesagt haben, dass ich nicht mehr zur Schule gehen sollte. Sie wussten nicht mehr, was sie mit mir machen sollten. Meine Schwester war auch in der Schule, aber in einer höheren Klasse, und hatte keine Schwierigkeiten gehabt scheinbar. Mein Vater kannte einen Mann, der auch in Köslin geboren war, der Direktor von einem jüdischen Waisenhaus in Pankow in Berlin war. Da hat er an ihn geschrieben, hat ihn gefragt, ob er mich vielleicht annehmen kann. Ich habe dann die letzten zwei Jahre in Deutschland in diesem Waisenhaus verbracht. [...] Das war ein Waisenhaus für jüdische Jungen, geleitet vom Direktor Dr. Curt Krohn. Es war für mich eine ganz schwere Sache, von der Familie in das große Waisenhaus zu kommen. Viele von den Jungen waren sehr unglücklich. Es gab ziemlich viel Krach manchmal. Einige von den Jungen haben in ihre Betten genässt und das waren Jungen, die ein schweres Leben gehabt haben ohne Eltern. Aber es gab auch andere wie mich, die Eltern hatten, die angenommen worden sind, weil es unmöglich war, in die deutsche Schule zu gehen. Curt Krohn war ein sehr menschlicher Mensch, ein wunderbarer Mann, der mich sehr gern gehabt hat. Er hat mich einmal zu meinem ersten Konzert mitgenommen, Anfang 1938. Es war ein Konzert in einer Synagoge mit einem jüdischen Chor, jüdischem Orchester und das Stück war Mendelssohns Elias, was ich jetzt in meinem Chor in England gesungen habe. Das hat mich sehr beeindruckt. Ich hatte schon durch meinen Vater und meine Mutter natürlich Musik gehört, sie haben zusammengespielt, Klavier gespielt, meine Schwester auch. Dadurch hat mein Interesse für Musik angefangen.

Leslie Baruch Brent

Sprache/n in der Familie

Deutsch war die einzige Sprache in der Familie.

Deutsch war die einzige Sprache in der Familie. Meine Mutter hatte Französisch gelernt. Später hat sie angefangen mit Spanisch, weil wir nach Argentinien wollten. In Deutschland haben Juden kein Jiddisch gesprochen. Das war für die Ostjuden. Mutter war ganz gegen Jiddisch. Für sie war das ein schrecklicher Dialekt, ein unreines Deutsch.

Ruth L. David

Eigentlich hab ich Deutsch von Brecht gelernt.

Meine Eltern sprachen Tschechisch mit mir. Aber sobald der Anschluss kam, kriegte ich ein deutsches Kindermädchen. Ich hatte vorher ein tschechisches, aber ich kriegte ein deutsches, um Deutsch zu lernen. Dann konnte ich etwas Deutsch. Eigentlich hab ich Deutsch von Brecht gelernt. Als ich drei Jahre alt war, noch in der Tschechoslowakei, hatte ich Scharlach. Weil mein Vater Zahnarzt war, musste ich in Quarantäne. Meine Eltern hatten ihren Plattenspieler, da hab ich wirklich von Brecht, von der *Dreigroschenoper* gelernt. [...] Ich glaube, das Kindermädchen hat einfach mit mir Deutsch gesprochen. Ich weiß, dass meine Mutter mir gesagt hat: „Sollte dich irgendjemand etwas auf Deutsch fragen, sag immer ‚nein'." Vielleicht wusste sie schon, dass ich auf den Kindertransport komme, ich weiß nicht. Ich weiß auch nicht, wie ich von Zlín nach Prag kam, weil es ging los aus Prag. Ich weiß nicht, ob meine Eltern mich gebracht haben.

Eve Slatner

Meine Eltern haben nur Polnisch gesprochen, wenn ich es nicht wissen oder hören durfte.

HH: Meine Eltern haben nur Polnisch gesprochen, wenn ich es nicht wissen oder hören durfte. Sonst immer Deutsch. Aber ich habe Polnisch nicht von den Eltern gelernt. Jiddisch war ein anderes Problem. Mein Vater sprach es zwar fließend, meine Mutter vielleicht auch, ich kann mich nicht mehr erinnern. Meine Mutter kam aus Krakau und Krakau war in der ersten Nachkriegszeit ein Überbleibsel der Österreichisch-Ungarischen Republik. Die Bevölkerung war recht bürgerlich eingestellt. Nur wenn sie miteinander sprachen, sprachen sie Polnisch, auch die religiösen Juden, meine Großeltern. Meines Vaters Deutsch war vielleicht nicht das Beste, aber er konnte sich verständigen und konnte es gut sprechen; meine Mutter sprach es fließend. Wir hatten vielleicht nicht das kulturelle Leben, das man sich wünschen konnte, aber es war da.

ET: Wie war das mit den Großeltern?

HH: Ich muss ehrlich betonen, ich kannte die Großeltern von meines Vaters Seite fast überhaupt nicht. Die waren aus Warschau. Ich weiß nicht warum, aber ich war öfters in Polen, ich hatte ein enges Verhältnis mit den Eltern meiner Mutter in Krakau und wir sprachen Deutsch. Wenn wir es uns erlauben konnten, fuhr meine Mutter zu ihren Eltern, und ich kam dann mit, bis mein Bruder geboren wurde, dann wurde es schwieriger. Wie gesagt, das Sprachverhältnis war Deutsch. Das große Problem war nur die Antipathie gegenüber den Ostjuden. Das darf man nicht verheimlichen. Das herrschte sogar in England, möchte ich betonen. [...] Wir waren, ich war sehr zionistisch. Ich sprach fließend Hebräisch, hab angefangen mit viereinhalb Jahren und mit sechs Jahren sprach ich fließend. Ich wurde privat unterrichtet von einem Lehrer. Als ich dann in die Jüdische Schule eintrat und der Religionsunterricht begann mit sechs Jahren, mussten wir vom Gebetbuch lesen und ich benutzte die sephardische Aussprache. Und mir wurde klar gesagt, diese Aussprache benutzen wir nicht.

Herbert Haberberg

Meine Eltern waren sehr gut mit Sprachen.

SS: Meine Eltern haben beide Hochdeutsch gesprochen. Die waren sehr gut mit Sprachen und sie haben noch Polnisch und Jiddisch gesprochen. Mein Vater verstand auch Russisch.

ET: In der Familie haben sie nicht Jiddisch gesprochen?

SS: Meistens Deutsch.

Stella Shinder

Wenn sie etwas sagen wollten, das ich nicht verstehen sollte, haben sie Englisch gesprochen.

ES: Die Eltern zu Hause haben immer Deutsch gesprochen; wenn sie etwas sagen wollten, das ich nicht verstehen sollte, haben sie Englisch gesprochen. Es war anders mit dem Lesen. Meine Mutter hat auch

Jiddisch gesprochen. Ich wusste das nicht. Aber eines Tages gingen wir eine alte Freundin von ihr besuchen, eine Frau Halm, deren Tochter Laura hieß. Habe das nie vergessen. Die wohnten in Lainz. Das war damals ein noch ärmerer Bezirk als unserer. Als wir hereinkamen, hat sie ein Gaslicht angezündet im Zimmer. Das war das einzige Licht, das sie hatten. Und die zwei Frauen haben Jiddisch miteinander gesprochen. Ich habe das meiste verstanden, denn Jiddisch hat sehr viele deutsche Wörter.

ET: Aber der Vater hat kein Jiddisch gesprochen?

ES: Ich glaube nicht. Ich habe ihn nie gehört. Er hätt's wahrscheinlich verstanden. [...] Mein Vater hatte Englisch im Kriegsgefangenenlager gelernt. Da waren nur Österreicher oder Deutsche. Er las die Zeitung, lernte Englisch mit seinen Augen. Daher war seine Aussprache nicht sehr gut.

Eric Sanders

Englisch vor der Emigration

Ich wollte auch kein Englisch lernen. Wir wollten Spanisch lernen.

ET: Hatten Sie schon vor der Emigration mit dem Kindertransport Englischunterricht?

RD: Nein, noch nicht. Ich war zu jung. Nein, das stimmt nicht ganz. Ich bin dann zur Schule in Mannheim, wo der Englischunterricht schon angefangen hat. Aber ich war kaum drei Monate dort und wollte auch kein Englisch lernen. Wir wollten Spanisch lernen. Wir wussten, dass wir nach Argentinien ziehen sollten. Ich konnte kein Englisch, als ich nach England kam.

Ruth L. David

Ich bin nicht total ohne Englisch angekommen.

ET: Sie haben erzählt, dass Sie Englisch nicht in der Schule gelernt haben, aber ein bisschen vor dem Kindertransport.

BG: Ja, da war eine Dame, deren Namen ich jetzt nicht erinnern kann, die hat drei oder vier Kindern, die nach England wollten, a bissle Englisch beigebracht. Also ich bin nicht total ohne Englisch angekommen.

ET: Wie lange vorher haben Sie Englisch gelernt?

BG: Paar Monate. Eins von den Kindern war der Edgar Feuchtwanger. Der Neffe vom berühmten Schriftsteller Lion Feuchtwanger.

Bea Green

Ich sollte immer sagen: „My elder sister Gisela."

ET: Und sprachen Sie schon etwas Englisch?

UB: Kaum. Meine Eltern haben mich auf die jüdische Schule in Berlin-Mitte geschickt. Da hat man ein paar Worte Englisch gelernt. War wenig natürlich. Meine Eltern haben mir beigebracht, ich sollte immer sagen: „My elder sister Gisela" [ausgesprochen: *gaisela*], sollten wir getrennt werden. Sie dachten, sie müssten es so aussprechen. Sie wussten nichts Näheres, wo wir hinkommen würden.

Ursula Beyrodt

Ich hab nur einen Satz in Englisch gelernt.

BK: Ich hab nur einen Satz in Englisch gelernt, bevor ich hierhergekommen bin, von meinen Eltern. Der Satz war: „Ich bin hungrig, kann ich ein Stück Brot haben?“ „May I have a piece of bread? I'm hungry.“ Aber ich habe ihn nie benützt.

ET: Woher kannten die Eltern diesen Satz?

BK: Ich denke mir, dass meine Eltern wussten, sie müssten mich und später meine Schwester nach England oder mit dem Kindertransport schicken. Dass sie weder mich, uns beide wiedertreffen, wer weiß, das konnten sie nicht wissen, aber ich denke, dass sie geglaubt haben, dass sie uns niemals wiedersehen. Als sie mich nach England schickten, wussten sie nicht, was passieren würde, und da ich kein Englisch konnte, hab ich einen Satz gelernt. Denn meine Eltern, glaub ich, als sie in der Schule waren, haben sie ein bisschen Englisch gelernt. Aber wenn ich daran denke, wie meine Eltern sich gefühlt haben, auch andere Eltern, dass kommt jetzt mit der Zeit: Wir schicken die Kinder weg, ob wir sie nochmals sehen, das ist in den Händen von Gott. Wie sie gefühlt haben, das ist schwer zu wissen.

Bernd Koschland

Ich habe sogar noch das Wörterbuch hier.

ET: Hatten Sie schon Englisch gelernt?

KL: Ich hatte. Nach zehn Jahren hatte ich ja irgend ne Sprache. Ich hatte etwas Französisch und auch Englisch. Weil meinem Vater so sehr pro English war. Meine Mutter hatte von der Schule aus noch einigermaßen gutes Englisch. Ich habe sogar noch das Wörterbuch hier, das sie in der Schule hatte.

ET: Das haben sie auch mitgebracht?

KL: Oh ja. Das ist etwas, was ich mitgebracht habe und viel benutzt. Aber komischerweise gibt es viele Worte, die man jetzt nicht mehr drin findet. Ich war ganz gut mit Englisch. Als wir bei den *sugar beets* alle mitgeholfen haben aufm Bauernhof vom Camp, kam der Farmer. Und der fand, er konnte mit mir sprechen. Da hat er gesagt: „Och, du musst meine Frau kennenlernen.“ Und das war Mrs Meuy.

Keith Lawson

Ich habe immer Englisch gehabt.

ET: Sie haben im Waisenhaus in Berlin auch Englischunterricht gehabt?

LB: Ja, wir hatten Englischunterricht und der Direktor Krohn hat mich zu einem jüdischen Gymnasium geschickt, weil er dachte, dass [ich] eine bessere Erziehung dort haben würde. Da war ich nicht sehr lange, aber ich habe immer Englisch gehabt.

Leslie Baruch Brent

‚Winnie the Poo' wäre das richtige Buch.

MR: Als wir wussten, wir würden nach England gehen, haben wir ganz schnell privat so'n bisschen Englisch-Hilfe gekriegt von jemandem. Komischerweise hat die die Frau gedacht, *Winnie the Poo would be the right book.* Was ein bisschen seltsam war. Also, wir haben versucht, in den letzten Wochen ganz schnell noch wie ein bisschen Englisch zu lernen.

ET: Obwohl Sie schon Englischunterricht in der Schule gehabt hatten.

MR: Ja, meine Schwester wohl ein bisschen länger, weil sie älter war. Aber ich hab das grade erst angefangen, war bloß grade erst in der höheren Schule.

Margarete von Rabenau

Aber de facto konnte ich nicht Englisch sprechen.

ET: Sie haben, bevor Sie nach England fuhren, noch nicht Englisch gelernt?

VR: Nein. Ich muss einmal so ein bisschen eine englische Injektion bekommen haben, weil ich als ganz kleines Kind eine kanadische Nanny hatte. Aber ich erinnere mich nicht daran, und ich erinnere mich nicht, ein Wort Englisch gesprochen zu haben. Ob das einen Einfluss gehabt hat oder nicht, weiß ich nicht. Aber de facto konnte ich nicht Englisch sprechen oder lesen oder verstehen. Mein Vater auch nicht, der ein gebildeter Mann war, der Französisch, Italienisch konnte, aber nicht Englisch.

Victor Ross

Als ich nach England kam, war ich schon beinahe fließend.

PB: Schauen Sie, ich hatte eine sehr gute Englischlehrerin in Deutschland und als ich nach England kam, war ich schon beinahe fließend.
ET: Sie hatten in Herrlingen schon eine Englischlehrerin?
PB: Nee, in Frankfurt, während den Ferien und so. Aber ich habe auch in Herrlingen Englisch gelernt. Ja, da war ein Amerikaner damals.

Peter Block

Vier jüdische Schulen in Deutschland bekamen die Ausbildung für das englische Schulexamen.

Ich hatte angefangen, Englisch zu lernen und meine Eltern hatten mich zu einer Freundin geschickt, die auch Englisch lehrte. Dann ist etwas ganz Besonderes gekommen: Ein Dozent von Cambridge hat entschieden, dass jüdische Kinder die Ausbildung von dem englischen Studium haben müssten. Und hat es erreicht, dass vier jüdische Schulen in Deutschland die Ausbildung für das englische Schulexamen bekamen. In Köln war es die Jawne-Schule, in Frankfurt das Philantropin. Aber ich weiß nicht mehr, welche Schulen es in Hamburg und Berlin waren. Meine Mutter ist nach Köln gefahren und hat angefragt, ob sie mich für den Kursus nehmen. Der Direktor hat ursprünglich gemeint, dass wir nicht orthodox genug waren. Meine Mutter hat gesagt, dass ihre Mutter eine Karbach war und die Karbachs waren in Deutschland eine berühmte Rabbinerfamilie. Da haben sie mich genommen. Also habe ich mich sogar schon auf das englische Examen vorbereitet. Als ich dann hierherkam, hatte ich keine Schwierigkeiten.

Ilse Eton

Mit 18 Jahren ging ich nach Hamburg, um Englisch zu lernen.

HS: Mit 18 Jahren ging ich nach Hamburg, um Englisch zu lernen auf einer Sprachenschule. Ich war in Hamburg, meine Eltern waren in Fürth.

ET: Warum sind Sie nach Hamburg gegangen, um Englisch zu lernen?

HS: Ich war in einem – was in Deutschland hieß – humanistischen Gymnasium, hatte Lateinisch und Griechisch. Aber wir wussten dann schon, dass man auswandern musste. Ich hatte kein Englisch oder Französisch. Also ging ich nach Hamburg auf die Sprachenschule, weil da eine gute Sprachenschule war.

Heinz Skyte

Ich war im Jahre 1936 in meinen Sommerferien in England.

Ich war im Jahre 1936 in meinen Sommerferien in England, um meine englischen Sprachkenntnisse zu verbessern, und war als Gast bei einer Familie in Hertfordshire in Letchworth, die kein Deutsch konnten, da musste ich also Englisch sprechen. Nachdem ich sieben Wochen da war, habe ich viel auf Englisch gesprochen. Das war natürlich sehr wichtig. Nach der „Kristallnacht" hatte ich sofort einen Brief von denen und die fragten mich, ob ich nach England kommen wollte und sie setzten sich mit *The Society of Friends*, den Quäkern in Verbindung. Durch die Quäker habe ich dann ein Visum bekommen, was nur zwölf Monate gültig war, ein sogenanntes Lehrlingsvisum. Ich war dann, bis der Krieg ausbrach, ein Lehrling im Bauwerk, bei einem sehr kleinen Baumeister, und habe ihm geholfen, einen Bungalow zu bauen. Von Anfang an, von den Grundmauern zu graben, bis er verkaufsbereit war.

Fritz Lustig

Ich verstand alles, obwohl ich keine Wörter wusste.

In der Schule habe ich schon gut Englisch gelernt. Meine Mutter hat sehr viele Dinge aus England geschickt bekommen. […] Eines der Dinge, die meine Mutter von London erhielt, von ihrer Nichte, war ein Kinderbuch. Mit kurzen Einzelgeschichten. Da hat sie mir jeden Abend aus einer der Geschichten vorgelesen, vielleicht manchmal Deutsch, ich weiß nicht. Ich verstand alles, obwohl ich keine Wörter wusste. Z. B. wenn sie etwas ausließ, um schneller fertig zu werden, habe ich mich beklagt: „Du hast was ausgelassen." Eine der Geschichten, erinnere ich mich noch, zeigte einen kleinen

Buben. Der Titel war *The Boy Next Door*. Ich dachte, das war ein Wort: *theboynextdoor*. Das hat mir später geholfen, Sprachen zu unterrichten. Wie konnte ich als ein kleines Kind, das nicht einmal Worte, englische Worte unterscheiden konnte, Englisch lernen? Als ich in die erste Klasse meiner Volksschule kam, da fragte der Lehrer am ersten Tag: „Kennt einer von euch ein Wort in einer fremden Sprache?" Ich habe meine zwei Finger gehoben und er hat gefragt: „Was?" Ich habe gesagt: „Pussycat", eine dieser Geschichten. Also, ich hatte mein Englisch auf dem besten Weg gelernt. Auch in der Schule hatte ich Englisch und Französisch genommen.

Eric Sanders

Emigration

Das kam ganz plötzlich.

ET: Wussten Sie schon vorher, dass Sie mit diesem Transport nach England kommen würden?

LB: Das kam ganz plötzlich. […] Jüdische und nichtjüdische Organisationen haben nach der „Kristallnacht" diese Kindertransporte ganz schnell arrangiert und man hat die englische Regierung überzeugt, Kinder anzunehmen. Im Gegensatz zu der englischen Regierung heutzutage, wo ich sehr stark versucht habe, die Umgebung zu beeinflussen. Ohne Erfolg. Die Chamberlain-Regierung musste überredet werden von jüdischen und nichtjüdischen Organisationen. Die Quäker waren zum Beispiel sehr dabei und haben gesagt, ja wir nehmen deutsche und österreichische jüdische Kinder. Haben einige Bedingungen gemacht: Eine Bedingung war, dass sie ohne Eltern, nur alleine kommen; die zweite, dass die jüdischen Gemeinden in England 50 Pfund für jedes Kind finden. Das war damals wirklich viel Geld und die dritte war, dass sie später England verlassen, in ein anderes Land gehen. Das hat natürlich keiner getan. Viele sind zwar nach Amerika gegangen, die meisten sind aber geblieben. Aber das war eine unglaubliche Entscheidung der Regierung, die kein anderes Land in der Welt gemacht hat. Amerika hat das nicht getan. Und so sind ungefähr zehntausend Kinder nach England gekommen, das hätten noch mehr sein können, wäre der Krieg nicht ausgebrochen.

Leslie Baruch Brent

Auf der SS Manhattan, am 21. März 1939.

GT: 1938 wurde mein Onkel im Konzentrationslager eingesperrt und das war, wie sagt man, der Trigger. Da hat sich mein Vater endlich entschieden, dass wir auswandern müssen und der Plan war zu dieser Zeit, dass wir in die Vereinigten Staaten gehen, nicht nach England, und die Papiere wurden eingereicht bei der amerikanischen Botschaft in Deutschland. Es war sofort klar, dass das sehr lange dauern würde.

ET: Warum war es für den Vater wichtig, in die Vereinigten Staaten zu gehen?

GT: Er hatte Mandanten, die Amerikaner waren. […] Ich kam mit dem Kindertransport, weil die Auswanderung nach Amerika in der fernen Zukunft lag. Wir bekamen unsere amerikanischen Visas Ende 1940 nach England. Wenn wir zu der Zeit noch in Deutschland gewesen wären, würde ich mich mit Ihnen jetzt nicht unterhalten.

ET: Es war dann klar, Sie können nicht nach Amerika und die Eltern haben sich umorientiert?

GT: Ein Onkel auf meiner Mutters Seite, der lebte als Junggeselle bis in seine vierziger Jahre und glaubte, dass er sich nie verheiraten würde, war 1938 auf einer Geschäftsreise in der Schweiz. Da traf er eine junge Frau, die Engländerin war, in die er sich verliebt hat, eine wunderbare Frau, und er fragte sie, ob sie ihn heiraten würde und mit ihm nach Berlin zieht. Sie sagte: „Ja, ich würde dich sehr gern heiraten, aber nicht nach Berlin ziehen." Auf diese Weise ist mein Onkel nach England gekommen. Das war unser Kontakt und hat uns allen das Leben gerettet. Mein Bruder und ich kamen mit dem Kindertransport, auf der SS Manhattan, am 21. März 1939. Auf der Passagierliste, die im Internet ist, da würden Sie mich finden und meinen Bruder.

ET: Die Eltern haben gedacht, die Kinder müssen zuerst weg?

GT: Ja, besonders, glaube ich, mein Bruder, ein Sechzehnjähriger, meine Schwester, ein Mädchen, man glaubte nicht, dass das Risiko für Mädchen so groß war, war natürlich falsch und mein Bruder und ich wurden vorausgeschickt. Wir waren sehr beschäftigt mit dem Schicksal unserer Eltern zu dieser Zeit. Ich erinnere mich noch an einen Brief, den meine Mutter mir schrieb. Ich war in einem Heim für Kinder, das von der Sainsbury-Familie gegründet war und wir korrespondierten, die Post ging noch ganz normal, bis der Krieg angefangen hat. Im Brief von meiner Mutter: „Noch immer kein *permit*, es ist schlimm." Und dann war ein Postscript: „Das *permit* ist jetzt gekommen." Das war Juli 1939.

Günter Treitel

Ich hasste das Wort ‚Auswanderung'.

RD: Wir Kinder haben ganz schnell gelernt, uns nicht zu beschweren. Die Eltern hatten solche Sorgen. Das wussten wir. Wir haben nämlich seit Jahren versucht, auszuwandern. Wir wollten entweder in die USA – das war sehr, sehr schwer – oder nach Argentinien – das war möglich. Aber jahrelang wurde davon gesprochen, und die Argentinier waren ja auch nicht bereit, Juden zu nehmen. Sie wollten andere, aber keine Juden, und das hat gedauert und gedauert. Aber dahin wollten wir. Ich hasste das Wort ‚Auswanderung'. Ich wollte nicht auswandern, ich wollte überhaupt nicht nach Argentinien. Ich hatte gehört, ich müsste auf dem Pferd zur Schule und hatte Angst vor Pferden, das wollte ich überhaupt nicht tun.

ET: Wann fing es an, dass man über dieses Thema Auswanderung gesprochen hat?

RD: 1936? Das kann ich nicht genau sagen. Vielleicht schon früher. Vater wollte nicht weg. Mutter sagte, wir müssen weg. Der Vater war immer optimistisch und Mutter war ganz klar, das geht nicht. [...]

ET: Sie sind dann aber mit Ihrer Schwester Hannah mit dem Kindertransport gekommen?

RD: Wir sollten beide zusammen auswandern. Aber da war ein Fehler. Ihr Name wurde vergessen und ich war die Einzige, die aufgerufen wurde im Juni 1939. Und ich habe mich so schlecht benommen. Ich hab gesagt, es war so ungerecht, dass ich als jüngere zuerst gehen musste.

ET: Wussten Sie, dass Sie mit dem Kindertransport fahren würden?

RD: Das hat man mir drei Tage vorher erzählt und ich wollte nicht. Meine Mutter hatte zwei Freundinnen in London, die sie im Ersten Weltkrieg in Berlin kennengelernt hatte. Die sind aus Russland geflohen, hatten einer jüdischen Gemeinde angehört. Mit denen ist sie immer in Verbindung geblieben. Die haben mich dann angemeldet für den Kindertransport. Frau Jakobsen und ihre Schwester, Frau Grünblatt, haben die Garantie gegeben. Die eine war unverheiratet, die andere war schon lange verwitwet. Also ich bin nach England gekommen, nach kurzer Zeit in London dann in den ganzen nördlichen Norden nach Tynemouth. Hannah ist tatsächlich noch in der letzten Woche vor dem Krieg angekommen. Aber nach Sussex, in den Süden, und es war wunderbar, dass sie nach England gekommen ist, sie hätte so leicht nicht rauskommen können.

Ruth L. David

Wir hätten fahren sollen, wäre es möglich gewesen.

ET: Sie hatten also einen Platz auf dem Kindertransport.

FD: Ja, das war bloß, weil meine Mutter auf die tschechische Quote, die amerikanische tschechische Quote kommen sollte. So musste ich die Reise, weil ich in der österreichischen Quote war, früher anfangen und nach England fahren, es war ein Anfang der Reise in die Vereinigten Staaten. Ich erwartete nicht, nach England zu kommen. Wir hatten Visas für Amerika gekriegt und hatten auch Schiffskarten für Oktober 1939, um mit der Norddeutschen Lloyd nach New York zu fahren. Im Herbst 1939 konnte man ja nicht. Da war eine lange Korrespondenz. Ich hab irgendwo in den Archiven gesucht, ob ich doch allein nach Amerika kommen sollte oder nicht. Das war eine echte Geschichte: dass man mich ruhig halten sollte, sagen, wir kommen wieder zusammen. Wir hatten die Schiffskarten, wir hatten die Visa. Wir hätten fahren sollen, wäre es möglich gewesen.

ET: Hatten Sie Verwandte in Amerika?

FD: Ja, die schon von Wien ausgewandert waren. Eine Cousine und – sehr wichtig – mein Vormund. Ich hatte zwei Vormünder, einer für mein religiöses Leben, der andere war ein Bankier. Der Bankier war in New York und sorgte, dass wir Visa kriegten. Er hätte uns helfen wollen, wenn wir nach New York gekommen wären. All die Reichen sind ausgewandert, dieselbe Geschichte wie bei allen anderen. Wie bei der Arbeit später. Meine letzten sieben Jahre war ich *Asylum specialist.* Es sind die Reichen, die immer zuerst gehen.

ET: Wann gingen die Verwandten?

FD: Das war 1938. Die waren so reich, dass sie all ihr Zeug mitnehmen konnten. Ihre Sammlung von Dresdener Porzellan hab ich in Buenos Aires gesehen, als ich ihre Tochter besuchte. Wir wussten, wann die auszogen und diese Riesenwagen, die den Wohnungsinhalt nehmen. Die hatten zwei Eisenbahnwagen, die mit Kutschen mit drei Pferden gezogen wurden. Wir guckten das alle an, weil die Kutschen mit drei Pferden waren etwas ganz Besonderes, das man nicht so oft sieht. Die wanderten im Sommer 1938 schon aus. Es wurde schlechter Monat für Monat.

ET: Ein anderer Teil der Familie ist in Wien geblieben?

FD: Auf meines Vaters Seite bloß diese Tante und meine Mutter. Mein Vater hatte vier Schwestern und zwei wanderten aus. Die dritte, ihr Mann war eine der Hauptpersonen mit der ungarischen Zuckerfabrik, war in diesem berühmten Zug von Budapest in die Schweiz. Ich besuchte sie nach dem Krieg in der Schweiz. Aber die wollten nicht viel darüber sprechen.

ET: Da war also die Diskussion, ob Sie von England aus alleine nach Amerika fahren.

FD: Als der Krieg einmal anfing, da scheint es nicht mehr möglich gewesen zu sein, auszuwandern. Ich weiß, dass Leute über Italien, über den Balkan nach Israel, nach Palästina gingen. Aber ich habe nicht gehört, dass irgendjemand von da nach Amerika gefahren ist. Wir alle lesen sehr viel darüber. Ich glaube, da war keine Möglichkeit, nach Amerika zu fahren. Daher besprachen meine Vormunde, ob ich nach Amerika fahren sollte. Aber das war vor Mai 1940. Da war die See gefährlicher, als eine Invasion von Großbritannien. [...] Die Leute in England, zu denen ich kam, die waren neu verheiratet, ein methodistischer Geistlicher. Er war im dritten Jahr, seit er eine Kirche hatte. Es war erlaubt, erst nach zwei Jahren zu heiraten. Die waren bereit, mich für drei Monate anzunehmen. Eine ganz bekannte österreichische Kommunistin, Dr. Maria Jahoda, unterrichtete an der Bristol Universität und sie wusste von meiner Mutter und diesen Reiseproblemen mit Quoten. So arrangierte sie, dass ich hierherkomme. Und das führte dazu, dass ich einen Platz im Kindertransport hatte.

Francis Deutsch

Meine Mutter hat das erfolgreich erreicht.

KG: Mein Vater war im Konzentrationslager und man wurde nur entlassen, wenn man zeigen konnte, dass man emigrieren konnte. Meine Mutter in Wien hat auf ihn gewartet. Sie war erfolgreich und bekam die Pässe und Fahrkarten nach Palästina und sie fuhren im August, gerade einen Monat vor dem Krieg. In Palästina haben sie zuerst in Tel Aviv gelebt und dann in Jerusalem. Ich muss sagen, mein Vater, der wurde ein *stronger* Zionist dort. Und er war sehr glücklich, in Palästina zu wohnen, hatte kein Interesse, wieder zurückzukommen nach Wien. Meiner Mutter hat Wien immer sehr gut gefallen. [...]

ET: Die Eltern haben entschieden, dass Sie mit dem Kindertransport nach England fuhren?

KG: Mein Vater war damals im Konzentrationslager und meine Mutti war eigentlich für die Kinder völlig zuständig und das hat sie erfolgreich erreicht. Der älteste Bruder von meinem Vater, der hatte noch Verwandte in Palästina und die waren Zionisten und sind schon in dieser Zeit ganz früh ausgewandert. Die Familie war ganz erstaunt. Die war etwas bürgerlich und deshalb war sie ganz erstaunt, dass jemand nach Palästina geht, im Straßenbau arbeitet und in einen Kibbuz kam. Der eine Bruder ging dann zur jüdischen Universität von Jerusalem als Student. Das war seine Rettungsmöglichkeit. Der andere Bruder, der war zwei Jahre jünger, der ging durch eine Art von jüdischem Jugendklub nach Palästina. […] Und für meine Schwester und mich hatte meine Mutter von dieser Rettungsmöglichkeit Kindertransport gelesen und hat uns nach England geschickt.

Karl Grossfield

Wenn sie jemand kennen, der unsere Tochter nimmt, die ist ganz nett.

ET: Haben die Eltern versucht, aus München wegzukommen?

BG: Der Krieg hatte schon angefangen. Die Beziehung mit Peru war begründet durch einen Vetter von mir, der in 1933 oder 1934 die Arztprüfungen gemacht hat. Aber er hat gewusst, er kann als Jude nicht praktizieren. Da war ein Familienfreund, der gesagt hat: „Ich kann dir helfen, entweder in die USA zu fahren oder nach Südamerika, nach Peru." Weil er ein junger Arzt war, hat er gesagt: „Da geh ich schon lieber nach Peru." So kam er auch nach Peru und hat seine Zeugnisse und alles gezeigt. Und die haben gesagt: „Wunderbar, aber erst müssen Sie Spanisch lernen, das dauert a bissl zu lang." Da haben sie sich am Kopf gekratzt und gesagt: „Eigentlich könnten wir Ihnen eine Stelle anbieten im Dschungel, weil die über den Anden im Tal auch nicht Spanisch reden." Hat er gesagt: „Da geh ich schon." Also, er war dann *miles away*, hat als Arzt dort gearbeitet, hat seine Eltern nach Peru bekommen und deshalb war die ganze Familie daran interessiert, nach Peru zu gehen. Meine Eltern haben einen peruanischen Studenten gefunden in München, der ihnen Spanischstunden gab. Eines Tages kommt dieser Student und sieht a bisserl traurig aus. Es stellt sich heraus, dass sein Geld, seine Eltern haben ihm immer Geld geschickt aus Peru, nicht angekommen ist. Und die Dame, wo er ein Zimmer gemietet hat, hat gsagt: „Ja wenn's net zahlen, dann schmeiß ich Sie raus." Da hat mein Herr Papa erklärt: „Ich weiß nicht, ob Sie das wissen, aber Juden können nur so viel pro Monat von der Bank nehmen. Ich weiß nicht, wie hoch die Schuld ist, die Sie der Dame zahlen müssen, aber ich kann Ihnen ein paar Stunden im Voraus zahlen. Das kann ich schon." Das hat sein Problem gelöst. Deshalb hat er sich getraut, meine Eltern zu fragen: „Warum lernen Sie Spanisch?" Der Krieg hatte schon angefangen. Meine Eltern sagten: „Wir wollen nach Peru." „Ja, da müssen's a Visum bekommen." „Ja, das hammer scho versucht hier, aber es geht halt net." Da hat er gesagt: „Ich glaub, ich kann Ihnen helfen. Und Sie hätten's mir früher sagen sollen. Mein Onkel ist Innenminister." Der peruanische Student, der meinen Eltern Spanisch beigebracht hat, hat einen Onkel in der Regierung gehabt! Er hat gesagt: „Überlassen Sie's mir." Da haben sie nix gehört tagelang, a paar Wochen lang. Meine Mutter, wie sie's mir erzählt hat, hat gesagt: „Ich hab ihm halt net geglaubt." Auf einmal kommt ein Telegramm an, auf dem steht: „How many visas do you want?" Dann hams nach Hamburg fahren müssen, um die Visas zu holen. Der Diplomat dort ist ihnen mit ausgestreckter Hand entgegengekommen und hat gesagt: „Sie müssen ausgezeichnete Beziehungen haben." *A tremendous bit of luck.* Der Krieg war schon ausgebrochen. Die sind mit dem Zug von München nach Berlin und dann mit Zügen weiter nach Osten. *The Transiberian Railway.* Von Deutschland sind sie bis China. Und dann ein Schiff nach Kobe, Japan, Ostküste von Japan. Danach mit einem Schiff über den Pazifischen Ozean. Da hat sich eine junge Dame ins Meer gestürzt und da hams noch zurückfahren müssen. Haben sie den Anker runtergefahren vor San Francisco. Die Mutti hat ein Tagebuch geschrieben und da steht irgendwo: „Wenn ich oben auf dem Schiff stehe, kann ich diese wunderbare neue Brücke sehen." [...] Ich kam zu dieser alten Dame in ein Dorf namens Brasted bei Sevenoaks in Kent. Sie hatte schon ein Mädchen aus Hamburg. Warum? Ein Ehepaar aus München fuhr nach Sevenoaks und jedesmal, wenn jemand nach England fuhr, sagten meine Eltern: „Ja, wenn sie jemand kennen, der unsere Tochter nimmt, die ist ganz nett." Und da war eine jüdische Dame, und dieses Paar hat dann auch gefragt: „Kennen Sie jemanden?" und so weiter. Hat sie gesagt: „Ja, ich kenn schon eine Dame, die hat schon ein Mädchen aus Hamburg, hat ein riesengroßes Haus." Sie hat dann die alte Mrs Williams gefragt und die hat gesagt: „Ja ich nehme schon noch ein Kind, aber ich will nicht das *deposit* bezahlen. Die 50 Pfund, was eine Menge Geld war. Mein Herr Papa hat *fifty* Pfund schicken können über die Schweiz, wo er Geschäftsfreunde dort hatte.

Bea Green

Ich wollte es einfach nicht wahrhaben, dass ich alleine dort war.

ET: Wie haben Ihre Eltern es geschafft, aus der Tschechoslowakei zu kommen?

ES: Können Sie sich vorstellen, dass ich nie gefragt habe? Es war so *repressed*, dass ich es nie geschafft habe. Ich hab auch den Kindertransport vergessen. Ich hab, bis ich fast 50 war, geglaubt, dass ich mit Frau Russell auf dem Zug war. Ich wollte es einfach nicht wahrhaben, dass ich alleine dort war. So habe ich mir so eine Geschichte gemacht, Frau Russell war mit mir, sie hat mich dann nach Hause gebracht. Stimmte überhaupt nicht.

ET: Das heißt, Ihre Eltern kamen und standen plötzlich vor der Tür?

ES: Die kamen, es war Nacht, ich hab geschlafen und plötzlich hat meine Mutter mich hochgehoben und hat mich geküsst, so war es.

ET: Das war im Jahr 1939, sie müssen ja noch vor dem Krieg gekommen sein.

ES: Ja, aber ich habe nie gefragt. Weil, die sind nicht nur rausgekommen, sie sind gekommen mit ihrem ganzen Zeugs. Ich hab einen Teppich dort von meinen Eltern, von der Wohnung in der Tschechoslowakei von meinen Eltern. Und das ganze Silberbesteck habe ich von meinen Eltern. Also, die sind mit wahnsinnig viel Zeugs gekommen.

Eve Slatner

Sie haben sich dazu entschieden, Gärtner zu lernen.

ET: Die Eltern haben sich dann zur Emigration entschieden?

UB: Nein, sie haben sich dazu entschieden, Gärtner zu lernen; mein Vater als Jurist, damals konnte man damit im Ausland nichts werden. Und sie haben uns eben nach England geschickt, sobald es möglich war, in Kindertransporten. Sie selber sind in eine Gartenbauschule gegangen, und haben das auch gelernt in Hannover-Ahlem.

Ursula Beyrodt

Englische Erziehung fand er wundervoll.

ET: Und wie kam die Entscheidung zum Kindertransport?

KL: Meine Mutter war ein bisschen ängstlich deswegen. Mein Vater gar nicht, er hatte immer schon vor der Zeit wohl viel gelesen, englische Erziehung fand er wundervoll. Die Disziplin, Arbeit erlernen, der Sport dabei und all das. Also, wenn er viel Geld gehabt hätte, hätte er mich nach England gesandt zu einer *boarding school.* Für ihn war England wundervoll. Meine Mutter hat nicht viel Meinungen gehabt, ich bin mehr wie mein Vater.

Keith Lawson

Sie setzten sich mit ‚Save the children' in Verbindung.

ET: Versuchte Ihre Mutter nach der „Kristallnacht" einen Platz für Sie im Kindertransport zu finden?

GW: Ja. Ich bin mir über den genauen Verlauf nicht hundert Prozent sicher, aber sie schrieb meinem Freund, Hardy Seidel und seiner Mutter Herta, der Vater war Rudi. Herta war wie eine Mutter zu mir. Sie waren politisch informierter und deshalb verließen sie Deutschland 1936 oder 1937, 1938. Meine Mutter schrieb ihnen und sie setzten sich mit *Save the children* in Verbindung. Und so wurde alles arrangiert.

Gerald Wiener

Es war ein Abenteuer.

BK: Meine Schwester hat mir gesagt, dass eine Verwandte gesagt hat: „Da gibt's noch nen Platz auf dem Kindertransport." Ich glaub, sie hat da mitgearbeitet. Und so haben sie einen Platz genommen.

ET: Können Sie sich noch erinnern, wann die Eltern Ihnen gesagt haben, dass Sie fahren werden?

BK: Ich war ein kleines Kind, es war ein Abenteuer, da sehe ich neue Sachen und so weiter. Aber wie die Eltern gefühlt haben, ist ganz schwer zu sagen. Sie haben mir Sachen mitgeschickt, die ich vielleicht brauche, wie alle Frauen und alle Mütter. Kleider und so etwas natürlich. Nicht interessant für ein achtjähriges Kind, aber ich hab noch zwei oder drei Sachen davon, eine Haarbürste und einen kleinen Sack für meine Schuhe, die hab ich noch. Und die zeige ich den Kindern, wenn ich spreche, alles mit meinem Namen, den Initialen. Ja, Vater hat mir alle jüdischen Bücher, die ich brauchen werde, gegeben und er hat die Schrift da, an der Tür, das hat er von der Thora abgeschrieben, dass ich nie vergesse, was mein Name ist, was sein Name ist. Das ist ein Geschenk, als ich aus dem Haus gegangen bin, nie vergessen, Thora zu lernen.

Bernd Koschland

Ich weiß nicht, wie das meine Eltern gemacht haben.

WK: Ich weiß nicht, wie das meine Eltern gemacht haben. Meine Mutter hat mir gesagt: „Mach dich fertig, nächste Woche fährst du." Der Vater war dann gerade zu dem Zeitpunkt im jüdischen Spital. Er hat den ersten Anfall gehabt mit Angina pectoris. Das war beim Novemberpogrom, da sind sie gekommen, wollten den Vater abholen und der war im Bett mit der Angina. Der Mann, der gekommen war, ihn zu holen, war nicht in Uniform. Ich habe ihn nicht gesehen, ich war im Nebenzimmer. Wir haben eine Zweizimmerwohnung gehabt und meine Schwester war dort und er hat das Rezept gesehen und so weiter, die Medikamente und hat ihn sein lassen, aber meine Schwester hat er mitgenommen. Wir haben das vom Haus, das eigentlich das Nebenhaus war, aber über den Hof haben wir das gesehen. Etwas unter uns war eine große jüdische Wohnung und die wurde sofort weggenommen und arisiert und das war das Parteilokal von der Bezirkspartei und meine Geschwister, Erika und Rudi haben dort den Boden gerieben. Ich weiß, Jahre später, als Erika hier war, da habe ich sie mal gefragt, was haben sie damals gemacht eigentlich. Sie hat den Kopf geschüttelt und da habe ich nicht weiter gefragt. Sie wollte nicht reden. Den Vater haben sie da nicht genommen, aber dafür die Schwester zum Bodenreiben. Wir haben nicht gewusst, kommt sie wieder? Da hatten wir große Sorgen, was geschieht jetzt.

ET: Und die Mutter?

WK: Die Mutter war zu Hause, die haben sie nicht genommen. Die Großmutter war noch da und die Großmutter, glaub ich, war der Grund, weswegen die Eltern nicht weg sind. Sie konnten sie nicht allein lassen. Meine beiden Onkel sind im Sommer, ich weiß nicht, ob es Juni oder Juli war, sind beide illegal über die Grenze gegangen in die Schweiz. Ich erinnere mich, das Telegramm, das sie geschickt haben: „Kommt sofort", aber mit der Großmutter war das nicht möglich. Sie haben keine Schwierigkeiten gehabt, sind nach Amerika ausgewandert. Das waren Fritz und Albert und sie haben ein Telegramm unterschrieben mit Friebert.

Walter Kammerling

In fünf Tagen muss Lore abfahren.

ET: Wussten Sie denn, dass Sie mit dem Kindertransport wegfahren würden? Hatten Ihre Eltern es Ihnen erzählt?

LR: Ja, sicher. Meine Mutter kannte eine Dame im Büro und die hat sie gefragt, ob ich auf die Liste kommen kann. „Ja", sagte sie. Und nach ein paar Wochen war es schon so weit und ganz plötzlich kam ein Brief: „In fünf Tagen muss Lore abfahren."

Lore Robinson

Das ist hier kein Leben.

ET: Wie kam es dann zu der Entscheidung mit dem Kindertransport?

MR: Das weiß ich nicht. Ich glaube, meine Eltern haben eben gemerkt, mehr und mehr, besonders als wir nicht mehr in die Schule gehen durften, das ist hier kein Leben. Was soll werden? Und haben dann wahrscheinlich davon gehört. Zuerst, glaube ich, sollten wir nach Schweden gehen. Und da war dann auch schon mal eine Pfarrersfamilie für uns gefunden worden. Ich weiß nicht, ob sie ihre Meinung geändert haben oder was oder wie. Aber dann hieß es, wir sollten nach England gehen.

Margarete von Rabenau

Sie waren auf einer langen Warteliste.

ET: Ihre Eltern waren über die politische Situation informiert?

MB: Oh, ganz sicher. In ihren Briefen nach der „Kristallnacht" wird deutlich, dass sie alles versuchten, um zu emigrieren, nach Amerika, nach England, sicherlich nach Israel, Palästina. Aber ohne Erfolg. Ich denke, da war eine Chance, dass sie in die USA gelangen konnten, denn jemand garantierte für sie. Aber sie waren auf einer langen Warteliste, ganz am Ende. In ihren Briefen schreiben sie, dass sie über illegale Emigration nachdenken. Aber sie wollten das nicht mit uns Kindern tun. [...]

ET: Ihr Onkel hat dann für Sie einen Garanten für Sie für den Kindertransport gefunden.

MB: In Liverpool. Ja.

Michael Brown

Sie planten bereits ihren Umzug nach Bunce Court.

1938 machte meine Mutter mit mir noch eine Reise in die Dolomiten und nach Venedig und Padua und zu Freunden, jüdische Emigranten, die ein Sanatorium bei Padua leiteten, zwei Ärzte, Mann und Frau. Und meine Mutter dachte damals auch, na, vielleicht sollten wir doch wegen meiner Zukunft nach Italien auswandern. Aber da dichteten sich schon die Wolken. Mussolini und Hitler hatten sich auch gerade 1938 im Mai sehr angenähert. Dann besuchte sie das Landschulheim auf dem Vigiljoch bei Meran, auch für Flüchtlinge. Da hätte ich vielleicht unterkommen können, aber sie planten bereits ihren Umzug nach Bunce Court, nach England. Die Leiterin, Hanna Bargas hieß sie, eine sehr gute Lehrerin, später auch meine Lehrerin in Bunce Court, hat meiner Mutter gesagt, sie würde mal versuchen, ob man für mich in Bunce Court einen Platz finden könnte. Das war das eine. Das andere war, dass meine Mutter Gesangsstunden gab, zufällig der Frau des britischen Vizekonsuls in Hamburg, Major Paul. Und die war ne Rheinländerin, die hat meiner Mutter auch gesagt: „Sie müssen hier raus." Der Major Paul war phantastisch, der war auch sehr nett zu mir [...]. Der hat meiner Mutter ein befristetes Visum ausgestellt mit seiner Garantie, dass er dafür sorgen wird, nach sechs Monaten, nur, dass ich mich einleben könne in England, dann würde sie zurückkommen. So war das offiziell geplant und auch erlaubt. Dann war die Fürsprache von Hanna Bargas bei Anna Essinger zu leisten, und die hatte offenbar alle möglichen Sponsoren zur Hand, ein altes englisches Spinster-Paar, zwei Schwestern, sehr musikalisch übrigens, ich hab mit denen Streichquartette gespielt, die waren Quäker, glaube ich, und haben mein Schulgeld mal erstmal für vier Jahre übernommen.

Michael Trede

Er hatte Geld in einem kleinen Koffer, hat es auf dem Bahnhof vergessen.

SS: Wir haben schon öfter von Auswanderung gesprochen und dann ist unser Arzt verschwunden. Er war Jude und seine Mutter hat seine Asche bekommen. Da hat meine Mutter entschieden, auszuwandern. Mein Bruder, meine Mutter und ich sind nach Karlsbad gefahren, wir waren oft in der Slowakei zu Ferien. Sie hat Feriensachen gepackt. Wir sind im Zug. Nach der Grenze hat sie uns gesagt: „Wir gehen nicht mehr zurück." Mein Vater war noch in Deutschland, er wollte nicht alles aufgeben. Meine Mutter hat ihm gesagt: „Wenn du nicht mit uns gehst, *you will never see us again*" [wirst du uns nie wiedersehen]. So ist er auch ausgewandert, alles hinter sich gelassen, die Wohnung, das Geschäft, nur die Ferienkleider und ein bisschen Geld. Er hatte Geld in einem kleinen Koffer, hat es auf dem Bahnhof vergessen. Er war so nervös; das bisschen Geld. Aber unser Leben! Wir sind von Karlsbad nach Prag gefahren und hatten eine kleine Wohnung gemietet in Prag. Und mein Bruder und ich sind in eine deutschsprachige Schule gegangen in Prag.

ET: Wie lange waren Sie dort?

SS: Am 13. Juli 1938, Freitag, haben wir Deutschland verlassen. 13 ist unsere *lucky number*. War schön im Juli in Prag. Wir hatten gerade genug Geld für die kleine Wohnung, Matratzen auf dem Boden, hatten keine Betten. Mein Bruder hat in der Küche geschlafen und meine Eltern und ich waren im Wohnzimmer in einem Zimmer. Dann schrieben meine Großeltern aus Warschau, dass eine Tante in London wohnt. Eine Großtante von meinem Vater. Wir sollen ihr schreiben, dass sie uns vielleicht helfen kann. Und sie *got visas for us*. Wir konnten nicht mit der Bahn nach Deutschland, wir sind geflogen von Prag nach Brüssel, Brüssel – London, am 6. Dezember 1938.

Stella Shinder

Die Quäker haben für uns garantiert.

PK: Mein Vater hat ein Jahr von den sechs Jahren Medizinstudium in Deutschland verbracht. Und in Hitlers erstem oder vielleicht zweitem Jahr in Deutschland hat mein Vater gesehen, was die Nazis bringen werden und hat von da angefangen, Englisch zu lernen. Wie wir nach England kamen, 1938, war er der Einzige in der Familie, der Englisch sprechen konnte. Kurz nach dem Anschluss hat mein Vater einmal ein bisschen Grippe gehabt. Es war Sonntag und am nächsten Tag wollte er dann zu der Praxis zu gehen. An diesem Sonntag ruft der Nachbar an: „Du musst vorsichtig sein, die SS kommt." Und meine Mutter hat zum Vater gesagt: „Zurück ins Bett." Hat ein Fieberthermometer in warmes Wasser gegeben und als die SS gekommen ist, sagt meine Mutter, „Ja, er ist krank im Bett." Da sind sie hinaufgegangen, haben ihn gesehen und haben ihn dagelassen. Meine Eltern haben sich versprochen, dass sie in einer Woche aus Wien nach England gehen. Mein Vater hat schon an diese Sache gedacht, hat an Südamerika gedacht, hat an Nordamerika gedacht, aber der Kontakt mit den Quäkern hat uns die Gelegenheit gegeben, nach England zu kommen, ein Visa zu kriegen, weil sie für uns garantiert haben. Das hat die Quäker 50 Pfund pro Kopf gekostet. In einer Woche sind wir zum Flughafen gegangen in Wien, sind nach Amsterdam geflogen, von Amsterdam nach London und von London mit dem Zug nach

Manchester, wo die Quäker gewohnt haben und uns in ihre Wohnung eingeladen haben. Das war Juni 1938.

ET: Diese wichtige Beziehung zu den Quäkern kam durch deine Tante, hast du erzählt.

PK: Meine Tante Lily Weiß hat nicht an Gott geglaubt. Aber sie war eine gescheite Dame, ich kann mich noch etwas an sie erinnern und sie hat einen sehr schönen Job gehabt in Wien-Mitte, bei einem Wiener Textilfabrikanten und hat *correspondence* mit einer Manchester Textilfirma gemacht. Und die Briefe haben zu Telefongesprächen geführt, die Telefongespräche haben dazu geführt, dass dieser Mann von Manchester nach Wien gekommen ist, sie zu treffen. Ich glaube, er ist zwei oder drei Mal gekommen und die zwei haben sich dann verliebt, haben geheiratet. Die Heirat war in Wien, wo meine Eltern den Mann gut kennengelernt und sehr gern gehabt haben. Das war Mitte der 1930er Jahre. Sie war in Manchester für drei Jahre und hat danach Selbstmord gemacht. Selbstmord aus Einsamkeit. [...] Und meine Eltern sind zum Begräbnis gekommen. Der Mann, den sie geheiratet hat, war nicht Quäker, aber ein Quäker *attender*. Er ist zu Quäker meetings hingegangen, so war das Begräbnis ein Quäker-Begräbnis. Meine Eltern kamen und haben eine Familie Goodwin kennengelernt, die in Manchester englische Quäker waren und die haben dann für uns garantiert, dass wir von Wien weggehen konnten nach Manchester. Durch die Quäker haben wir die Visas gekriegt, die uns gerettet haben. Also, der Selbstmord von meiner Tante hat unsere Familie gerettet.

ET: Das heißt, die Familie Godwin hat für alle garantiert?

PK: Für die Großeltern haben sie andere Quäker gefunden, die dann garantiert haben für Großvater, Großmutter, Urgroßmutter und für die Schwester von meinem Vater und die Schwester von meiner Mutter. Alle gerettet durch die Quäker, *Society of Friends*.

ET: Ihr seid dann 1938 geflogen und konntet euer Hab und Gut noch mitnehmen?

PK: Ja, die sind mit dem Schiff gekommen. Das war alles auf einem großen Wagen und der ist auf das Schiff und dann nach Manchester.

ET: Ihr habt erst bei der Familie Goodwin gewohnt.

PK: Nicht nur gewohnt. Als mein Vater dann seine zahnärztliche Praxis ausüben konnte, haben sie gesagt: „Du musst die Praxis auch in diesem Haus haben."

Peter Kurer

Das ist nicht mehr sicher. Wir müssen weg.

Ich war zuerst in der evangelischen Volksschule und dann im Mädchenlyzeum in Oberkassel, was ein Vorort von Düsseldorf ist. Da haben wir gewohnt. Mein Vater hat 1909 in Düsseldorf in der Hauptstraße angefangen, als Mediziner zu arbeiten. Da war er besonders beliebt, weil er auch verschiedene Sachen ausfindig gemacht hat, wie man Kinder behandeln kann, die Schwierigkeiten haben. Das hat meiner Meinung geholfen, als die Eltern dann auswandern wollten. Obwohl meine Eltern nicht gesagt haben, dass sie auswandern wollten, nach November 1938 hat mein Vater gesagt: „Das ist nicht mehr sicher. Wir müssen weg." Er hatte ursprünglich entschieden, dass ich erst eine Ausbildung haben sollte, ehe ich auswanderte. Aber dazu ist es nicht gekommen.

Ilse Eton

Jetzt ist es Zeit. Raus, sofort.

Mein Vater hat gedacht, 1933, als Hitler kam *to power*, „Jetzt ist es Zeit. Raus, sofort". Das war *phantastic*. Meine Mutter war nicht so. Die wollte nicht hierher, aber es war das Beste, was er gemacht hat. Mutti war sehr traurig. Aber wir haben ein gutes Leben gehabt in Persien: wir hatten Diener dort und eine Frau, die machte das Waschen für uns, ein wunderbares Leben. Dann ist Susi geboren, meine Schwester, und der Doktor hat gesagt: „Darf ich ihr auch einen persischen Namen geben?" Das ist Susi Assad: *Assad* heißt ‚Krone'. Aber jetzt kommt die traurige Sache. Dann war Mutti sehr krank und dann leider sehr bald danach hat mein Vater, *he deserted*, ist er weg. Die traurige Sache war, er hat viel Geld genommen. Mein Vater hat so viel Schulden gehabt, wie er mit einer anderen Frau weggerannt ist. Meine arme Mutti war sehr krank dann. Und das erste, was sie wollte, wir waren dann schon ein paar Jahre in Teheran, sofort dachte sie: „Ich will zu meinen Eltern zurück." Meine Großmutter hat gesagt zu meiner Mutter: „Komm nicht. Verstehst du nicht, was ist?" Wenn man nicht dort lebt, weiß man es nicht. Aber sie war so traurig. Da sind wir, ich erinnere mich, ich war sieben Jahre alt, auf eine lange Reise. Man ist nicht geflogen. Das war eine lange Reise durch Polen zurück zu meinen Großeltern nach Deutschland. Es war furchtbar *at the time*. Meine Mutter wurde sofort angerufen von dem Nazi-Komitee. Ich sag's auf Englisch: „*How dare you come back?* [Wie können Sie es wagen, zurückzukommen?] Wir geben Ihnen drei Monate. Und wenn Sie dann nicht weg sind, dann ist es Konzentrationslager." Mutti sagte: „Was ist das ein Konzentrationslager?" Aber sie hat dann gesagt: „Wir gehen raus." Gott sei Dank. Natürlich. Wir haben gelebt mit meinen Cousinen. Aber Mutti war dann wieder sehr krank. Wir waren noch zu *young*, um die Situation zu verstehen. Unsere wunderbaren, vielen Verwandten sind alle gestorben, hatten Geld gesammelt und haben Einzelvisa gesucht. British Columbia oder Milano, Italien. Also nach drei Monaten raus. Ich kann mich erinnern, das war sehr traurig, alle Verwandten am Bahnhof und haben geweint, alle sind gestorben. Mussolini war doch Hitlers Freund. Wir durften nicht zur Schule gehen, weil wir Juden sind. Wir hatten eine Wohnung neben dem Dom in Milano. Das jüdische Komitee hat ihr geholfen und Mutti hat eine Suppenküche aufgemacht. Das jüdische Komitee hat unser Leben gerettet. Jeden Tag stand ich auf einem Stuhl, hab abgewaschen und musste auf meine kleine Schwester aufpassen. Aber Mutti war glücklich. Und wir haben sehr viele Freunde gehabt. Und dann haben wir *realised*, dass es nicht gut war, dort zu bleiben. Alle, die zurückgeblieben sind, haben ein schweres Ende gehabt. Durch dieses italienische Komitee, diese jüdischen *people*, haben wir dann Interesse gehabt, *to come* zu England.

Helga Hanfling

In Fürth, in Nürnberg besonders, war alles überall schwierig.

HS: Jeder wollte auswandern. Mein Bruder war schon in Leeds seit 1935. Der musste schnell weg, über Nacht. Der hatte eine nichtjüdische *girlfriend*. Und das war noch nicht das Gesetz. Die Nürnberger Gesetze kamen im September 1935. Das war vorher. Aber in Fürth, in Nürnberg besonders, war alles überall schwierig und er musste über Nacht weg.

ET: Da ist er gleich nach England gegangen?

HS: Er ist in die Schweiz und dann nach England. […] Mein Bruder hat dann versucht, mich nach England zu kriegen, was nicht einfach war, ich war 18. In England war kein Einwandern erlaubt. Da gab's drei Kategorien, die kommen konnten: Frauen, für *domestic service*, junge Männer *from* 16 bis 35, als sogenannte *trainees*, um einen neuen Beruf zu erlernen. Was war das dritte? Kindertransport. So kam ich als *trainee* im Februar 1939.

Heinz Skyte

Mein Bruder war der Erste, der ging, mit einem illegalen Zug.

Am ersten Tag nach dem Anschluss bin ich nicht mehr in die Schule gegangen. Wir waren darauf gesinnt auszuwandern. Alle Juden wollten raus. Damals war das auch die Politik der Nazis. Damals hatten sie noch nicht die Politik der Lager, sondern sie haben den österreichischen Juden angeraten, wegzuziehen. Worauf die meisten Länder neue Regeln erlassen hatten. Meine

Mutter war die Erste, weil eine ihrer Nichten in London sie als Dienstmädchen angefordert hatte. Nein, mein Bruder war der Erste, der ging, mit einem illegalen Zug, weil er keine Erlaubnis hatte, nach Palästina einzuwandern. Das war 1938. Ich war in einer zionistischen Jugendgruppe und er war damals in der mehr rechten, mehr militärisch gesinnt. Aber mein Cousin war auch in einem zionistischen Verein. Der ist in dieser Auswanderungsgruppe weggefahren, hatte große Schwierigkeiten in Palästina zu landen, am Schluss sind sie dort angekommen. Dann ging meine Mutter nach London als Dienstmädchen. Ich hatte angesucht, sehr logisch, mein Studium fortzusetzen, das war einer der erlaubten Auswanderungsgründe. Wenn man annimmt, dass ich die Siebte schon wiederholt hatte; wenn man annimmt, dass ich die Fünfte schon wiederholt hatte, war es eigentlich eine Frechheit von mir. Meine englische Cousine hat mir geschrieben: „In was für eine Schule willst du?" Ich habe mir gedacht, ich bin sehr klug, wenn ich wieder zur Schule gehen muss, vielleicht ist es am besten, etwas zu lernen, was mir [einen] Beruf gibt. Da hat sie mich zu einem *Commercial College* angemeldet. So kam ich zum englischen Konsulat. Da war eine Dame, eine sehr gutaussehende Dame – es waren immer lange Schlangen von Juden – und ich habe versucht, sie damit zu beeindrucken, dass ich Englisch sprechen konnte. Sie sagte: „Das ist kein Studium, das ist ein Privatkurs." Ich weiß nicht, wie mein Gesicht ausgesehen hat, denn sie hat mich angeschaut. Okay, sie hat mir das Visum gemacht. Ich habe später herausgefunden, dass sie sehr viele Gesetze übersehen hat. Ich habe auch später gesehen, sie war eigentlich ein *MI6* [britischer Auslandsgeheimdienst].

Eric Sanders

Die haben mich quasi adoptiert.

ET: Sie sind dann 1934 schon nach England gekommen?

PB: Wir haben diese sehr guten Freunde gehabt, das waren zwei Damen in Frankfurt, Martel Turk, die war Kinderärztin, und ihre Schwester, Bertel, die das Haus geführt hat. Meine Großmutter wohnte in Frankfurt in einer Straße, um die Ecke waren die Turks. Und die hatten einen sehr, sehr wohlhabenden Bruder in England, der damals vor dem Ersten Weltkrieg nach England gezogen ist, weil er als Jude, als er sein Militär machte, kein Offizier werden konnte damals. Da hat er sich die Hände gewaschen, ist nach England, wurde ein sehr reicher Bankier und als Hitler anfing, hat er den zwei Mädel, den zwei Turks gesagt: „Bleibt hier nicht." Die sind dann nach Edinburgh gezogen. Mit denen war ich sehr befreundet und ich hab meine Ferien oft bei denen verbracht. Die haben mich quasi adoptiert und haben mich dann 1934 nach Edinburgh genommen.

Peter Block

Abschied

Ich hab meine Mutter gesehen, aber sie hat mich nicht gesehen.

Ich kann Ihnen genau sagen, wie der Abschied war. Ich fange an mit der „Kristallnacht". Da war ich schon in der Schule. Aber am 9. November, 10. November sagt meine Mutter: „Du gehst nicht zur Schule. Und du gehst nicht raus." Drei Tage war ich ein Gefangener in der Wohnung. Dann konnte ich raus. Auf alle Fälle irgendwann, dann hat der Kindertransport angefangen. Weil nach „Kristallnacht" hat der *Archbishop of Canterbury* eine Rede gehalten: „Wir können nicht an der Seite stehen und so was passieren lassen der jüdischen Gesellschaft in Deutschland. Aber wen retten? 600 000 können wir nicht." Man hat gesagt, dass man 10 000 Kinder retten wird. Das heißt die nächste Generation, das war die Idee. Man hat der englischen Regierung eingeredet, dass Leute diese Kinder aufnehmen ohne Visum, ohne Passport, nur Namen und ne Nummer. Irgendwann in der Mitte vom Sommer von 1939 hat meine Mutter entschieden und hat gesagt: „Ja, morgen wirst du fahren mit der Eisenbahn." Da war ich schon beinah acht. „Du wirst Eisenbahn fahren, du wirst mit nem Schiff fahren, in ein neues Land, alles wunderbar." Welches Kind will nicht fahren mit der Eisenbahn? Damals war noch nicht *Jetflights*. Am Abend hat sie gesagt: „Sollst du aussuchen die Spielzeuge, was du willst mitnehmen. Ich will deine Kleider packen." Hab so einen Haufen gemacht von Spielzeug und nix mitgenommen. Man darf nur einen Koffer haben. Auf alle Fälle am nächsten Morgen sind wir zu der Eisenbahnstation Friedrichstraße. Ich weiß nicht, wie wir dahin gekommen sind, ich kenn die Treppe heute noch. Ich seh die Treppe, das macht mir ein Bumstrara. Wir haben uns verabschiedet, ich weiß nicht genau wie. Daran erinnere ich mich nicht. Aber ich erinnere mich, meine Mutter hat ge-

sagt: „Ich fahr jetzt nach Berlin-Zoo, denn die Eisenbahn wird noch Kinder aufnehmen und auf dem Gleis werd ich dir noch mal auf Wiedersehen sagen." Das Bild werd ich niemals vergessen: Meine Mutter läuft auf dem Gleis, aber sie hat mich nicht gefunden. Ich hab meine Mutter gesehen, aber sie hat mich nicht gesehen. Ich war acht Jahre alt und andere Kinder waren bis sechzehn. *No chance.* Du sitzt da inne Ecke. Das war das letzte Mal. Dann hab ich noch einen Brief gekriegt.

George Shefi

Mein Name wurde ausgerufen und da ging ich einfach.

Meine Mutter hat uns an den Bahnhof gebracht und da verabschiedete ich mich. Ich erinnere mich nicht so gut, aber es wurde mir später gesagt, mein Name wurde ausgerufen und da ging ich einfach. Meine Mutter hat einen roten Kopf bekommen und ist weggelaufen. Meine Mutter hat meinem Bruder einen Brief gegeben, der war wirklich ein Abschiedsbrief. Aber dann im Juli kamen meine Eltern ja nach, mit 10 Mark und statt einer bequemen Wohnung im Hansa-Viertel haben sie ein möbliertes Zimmer gehabt.

Günter Treitel

Also musste ich mich hinsetzen, um Stopfen zu lernen.

ET: Wie lange wussten Sie vorher, dass Sie fahren würden?

KL: Bin mir nicht sicher, ich glaube vielleicht zwei Monate. Bestimmt nicht mehr. Man hat davon gesprochen.

ET: Wie waren diese letzten zwei Monate, haben Sie sich vorbereitet?

KL: Ja. Innerlich. Ich hatte Glück. Meine Eltern waren sehr praktisch. Und haben nicht viel *fuzz*, nicht viel Palaver gemacht. Also musste ich mich hinsetzen, um Stopfen zu lernen, ich bin der bessere Stopfer als meine Frau. Heutzutage stopft keiner mehr. Und in der Armee war das ganz wichtig.

ET: Und haben Sie Ihren Koffer gepackt?

KL: Mein Koffer war so ein Metallkoffer. Mein Name ist noch dran. Ob ich auch einen anderen Koffer dazu hatte, das mag sein. Das war natürlich beschränkt, wieviel man hatte und nicht hatte. Ja, ich hab ein son Ding, das ich mitgebracht habe. Aber nichts Wertvolles. Nachher haben mir Bekannte in Deutschland, die hatten einen Ring von meiner Mutter, den haben sie für mich gehabt. Das war der Verlobungsring für meine Mutter und meine Frau trägt ihn nun. Den bekommt unsere Großtochter.

Keith Lawson

Und sie haben mir erklärt, wieso ich nach England gehen sollte.

LB: Meine Eltern hatten eine ganz kleine Wohnung in Berlin, zu der Zeit sind sie von Köslin nach Berlin gezogen. Meine Schwester war Krankenschwesterschülerin im Jüdischen Krankenhaus in Berlin. Da hatte ich die Familie getroffen, auch meine Tante war dabei und sie haben mir erklärt, wieso ich nach England gehen sollte, und dass das für mich das Beste wäre, dass ich nicht mit unbekannten Männern sprechen sollte. Ich hatte keine Ahnung, was sie damit meinten. Meine Mutter hat einen Koffer gepackt mit Wäsche, Unterwäsche und Hemden und alles mit meinen Namen versehen und am nächsten Tag wurde ich zum Bahnhof genommen. Meine Eltern waren auch dabei und haben auf Wiedersehen gewinkt.

ET: Das war am Anhalter Bahnhof?

LB: Ich glaube, es war der Anhalter. Ich bin mir nicht sicher. Das war ein Zug mit ungefähr dreihundert Kindern. Einige noch von dem Waisenhaus, die ich kannte. Wir waren im selben Abteil. Es war Dezember 1938.

Leslie Baruch Brent

Es war im Wartesaal, war natürlich fürchterlich.

ET: Können Sie sich noch erinnern, als Sie sich von Ihren Eltern verabschiedet haben?

MR: Ja, ganz klar, sehr klar. Es war im Wartesaal, war natürlich fürchterlich. Da war ich noch mit meiner Schwester zusammen. Das war hilfreich. Für meine Eltern muss das ja noch viel, viel schlimmer gewesen sein. Irgendwie haben Kinder vielleicht Hoffnung, gucken in einer anderen Art auf die Zukunft. Für die Eltern muss es grausam gewesen sein, es sei denn, sie dachten, vielleicht ist da jetzt ein Weg.

Margarete von Rabenau

Ich bat meinen Vater um zwei Gefallen.

MB: Ich kam am 23. August 1939 in England an.

ET: Was haben Ihre Eltern Ihnen gesagt? Haben sie Sie vorbereitet?

MB: Ich glaube nicht, dass sie es mir vorher gesagt haben. Ich weiß tatsächlich nicht, wie lange es gedauert hat, um einen Platz zu beantragen, Wochen, wenn nicht Monate. In dem Brief von meinem Onkel über den Kindertransport ist etwas Seltsames: Es gab Gerüchte über den Mann, zu dem wir kamen. Irgendeine dunkle Sache. Aber mein Onkel muss sie beruhigt haben, dass da nichts war, dass alles in Ordnung war. [...] Ich erinnere mich genau daran, dass mein Vater mit mir einen Spaziergang in den Herrenhäuser Gärten machte. Er sagte mir, dass wir fahren würden, dass meine Eltern in drei Monaten nachkommen würden und dass ich tapfer sein und mich um meine Schwester kümmern sollte. Und ich erinnere mich, dass ich ihn um zwei Gefallen bat: Der erste war, mir die Zeitschrift *Kicker* jede Woche nach England zu schicken, denn ich war zu der Zeit ein großer Fußballfan. Der zweite hatte mit einer Gute-Nacht-Geschichte über einen kleinen Jungen zu tun, die mein Vater mir erzählte. Ich wollte, dass er weitermacht mit dem nächsten Kapitel. Und er hat sie mir geschickt. Das war nur ein paar Tage, bevor wir fuhren.

ET: Hatten Sie dann einen kleinen Koffer mit dabei?

MB: Ich denke. Ich kann mich nicht richtig erinnern. Wir durften nur ein bisschen mitnehmen, aber es ist komischerweise ein Rätsel für mich. Auf dem Speicher habe ich einen von diesen Reisekoffern, die die Leute früher benutzt haben. Ich glaube, der kam mit mir, aber ich kann nicht erklären, wie ich dazu kam.

Michael Brown

Kapitel 2

Reise

Ich bin allein gekommen.

IE: Ich bin am 22. Januar 1938 gekommen und am 23. Januar hab ich angefangen in der Schule.

ET: Wie sind Sie gekommen?

IE: Von Düsseldorf nach Holland und von Holland weiter. Ich bin allein gekommen, mit ein paar Freundinnen, die zu der gleichen Zeit auswanderten und meine Eltern sind erst im Mai gekommen. Ich war doch 1937 schon einmal in England gewesen und mit nicht ganz 17 Jahren hat man gemeint, dass ich das schaffen könnte.

ET: Sie hatten keine Angst, oder?

IE: Nein. Ich war froh, wie ich aus Deutschland rauskam, über die holländische Grenze. In London hat mein Bruder, der schon einige Zeit dort war, mich von einem Bahnhof zum anderen gebracht, dass ich weiterfahren konnte. Ich war bei einer Familie untergebracht, die ich 1937 schon kennengelernt hatte und die bei uns in Deutschland als Gäste gewesen waren. Die haben gesagt, sie nähmen mich, bis die Eltern kommen. Das war aber für sie viel zu lange, das *Refugee Committee* hat dafür besorgt, dass ich woanders untergebracht wurde.

Ilse Eton

Da habe ich ihn weinen gesehen.

Zuerst musste ich beweisen, dass ich ein Jude war. Dann musste ich beweisen, dass ich nicht militärpflichtig war, bevor ich um einen Pass ansuchen konnte. Überall musste man sich anstellen. Für den Pass musste man sich drei Mal anstellen. Das erste Mal, um das Formular zu erhalten. Das zweite Mal, um es hinzubringen. Und das dritte Mal, um es abzuholen. Mein Bruder und ich mussten den ganzen Weg zum Passamt gehen. Das war ein langer Weg. Eine Stunde in einer langen Schlange zu warten. Wir hatten fast ein Unglück, denn wir stellten uns an, und mein Bruder kommt wieder zurück: „Das ist nicht das Passamt." Wir standen im falschen Haus. Da waren wir fast die ersten. Als ich das zweite Mal hinkam, da hatte der Beamte geschwindelt. Ich bin irgendwie in das Gebäude von der falschen Seite gekommen. Der hat das nicht gemerkt und hatte mich allerhand Dinge gefragt, die ich im Formular ausgefüllt hatte. Dann fragt er, ob meine Eltern einen Pass hatten. „Nein." Ein bisschen später fragte er, ob meine Eltern jemals im Ausland waren. „Ja, sie waren in England." Da stand dieser Mann – ein großer, fetter Mann – auf, in der ganzen Größe, beugt sich vor und schreit mich an: „Aber Sie haben mir gesagt, dass Ihre Eltern keinen Pass hatten." Mehr oder weniger. Aber ich hatte Glück, ich hab mich an etwas erinnert und ich sagte: „Ich glaube, damals gab es keine Pässe." Dann ist er etwas kleiner geworden. Hat sich niedergesetzt. Das dritte Mal hab ich den Pass bekommen. Die jüdische Kultusgemeinde hat allen, die auswandern konnten, geholfen. Wir durften kein Geld mitnehmen. Zum Westbahnhof hat mich meine Tante gebracht, die Schwester meines Vaters, er und eine Freundin von uns sind am 25. August 1938 mit mir in den Bahnhof gegangen. Da habe ich ihn weinen gesehen. Und ich hab geweint.

Eric Sanders

Das kleine bit of Geld, das wir hatten.

ET: Wie war denn die Reise von Wien nach England?

RC: *O God.* Mit meinen Eltern ging ich zum Bahnhof, Westbahnhof in Wien. Als Kind habe ich nicht verstanden, dacht, ich komm bald zurück. Ich find es sehr schwer, darüber zu sprechen. Wenn ich denk, an meine Mutter und *particularly* an meinen Vater. Da war der Zug. Die haben mich auf den Zug genommen in ein Coupé, da waren andere Leute, eine Frau. Und meine Mutter sprach zu dieser Frau: „Passen Sie bitte auf das Kind auf." So war es: zum Abschied winken und sie dort sehen. Ich habe es alles damals nicht verstanden. Andere Kinder waren viel aufgeregter. Ich war erschrocken. Was werde ich nun tun? Was wird geschehen? *So we went to the* Grenze *then in* Aachen. [Wir fuhren dann zur Grenze nach Aachen.] Dort mussten wir heraus. Untersucht. Sie nahmen uns alles weg. Das kleine *bit of* Geld, das wir hatten. Vielleicht ein wenig englisches Geld, ich kann mich nicht erinnern. Dann Schmuck. Meine Mutter gab *me*

Rosemarie Cawson mit Eltern

ihren Ring. Mit einem kleinen Diamanten. Den nahmen sie, sagten, sie würden ihn in einen Umschlag tun und meinen Eltern zurückschicken. Nun. Es hat keine Bedeutung. *I told* meinen Eltern: „Ihr werdet den Ring bekommen." [...] Diese Frau hat ein bisschen auf mich aufgepasst. Wir kamen nach Brüssel. Da hatten wir kein Geld, *nothing*. Und wir hatten die Verbindung verpasst. So wir mussten eine Nacht in Brüssel bleiben. Wir gehen in ein Hotel über Nacht. Diese Frau war mit mir. *That's all I remember.* Und wir haben die Nacht dort geschlafen, hatten dann einen Zug weiter nach England über den Kanal. Ich war ganz seekrank bei der Fahrt durch den Kanal, ich lag unten auf dem Boden.

Rosemarie Cawson

Es war eine ganz ängstliche Stimmung.

LB: Ich kam mit dem ersten Kindertransport von Berlin am 1. Dezember 1938.

ET: Ist jemand vom Heim mitgefahren?

LB: Nein, keiner. Da waren einige Erwachsene, aber die kannten wir nicht. Wir waren ganz alleine in diesem Abteil. Wir wussten nicht, ob wir rausgeschmissen würden oder wie das weiterging. Es war eine ganz ängstliche Stimmung. Als wir durch die Holländische Grenze kamen, da war ein Bauernhof, da waren holländische Frauen, die haben gelacht und gelächelt. Das waren wir nicht gewöhnt, dass uns jemand angelächelt hat. Auf der Straße ist das doch nie vorgekommen. Sie haben uns Obst, Kekse, Kuchen und Getränke und so weiter gegeben. Das werde ich nie vergessen. [...] Dann fuhren wir nach Den Haag und haben dort ein Schiff bestiegen. Abends sind wir weggefahren und am Morgen sind wir in Harwich angekommen. Das war eine schlimme Nacht, es war sehr

stürmisch. Ich war von der Küste und war es schon gewöhnt, mit dem Schiff zu fahren. Aber die meisten waren furchtbar krank und haben nie ihre wunderbaren Sandwiches gegessen, die sie bei sich hatten. Morgens sind wir angekommen, wir hatten ein Schild mit einer Nummer, unsere Koffer und wurden zu diesem Camp in Dovercourt gebracht, ganz in der Nähe von Harwich. In Doppeldeckerbussen, die ich noch nie gesehen hatte. Das war eine neue Erfahrung. Wir lebten in ganz kleinen Häuschen, das waren Chalets, eigentlich ein Sommercamp, alle keine Heizung und das war der kälteste Winter, den England je gehabt hat in so vielen Jahren. Es gab viel Schnee und es war sehr, sehr kalt. Wir wurden am Leben gehalten durch Wärmeflaschen. Aber am Tag waren wir in einem großen Haus, wo wir gegessen und gespielt haben und Englisch gelernt haben, englische Lieder gelernt haben.

Leslie Baruch Brent

Ich musste tapfer sein.

BB: Nach der „Kristallnacht", Anfang Dezember hab ich gehört, dass ein Komitee existiert, wo man sich einschreiben kann für die Emigration. Ich habe mich eingetragen, im Februar sollte ich nach Schweden kommen.

ET: Sie waren damals noch ein kleiner Junge.

BB: Ich war dreizehn. Ich habe niemanden gefragt, niemanden. Ich habe es ganz alleine gemacht. Mein Großvater, der das gehört hat in Polen, sagte: „Lass ihn gehen." Ich sollte nach Schweden kommen im Februar. Das hat nicht geklappt. Dann im April, Mai sollte ich nach Holland kommen. Das hat nicht geklappt. Zwölf Tage vor Kriegsbeginn hörte ich, dass ich Unterkunft in England habe.

ET: Wie kam es, dass Sie sich da in die Liste eingetragen haben?

BB: Ich war ziemlich politisch auf der Höhe. Ich hatte ein Radio, und ich hab die Nachrichten aus England auf Deutsch gehört. Seit dem zehnten Lebensjahr war ich Mitglied einer jüdischen zionistischen Organisation, die hieß Habonim. Deswegen ging ich in keine Familie, als ich nach England kam. Ich ging an einen Ort, wo man Landwirtschaft lernte. Ich sollte dann nach Palästina in einen Kibbuz gehen. Aber der Krieg kam und ich konnte nicht.

ET: Sie konnten damals auch nicht direkt von Breslau aus nach Palästina gehen?

BB: Nein, ich hab's versucht, aber ich konnte keinen Platz kriegen.

ET: Können Sie sich noch erinnern, wie Sie sich da gefühlt haben, während der Reise? Hatten Sie Angst oder waren Sie zuversichtlich?

BB: Nee, ich hatte keine Angst. [...] Ich bin alleine von Breslau mit dem Zug. Da war noch der Sohn meines Zahnarztes. Der war aber drei Jahre älter wie ich. Ich war 13 und er war 16. Wir übernachteten am 30. August 1939 in einer Synagoge in Berlin. Am Morgen des 31. gingen wir zum Bahnhof. Wir wollten den Zug nach Holland nehmen. Aber da war ein Problem. Die Holländer wollten uns nicht reinlassen. Nur wenn wir eine Garantie hatten, dass England uns reinlässt, wenn ein Krieg ausbricht. Die Garantie wurde verhandelt von einer gewissen Frau, die hieß Gertrude Wejsmuller-Meijer. Sie war Holländerin, Frau eines Bankiers und hat viel Hilfe geleistet für Juden in Deutschland und in Österreich. [...] Wie wir in Kleve ankamen an der Grenze, kam ein SS-Mann und fragte, ob wir mehr als zehn Mark haben. Dann ist er aus dem Bus rausgegangen und wir fuhren über die Grenze.

ET: Können Sie sich noch erinnern, wie Sie sich von ihren Eltern verabschiedet haben?

BB: Meine Tante und meine Schwester kamen zum Hauptbahnhof von Breslau, und ich verabschiedete mich. Meine Tante hat geweint. Ich hab nicht geweint. Ich musste tapfer sein.

ET: Sie kommen dann in London in Liverpool Station an. Was passiert da?

BB: Ich übernachtete in London im großen Saal. Und dann kam ich nach Devon, wo ich anfing in der jüdischen Landwirtschaftsschule. Da waren Leute aus Deutschland, Österreich und Tschechoslowakei.

ET: Dort haben Sie weiter Deutsch gesprochen?

BB: Alle haben Deutsch gesprochen, sogar die Tschechen haben Deutsch gesprochen.

ET: Die Lehrer auch?

BB: Ja. Dort war ich von 1939 bis Februar 1941.

Ben Brettler

Fremde haben uns angelächelt.

WK: Der Zug von Wien war voll mit Kindern. Ich glaube, ich habe nicht viel gesprochen mit ihnen. Das Ganze war so neblig. Ich weiß nicht einmal, ob ich die Eltern wirklich umarmt hab. Der Vater war im Spital und es das erste Mal, als ich ihn weinen gesehen hab, wie er Abschied genommen hat. Irgendwie ich wollt nicht weg. Ich sah eine Cousine vor mir, eine ältere, die hat mich dann in den Arm genommen und hat gesagt: „Wir müssen gehen, es ist spät.“ Dann hab ich zum Vater geschaut. Ich wollte nicht. Es war das Ganze so ein Durcheinander. Geräusche, ich erinnere mich ganz dunkel an das Ganze. Ich war irgendwie bös mit der ganzen Situation. Ich war sehr unglücklich.

ET: Die Mutter war auf dem Bahnsteig?

WK: Mutter und Schwester waren auf dem Bahnsteig.

ET: Wie war das an der Grenze zu Holland? Wurdet ihr noch kontrolliert?

WK: Nein, sie sind reingekommen, aber ich weiß es nicht genau. Das war alles so unangenehm. Das Interessante war, wie wir in Holland waren, da warn dort Frauen, die uns Trinkschokolade, Kakao gegeben haben, Schokolade auch. Aber sie haben uns angelächelt. Seit wann haben uns Fremde angelächelt, da habe ich mich nicht erinnern können. Das hat's nicht gegeben. Irgendwie waren Nichtjuden Feinde. Leider Gottes waren sie meistens Feinde. Hat es selten welche gegeben, die in Österreich uns geschützt haben. [...]

ET: Das heißt, du kamst über Holland mit dem Schiff?

WK: Mit dem Schiff sind wir in Harwich angekommen, sind nach Dovercourt. Das ist so ein *Holiday Sommer Camp*, es waren Tausende von Kindern dort. Es war sehr kalt. Es war irgendwie unmöglich. Aber ich weiß noch, wie ich mich gefühlt hab in Dovercourt nach ein paar Tagen. Ich dachte, ich muss ins Nebenzimmer gehen, der Mutter was sagen. Da ist mir zum Bewusstsein gekommen, da ist kein Nebenzimmer. Und da merkten wir erst, das ist die Finalität des Ganzen. Die *finality of getting away*. Ich hab immer noch gehofft, dass wir zusammenkommen. Es ist leider Gottes nie zustande gekommen.

Walter Kammerling

Ich hatte zwei Koffer, weil ich mit dem Schiff gefahren bin.

BK: Es war ungefähr der 29. März 1939, das genaue Datum weiß ich nicht. Meine Mutter ist mit mir gefahren nach Hamburg. Da hab ich das Schiff genommen und es waren im Ganzen 80 Kinder vom Kindertransport auf dem Schiff. Ich hab die Liste von den 80. Nur dieses deutsche Schiff, die SS-Bremen, hat auch Kinder gebracht, meistens sind die Kinder mit dem Zug, entweder von Deutschland oder von der Tschechoslowakei zur Grenze nach Hoek van Holland, dann rüber nach Harwich in England und dann weiter. Wir sind nach Southampton angekommen, denn die Strecke geht Hamburg, Frankreich, Le Havre, Southampton und dann New York. [...]

ET: Ihre Mutter hat also den Koffer für Sie vorbereitet?

BK: Ich hatte zwei, weil ich mit dem Schiff gefahren bin. Normale Kinder mit dem Zug nach Holland hatten nur einen kleinen Koffer. Ich hab noch einen, den meine Tochter hat. Ich hab sie gefragt: „Willst du es wegwerfen?“ „Nein, ich will's behalten, es ist ein Teil von deiner Geschichte“, hat sie mir gesagt. Was darinnen ist, weiß ich gar nicht.

ET: Sie sind also mit Ihrer Mutter nach Hamburg gefahren.
BK: Nach Hamburg und aufs Schiff. Sie ist dann mit einem kleinen Schiff rumgefahren, hat mir ein Bild geschickt, wo sie auf dem Schiff ist, aber leider ist das Bild verloren.

Bernd Koschland

Ich bin über Nicholas Winton mit dem Kindertransport gekommen.

ES: Ich bin über Nicholas Winton mit dem Kindertransport gekommen und bin zu den Russells gegangen. Die kannten mich und haben mich genommen. Ganz erstaunlicherweise sind meine Eltern auch rausgekommen, später.
ET: Können Sie sich noch an die Reise erinnern?
ES: An die Reise im Zug kann ich mich überhaupt nicht erinnern, aber als wir aufs Schiff kamen, in Holland, saßen wir draußen, da waren Bänke. Ich saß auf einer Bank, da kam eine Frau, hat sich neben mich gesetzt und hat auf dem Zipfel meines Mantels gesessen. Ich hab den Zipfel rausgezogen und hab etwas Blödes gesagt. Komischerweise ist das eine der wenigen Sachen, wo ich noch heute ein Schuldgefühl habe. Es ist das Einzige, an das ich mich erinnere. Und ich hab nur über zwei Sachen Schuldgefühle. Das ist eins.
ET: Hat die Frau etwas gesagt zu Ihnen?
ES: Das weiß ich nicht. Ich hätte es auch wahrscheinlich nicht verstanden.
ET: Also, die Reise verlief aber sonst gut?
ES: Keine Ahnung.
ET: Sie kamen im Sommer 1939?
ES: Es muss so März oder so etwas gewesen sein. Und ich war gerade vier.

Eve Slatner

Ich dachte, wir wären die einzigen aufm Schiff.

UB: Wir waren drei Tage auf einem Schiff, 90 Kinder von den Kindertransporten. Ich dachte, wir wären die einzigen aufm Schiff, aber es war natürlich nicht der Fall. Das war im März 1939 von Hamburg.
ET: Und wo sind Sie angekommen?
UB: In Southampton, dann ging's nach Blackpool. Wir kamen in ein Heim, von dem *Manchester Jewish Refugee Commitee* alles organisiert. Für Unterhalt kam die jüdische Gemeinde in Blackpool auf, wo wir wohnten. Es war ein Heim mit etwa zehn Mädchen aus Deutschland. Ich war die Jüngste im Heim zusammen mit meiner Schwester.

Ursula Beyrodt

Die Reise war sehr anders.

ET: Sie sind mit der St. Louis gekommen?

MT: Allerdings eine Reise vor dieser schicksalsträchtigen, unsere war im März und die andere war im Mai, Juni nach Kuba. Ja, das ist dasselbe Schiff.

ET: Können Sie sich noch an die Reise erinnern?

MT: Ja, sehr genau. Ich kann mich daran erinnern, dass ich einen kleinen Japaner traf, ich konnte natürlich kein Wort Japanisch, er konnte kein Deutsch. Wir haben Ping-Pong gespielt an Bord und haben so rumgetobt. Die Reise hat meine Mutter noch bezahlen können, mit Geld, das sie von ihrer Mutter oder sie selber auch noch hatte. Sie durfte ja sonst außer zehn Mark nichts mitnehmen, hat sie auch nicht. Sie hat nichts geschmuggelt. Sie wurde auch untersucht, in Hamburg noch, am Hafen, aber sie haben nichts gefunden. Die Reise war sehr anders als die von Leslie Brent im Zug mit anderen Flüchtlingskindern. Ich war mit meiner Mutter. Das war keine Luxusreise, aber es war ganz ordentlich. [...] Schon im Abteil mit dem Zug von Southampton nach London kam eine nette junge Frau, Marie Schäfer, selber Emigrantin, Frau eines Chirurgen, der die ganzen Examina nachmachen musste, aber dann eine Praxis hatte in Enfield, in Nord-London, und die lud uns ein zu ner *cup of tea.* Sie hatte uns gesehen, offenbar Immigranten. Wenn wir mal was brauchen, wir können uns an sie wenden. [...]. Meine Mutter hat mich dann mit dem Zug nach Bunce Court gebracht, blieb auch noch ein paar Tage.

Michael Trede

Auf dem Boot war es wie in den Ferien.

ET: Können Sie sich an die letzten Tage zu Hause mit Ihrer Mutter und Ihrem Großvater erinnern?

GW: Ja. Es ist vielleicht ein schlechter Zug von mir, aber für mich war es ein Abenteuer. Für meine Mutter war es eine Tragödie, sie weinte nur. Sie versicherte, dass sie auch nach Großbritannien kommen würde, in ihrem Fall nach England. Es war nicht sicher, aber sie behauptete das. Aber sobald wir im Zug waren, auf dem Schiff war es wie in den Ferien. Viele Kinder waren da, ich denke, es waren hundert Kinder auf dem Transport.

ET: Und Sie wurden von Erwachsenen begleitet?

GW: Ja, da waren ein paar Erwachsene. Aber ich kann mich an niemanden genau erinnern.

ET: Ging es mit dem Zug nach Hamburg?

GW: Mit dem Zug nach Hamburg, dann auf ein großes Schiff, die SS Manhattan, ein Ozeandampfer. Es hielt in Le Havre und fuhr dann weiter nach Southampton, wo wir ausstiegen und in einen Zug gesetzt wurden. Einige von uns kamen in einen Zug nach Margate, in das Hostel dort.

ET: Das war vielleicht das erste Mal, dass Sie auf einem Schiff fuhren.

GW: Das erste Mal im Zug, denke ich. Und auf dem Schiff machten sie natürlich ein großes Trara um uns. Es gab Luftballons und Feiern und solche Sachen. Abgesehen davon werden Kinder immer seekrank, zum Teil wegen der Gefühle, nehme ich an.

Gerald Wiener

Es war sehr stürmisch im Englischen Kanal.

ET: Wie lange vor dem Transport wussten Sie, dass Sie fahren würden?

GT: Ungefähr zwei, drei Wochen. Ich habe noch eine Liste, was in meinem Koffer war. Eine Merkwürdigkeit der Liste, ich war damals zehn Jahre alt, meine Mutter hat sechs Schlipse eingepackt. Ich habe noch ein Buch. Von meinem siebten Geburtstag an interessierte ich mich für die Klassische Mythologie. Das Buch heißt Schwab, *Sagen des klassischen Altertums*. Mein Schwab war in meinem Gepäck und ist noch auf meinem Buchregal. Und ich hab ein anderes, ein zweites Buch. Ich glaube, ich kann nicht die beiden Bücher in meinem Gepäck gehabt haben, die würden zu schwer gewesen sein. Das andere ist entweder durch die Post geschickt worden oder meine Eltern haben es gebracht, das heißt: *Deutsche Heldensagen*. Im Zentrum dieses Buchs ist das *Nibelungenlied* und auch merkwürdigerweise *Beowulf* auf Deutsch. Also diese zwei Bücher habe ich noch und mein Name ist in meiner Handschrift als Zehnjähriger geschrieben. [...]

ET: Sie können sich an die Reise noch ziemlich genau erinnern.

GT: Ja, die Reise war sehr bequem. Ich glaube, das hat meine Mutter gebucht. Diese United States Lines hatten einen Schifffahrtsdienst zwischen Hamburg und New York und die Schiffe fuhren von Hamburg und dann der erste Halt war Le Havre, der zweite Southampton, der dritte, glaube ich, Cork und dann New York. Und das hieß, dass in Hamburg das Schiff nicht voll war, denn es war noch Platz für die Le Havre-Southampton-Passagiere, und so hatten mein Bruder und ich eine Zwei-Bett-Kabine für uns selbst, mussten wir nicht teilen. Es war sehr stürmisch im Englischen Kanal. Berlin kann noch sehr kalt sein Ende März, und in Berlin war Schnee und Eis und dann kamen wir nach England, und in England war es Frühling und die Osterglocken blühten schon. Ich mein, das war ein symbolischer Unterschied. Natürlich waren zu der Zeit schon die Straßen voll von Männern in Uniform, aber die waren ganz anders als die Männer in Uniform in Deutschland. Man brauchte sich nicht vor ihnen zu fürchten.

Günter Treitel

Die Quäker haben alles organisiert.

ET: Also 1939 sind Sie dann mit Ihrer Mutter nach England gekommen.

VR: Im März. Mein Bruder ist am letzten Tag von 1938 mit dem Kindertransport gefahren, am 31. Dezember. Meine Schwester im Januar oder Februar mit dem Kindertransport.

ET: Wenn ich das richtig verstanden habe, dann hatten Sie Kontakt mit Quäkern.

VR: Ich hatte *Quaker sponsors* und eine Familie von Quäkern, die mich übernommen haben. Mein Großvater Max hatte Kontakt mit einem jüdischen Verein in Hannover, die Kontakt mit Quäkern hatten. Die Quäker haben alles organisiert.

ET: Das war die Familie Carter?

VR: Ja, für mich und für meine Schwester. Aber Herbert und Maud Carter, die meine Schwester genommen haben, waren nicht Quäker. Sie waren, ich glaube, *Unitarian.* Roger und Eileen, die mich genommen haben, waren Quäker.

ET: Und Ihr Bruder?

VR: Der kam nach Liverpool Street und hatte keinen Kontakt. Niemand kam für ihn. Sein Name wurde wahrscheinlich ausgerufen: „Ist jemand hier für Peter Rheinhold?“ Niemand kam. Aber schließlich kam einer.

ET: Er ist dann bei dieser Familie geblieben?

VR: Ja, in Louth, in Lincolnshire. Die Familie nahm ihn, sorgten gut für ihn. Es waren Leute, die man rief, wenn es einen Notfall gab. Er war ein Notfall, weil die Leute, die für ihn vorgesehen waren, nicht kamen, etwas war schief gelaufen. Es muss schrecklich für ihn gewesen sein.

Vernon Reynolds

Ich hatte einen Füller.

JR: Ich erinnere mich nicht an den Kindertransport. Ich erinnere mich nicht, im Zug gewesen zu sein. Vage erinnere ich mich an das Schiff, wo alle schrecklich seekrank waren. An eine komische Sache erinnere ich mich: Wir durften eine Mark als Münze mitnehmen. Und als ich in England ankam, sollte sie in Sixpence umgetauscht werden. Da dachte ich, 100 Pfennige in Sixpence umzutauschen, sei nicht richtig und weigerte mich, das zu tun. Was mit dieser Mark passiert ist, weiß ich nicht. Aber das ist die komische Sache, an die ich mich erinnere.

ET: Hatten Sie einen kleinen Koffer?

JR: Nehme ich an. Ich hatte einen Füller und einen Bleistift einer bekannten deutschen Marke dabei, dunkelblau mit goldenem Band. Was damit geschah, weiß ich auch nicht. Ein Geschäftsfreund, dem ich das erzählt habe und der in Paris lebt, sagte: „Ja." Und das nächste Mal, als er kam, um mich zu treffen, brachte er einen brandneuen in einer Schachtel mit, den ich immer noch habe.

John Ruppin

Wo man nicht mehr fürchten musste, belauscht zu werden.

ET: Sie haben 1938 die Einladung von der Familie bekommen, bei der Sie 1936 in den Ferien waren?

FL: Ja. Es hat mehrere Monate gedauert, bis ich das Visum hatte und dann noch mehrere Wochen, bis ich all die Formalitäten in Deutschland erfüllt hatte, bis April 1939. Meine Eltern waren noch da, die sind erst nach Ausbruch des Krieges 1940 nach Portugal ausgewandert. Ich bin nach Hamburg gefahren und dann mit einem amerikanischen transatlantischen Dampfer nach Southampton, denn das war die einzige Möglichkeit, Geld mitzunehmen. Da hatte man sogenanntes *boat money*, und wenn man erster Klasse fuhr – was ich tat –, konnte man das größte Portemonnaie mitnehmen. Ich kann mich nicht erinnern, wieviel das war, ungefähr hundert Dollar, denn sonst konnte man nur zehn Mark mitnehmen. Obwohl ich erste Klasse fuhr, hatte ich eine Innenkabine, wo noch zwei andere Männer waren. Da waren also drei Betten übereinander und ich schlief im obersten Bett. Es waren zwei Nächte, glaube ich. Und wir landeten zwischen Hamburg und Southampton in einem französischen Hafen, Brest, wo wir den Tag blieben. Es war uns erlaubt, an Land zu gehen. Ich war am selben Tisch wie ein junges Ehepaar, die Französisch sprachen, ich sprach nicht Französisch, und mit denen ging ich an Land. Das war eine große Erlösung, in Frankreich an Land zu gehen, wo man nicht mehr fürchten musste, belauscht zu werden und nicht mehr fürchten musste, von der Gestapo inhaftiert zu werden.

ET: Haben Sie auch Ihr Cello mitgebracht?

FL: Ja.

Fritz Lustig

Da hat man uns Matratzen gegeben.

BG: Ich bin mit dem Kindertransport abgefahren am 29. Juni 1939. Aus München, um Mitternacht. Warum ist der Zug um Mitternacht weg? Weil die Deutschen nicht wollten, dass man sah, dass die Kinder wegfuhren. Wir sind bis nach Frankfurt, und da hat man uns Matratzen gegeben. Am nächsten Morgen sind wir in den langen Zug gestiegen, da waren eben noch andere Kinder. Im Abteil kommt ein deutscher SS-Mann mit dem Gewehr über die Schulter und stößt auf a Koffer und sagt: „Mach's auf!" Gott sei Dank hat er sich nicht für meinen Koffer interessiert. Wir ham da nämlich bloß einen Koffer von einer bestimmten Größe mitbringen dürfen, aber meine gescheite Frau Mama hat gesagt, sie schicke bereits Gepäck voraus, nämlich Schrankkoffer, und die sind angekommen. Unser Zug ist endlich in Holland angekommen, dann auf ein Schiff und dann hier in England. Dann sind mer alle auf einen Zug gestiegen und sind hier in London angekommen. Liverpool Street Station. Da war das eine Handgepäck, das ich dabeigehabt hab, aber ich war tapfer genug, dass ich einen großen Herrn gefragt hab: „Are there anymore suitcases?" [Gibt es noch andere Koffer?]

ET: Auf Englisch?

BG: Auf Englisch. Da hat der sich geärgert: „It's over there." [Da drüben.] Da war ein großes Loch mit meinen drei vorausgesendeten Koffern. Die bekam ich und einer steht immer noch in der Garage.

ET: Was haben Sie da drin gehabt?

BG: Ach, meine Aussteuer. Meine Mutter hat gesagt: „Du musst Bettzeug und Kissen haben." Ich glaube, ich habe noch eine Steppdecke.

Bea Green

Dann war es so, dass auf dem Schiff eines der Kinder Windpocken hatte.

ET: Wann sind Sie mit dem Kindertransport gekommen?

MR: In der letzten Minute mehr oder weniger, im Juni 1939. Wir sind mit dem Zug von Bremen aus. Kamen dann schließlich in London an. [...]

ET: Können Sie sich noch an die Reise erinnern?

MR: Na, wir haben uns fürchterlich gefühlt. Fürchterlich. Und dann war es so, dass auf dem Schiff eines der Kinder wohl Windpocken hatte. Dadurch durfte ich nicht zu den Leuten, zu denen ich eigentlich kommen sollte. Das war ne Geschichte. [...] Wahrscheinlich haben wir furchtbar geweint. Man war natürlich irgendwie aufgeregt, was kommt jetzt.

ET: Wie war das, als Sie ankamen?

MR: Meine Schwester wurde empfangen von der Frau, wo sie hinkommen sollte. Sie kam in eine Familie, die waren wohlhabend, hatten Köchinnen und Dienstmädchen und Gärtner und so was. Da hatte wohl die Tochter über den Kindertransport gehört. Die Eltern hatten das Haus und die Kinder waren groß und sie meinte, das ist genau das Richtige für die. Für mich war ein Komitee verantwortlich, keine Familie eigentlich. Und dadurch, dass die Windpocken eine ansteckende Krankheit auf dem Schiff waren, konnte ich nicht dahin, wo ich zuerst hinkommen sollte, weil da ein Kind war. So dass ich zuerst von einem Ort zum anderen gehen musste. Bis ich dann dahin kommen konnte, was für mich eigentlich geplant war. Und das war ein *boarding house*, da hatten die wohl gehofft, dass ich helfen könnte. Es schienen sehr alte Leute zu sein, die waren freundlich, aber es war eben ganz, ganz anders, als ich erwartet hatte, gewohnt war. Und die Trennung von meiner Schwester war natürlich furchtbar. Es wäre sehr, sehr schön gewesen, wenn ihre Leute mich auch noch mit aufgenommen hätten. Später haben Sie sich dann auch sehr um mich bemüht.

Margarete von Rabenau

Dann hatten wir ein wunderbares Geschenk in Holland, eine Apfelsine.

RD: Die Eltern durften damals nicht zum Bahnhof in Frankfurt. Die Leute haben gemerkt, dass zu viele Eltern geweint haben. Ich bin alleine von Mannheim nach Frankfurt gefahren. Ich wollte nicht und da war ein älterer Bub auf der Bahn und Mutter hatte ihn angesprochen. Ja, er fährt auch mit dem Transport nach England und Mutter hat gesagt, er solle sich doch um mich kümmern. Das war ein großer Junge, dreizehn Jahre alt. Er hat sich überhaupt nicht interessiert, er wollte nichts mit mir zu tun haben, das habe ich verstanden. Ich war zehn Jahre alt und wusste, irgendwie hätte ich doch meinen Weg durch den Frankfurter Bahnhof gefunden. Und ich hab's gefunden. Aber es gab sehr viel Lärm auf einem Gleis, ich kannte niemanden. Man hatte mir Brote mitgegeben. Dann hatten wir ein wunderbares Geschenk in Holland, eine Apfelsine. Die Deutschen waren nicht freundlich mit den Kindern, die da gezogen sind. In Holland waren sie so süß.

ET: Wie viele Kinder waren in so einem Transport?

RD: Ungefähr hundertfünfzig bis zweihundert. Ich kann nicht sagen, wie viele da waren.

ET: Was hatten Sie dabei?

RD: Ich hatte einen kleinen Koffer, den ich tragen sollte, und einen größeren Koffer, der irgendwie auf die Bahn ging. Den musste ich dann finden. Das hatte ich vergessen, als wir in London ausgestiegen sind und man hat den Namen gerufen. Den hab ich dann gefunden und geschleppt. [...] In London war ich eine der Ersten, die abgeholt wurde.

Ruth L. David

Da war ein kleines Kind in einem Korb.

ET: Können Sie sich noch an den Abschied von den Eltern erinnern?

LR: Ja, das war ganz leicht, denn man dachte ja, dass man sich in ein paar Monaten wieder trifft oder in ein paar Jahren vielleicht. Wir gingen, um Englisch zu lernen und sie gingen nach Amerika. So hat niemand geweint. Sie durften auch gar nicht auf den Bahnhof kommen, mussten unten bleiben. Nein, das war okay. [...]

ET: Und die Reise selber?

LR: Ach, die Reise war ganz schön. Ich war auf dem Schiff. Da war ein kleines Kind in einem Korb, das mussten wir füttern ab und zu. Die Mutter hatte Milch reingesteckt und das hat uns auch Spaß gemacht. Man denkt ja gar nicht: „Armes Kind. Keine Mutter." Aber scheinbar hat jemand in England das Kind erwartet. Ich weiß nicht, was passierte. Dann eine Sache: Wir haben Butterbrote gegessen im Zug, die hatten die Eltern uns mitgegeben. Die deutschen Offiziere, die kamen immer, wenn wir ein Butterbrot hatten: „Hör auf mit dem Essen! Gebt das her!" Da mussten wir ihnen das Butterbrot geben. Da haben wir gesagt: „Jetzt steht einer vor der Tür, während wir essen." Dann war einer an der Tür gesessen und hat gesagt: „Die kommen! Sie kommen! Schnell weg."

Lore Robinson

Die Angst war Köln.

FD: Ich weiß, da waren Hunderte von Kindern in einem Zug, der in Wien anfing und der mehrere Waggons hatte und überfüllt war. Das weiß ich, das habe ich gelesen. Ich weiß, dass wir am Morgen abfuhren. Wieder hab ich das gelesen. Und ich weiß, dass wir am Morgen in Holland ankamen, das muss morgens gewesen sein. Das ist mein Gehirn. Ich fühle, dass ich mich unter einer Straßenlampe von meiner Mutter verabschiede und dass keine Person da war. Warum ich so stark den Eindruck habe, weiß ich nicht. Das ist so ein Gefühl.

ET: Sind sie dann von Holland mit dem Schiff nach England gekommen?

FD: Ja, wir hatten große Angst. Die Angst war Köln, weil Grenzpolizei auf den Zug einstieg. Der Zug war so wie einer dieser russischen Züge, zwei Kilometer lang. Überall, wo wir stehenblieben, gingen weitere Waggons daran. Wir fuhren langsam mit zwei Lokomotiven. Aber in Köln sahen wir die SS und hatten Angst. Als sie zu meinem Abteil kamen, hatten sie genug von uns. Da war keine Untersuchung und gar nichts. In anderen Abteilen, das wussten wir, da waren offene Koffer auf den Boden geworfen. Aber in unserem Abteil sahen sie uns an und gingen einfach weiter.

ET: Sie hatten auch einen Koffer?

FD: Wir durften einen Koffer mitnehmen, den wir selbst tragen konnten. Wir mussten Pässe haben, aber wir hatten keine englischen Visa. Wir hatten diese Karten mit einer Nummer und Erlaubnis dran. Ich kann nicht erinnern, ob wir ein Bild draufhatten. Das Schöne war die Ankunft in Venlo. Wir waren dreißig Stunden oder mehr auf dem Zug. Und da waren diese wunderbaren Damen mit großen Kannen, Sandwiches, freundlich und bemüht. So eine schöne Erfahrung. Wir hatten Brote mit, aber es war damals nicht üblich, Flaschen mit Getränken zu tragen, und das war für die Kinder schlecht, besonders die kleineren. Ich war einer der älteren. Es war nicht so schlecht für mich. Aber die Frauen hatten Kannen mit Orangensaft oder Fruchtgetränk. Es war mehr das Getränk, mehr als an die Brötchen, woran man sich erinnert.

ET: Gab es in dem Zug oder in den einzelnen Waggons Begleitpersonen?

FD: Irgendwo waren ein paar. Hauptsächlich waren es die älteren Kinder in den Abteilen, die da verantwortlich sein mussten, und wir legten die Allerkleinsten in die Gepäcknetze, um zu schlafen. Ich glaube, wir schliefen alle, einige auf den Sitzen und einige lagen auf dem Boden.

Francis Deutsch

Eine dunkle Unterdeckkabine mit anderen Jungen.

ET: Können Sie sich an den Moment erinnern, als Sie abfuhren?

MB: Nein. Ich meine, es ist komisch, aber ich kann mich nicht daran erinnern, ihr Haus zu verlassen oder an den Abschied am Bahnhof oder gar die Zugreise. Das Erste, an das ich mich erinnere, ist die Ankunft in Hoek von Holland im Zug und die Schiffsreise in einer dunkle Unterdeckkabine mit anderen Jungen, und die Ankunft in Harwich in England. Nicht viel von der Zugreise nach London, aber die riesige Halle, wo wir warteten, um abgeholt zu werden, das ist ganz deutlich.

ET: Waren Sie zusammen mit Ihrer Schwester?

MB: Ja. Aber ich weiß nicht genau, wie eng zusammen; sicherlich waren wir nicht in derselben Kabine. Als wir in London ankamen, waren wir zusammen und wurden von dem Sohn meiner künftigen Pflegefamilie abgeholt. Er brachte uns im Zug nach Liverpool.

ET: Hatten Sie Angst während der Reise?

MB: Eher verwirrt, in gewisser Weise war alles unwirklich. Zu der Zeit dachten wir nicht so sehr über die Konsequenzen nach. Ich war noch voller Hoffnung, dass ich meine Eltern wiedersehen würde, und durch die Tatsache, dass wir schon von einem zu Hause zum anderen gezogen waren, war die Vorstellung, dass sich etwas ändert, nicht so fremd für mich. Ich meine, ich ging wahrscheinlich davon aus, dass man im Leben immer umherzieht.

Michael Brown

Der Polizist an der Anlegetreppe grüßte.

ES: Ich erinnere mich an den Zug und dass unser Gepäck durchsucht wurde, an die Ankunft in Den Haag. Dort trafen wir Hedwig, sie war eine der Frauen, die meine Mutter angestellt hatte, wohnte bei uns und passte auf uns auf. 1938 ging sie nach Holland und kam nach Den Haag, brachte uns zum Schiff und es war wundervoll, sie zu sehen. Natürlich starb sie im Holocaust, weil Holland kein sicherer Ort mehr war. In der Nacht hatte ich schreckliche Ohrenschmerzen und ich erinnere mich, dass ich weinte und schrie. Bei der Ankunft in Harwich bekamen wir ein Paket mit Sandwiches und eine Banane, der Polizist an der Anlegetreppe grüßte, dann saßen wir im Bahnhof Liverpool Street und warteten, dass uns jemand abholte. Ich verzweifelte langsam und fragte mich, was ich tun sollte.

ET: Ihr Bruder muss auch aufgeregt gewesen sein.

ES: Nein. Michael schlief die meiste Zeit. Und er verstand nicht, was passierte. Ich verstand es, er war erst zwei.

Eva Shrewsbury

Die Reise war nichts besonders Interessantes.

KL: Die Reise war nichts besonders Interessantes. Wir gingen zum Bahnhof, zu der Zeit durfte nur ein Elternteil mitkommen. Da kam nur meine Mutter. Die durfte auch nicht mehr auf den Bahnsteig gehen, das war nicht erlaubt. Ich war nur fünf Wochen weg, bevor der Krieg ausbrach. Der Zug fährt am Zoo-Bahnhof vorbei und da war mein Vater, der hat gewartet und gewunken. Aber die Fahrt selbst, ich war einer der Älteren mit vierzehn Jahren. Da waren drei jüngere, wir sollten auf die aufpassen. Ich hatte ja keine Erfahrung, wie gut oder wie schlecht ich das gemacht hab, weiß ich nicht. Da hat man erst die deutsche Grenze gehabt. Dann kam die holländische Grenze. Da war auf einmal ein lächelndes Gesicht auf der holländischen Seite.

ET: Dort haben sie dann etwas zu essen und zu trinken bekommen?

KL: Ja. Wir hatten auch Stullen mitgebracht oder so was. Dann mit dem Schiff nach Harwich, dort in den Zug eingestiegen und alle zur Liverpool Street Station. Ich hatte erwartet, dass mein Garantor in Glasgow etwas arrangiert hatte. Aber nichts war arrangiert. Ich war auch nicht der Einzige, wo das geschehen war, da waren so fünf, sechs von uns, die sind übrig geblieben. Das hat mir wohl zur Zeit Sorgen gemacht. Man wusste nicht, ob man wieder zurückgesandt wird, was geschieht. Dann wurden wir in ein Hostel in London gebracht und

sollten nur ein, zwei Abende dort sein. Wir waren länger dort, zwei, drei Wochen. Auch weil der Krieg dann kam. Also habe ich die Chance gabt, eine Tante, die in London war, zu besuchen. Eine Schwester vom Vater. Die war in London, ihr Sohn war schon früher nach Amerika ausgewandert. Der war vier Jahre älter als ich. Der hatte einen Stiefvater oder den Originalvater in Amerika, aber die Mutter kam nicht raus. Dann hatte ich eine Schwester meiner Mutter in London, die kam als *domestic* and arbeitete mehrere Jahre als *domestic*, hat dann gelebt in West Hampstead, wo sie alle lebten.

ET: Sie waren also in diesem Hostel in London und warteten?

KL: Ja, ich dachte immer noch, ich komme nach Glasgow. Man hört nichts, man weiß nicht, mit wem man da zusammenkommt. Aber ich bin immer jemand gewesen, der akzeptiert hat. Ich habe gedacht, was geschieht, geschieht. Durch den Krieg kam ich in das Hostel, das wurde dann zugemacht, weil die Angst hatten, in London zu sein. Wir waren zwischen acht Jahren und fünfzehn Jahren. Dann kam ich in *a camp for boys* in Suffolk. Vom Krieg haben wir im Radio gehört.

Keith Lawson

Dann öffnete sich die Tower Bridge.

HH: Das Lager in Zbąszyń wurde aufgelöst. Meine Mutter fuhr zu ihren Verwandten nach Krakau und wohnte dort mit meinem Bruder. Ich fuhr auch dahin und dann kam die Nachricht durch, dass wir im Juli in ein Sammellager in der Nähe von Warschau sollten, in einen Ort, der hieß Otwock, wo das größte jüdische Kinderheim und Heim für Kranke oder Kinder geführt wurde. Es wurde von der Jüdischen Gemeinde Gesamtpolens bezahlt. Und siebzig von uns kamen da an und wir warteten dort auf die Papiere von England. Jeden Tag kamen von der Botschaft in Warschau Papiere an, aber nicht für die siebzig, sondern man wusste nicht für wie viele. Dann kam mein Vater zurück und wir hörten, dass wir am 26. August 1939 von Warschau losfahren würden. Am 24. August, das war am Wochenende, wurde mir und meinem Bruder erlaubt, das Wochenende mit meinem Vater zu verbringen, der uns zum Bahnhof nach Warschau fuhr. Es war ein Glück, denn Hitler hatte angeordnet, dass der Krieg in Polen am 24. August anfangen sollte, die Invasion sozusagen. Und der Generalstab konnte seine Logistik nicht zusammenkriegen und hatte um eine Verlängerung gebeten bis zum 1. September. Ich kam mit dem letzten Kindertransport aus Polen nach der Ausweisung, also am 26. August. Von den siebzig Kindern oder Jugendlichen, die da waren, kamen nur dreiundsechzig Erlaubnisse an. Wir waren dreiundsechzig, als wir abfuhren, und sieben blieben dort. Es war betrübend, denn nach Kriegsanfang, paar Wochen später, erschien in einer Zeitung, *News Chronicle*, ein Bild von den sieben Kindern, als die aus dem Fenster guckten, als die Deutschen bombardierten. […]

ET: Können Sie sich noch erinnern, wie Sie sich von den Eltern verabschiedet haben?

HH: Ja, von meiner Mutter hab ich mich verabschiedet in Krakau, es war ziemlich emotiv. Mein Vater war in Warschau. Der brachte uns zum Bahnhof und verabschiedete uns dort. Ich muss betonen, dass ich bis 1942, bis Amerika in den Krieg eintrat, immer noch Post von meinen Eltern bekam, die schrieben an meinen Onkel. Ich hab die Briefe auch noch hier, zum großen Teil. Meine Mutter machte mir immer Vorwürfe, dass ich nicht auf meinen Bruder aufpasse. Ich hatte das große Problem, ich wurde auf eine Farm versetzt. Wir lernten kein Englisch. Nach sechs Monaten traf ich meinen Bruder und wir konnten uns nicht miteinander unterhalten; er sprach kein Deutsch mehr und ich kein Wort Englisch. […] Wir wurden mit dem Zug nach Gdynia gebracht, der Hafen in Polen, in der Nähe von Danzig. Von dort mit dem Schiff Warszawa; die Polen hatten zwei Schiffe von Gdynia nach England; eins hieß Lech, das fuhr nach Hull und die Warszawa fuhr nach London jede Woche. Das war eine viertägige Reise.

ET: Wie war die Reise?

HH: Ängstlich. Wir fuhren aus Gdynia raus, da stand der Kreuzer Königsberg da. Drei Seemeilen vor der polnischen Küste. Und noch andere deutsche Schiffe, warteten nur auf das Ja-Wort. An Bord waren die dreiundsechzig Kinder und einige andere, Polen und Engländer, die aus Polen zurückkamen. Das war die Verbindung zwischen Polen und England. Wir wussten nicht, was passierte. Wir hatten Angst, denn man hatte uns klargemacht, dass eine Reise durch das Kattegat nicht besonders angenehm war. Aber an dem Tag war nichts zu beanstanden. Ich war noch nicht mal seekrank. Wir kamen am frühen Morgen die Themse entlang und das war ganz interessant, dann öffnete sich die Tower Bridge und wir legten an der anderen Seite an. Da wurden wir von dem damaligen Führer der Labour Partei empfangen, konnten kein Wort verstehen. Das Grußwort war auf Englisch und wir sprachen kein Wort oder nur ein paar Worte.

ET: Hatten Sie einen Koffer dabei, so wie die anderen?

HH: Wir hatten einen Koffer dabei mit unseren Sachen, Klamotten, wie man auf gut Deutsch sagt. Das große Problem mit den Kindertransporten war, es gab keine einheitliche Behandlung.

Herbert Haberberg

Pflegefamilien

Ich war ein sehr folgsames Kind.

MS: Ich erinnere mich, wie ich mit den anderen Kindern zum Hostel ging. Wir hatten keine Marmelade zum Frühstück. Die Nonnen sagten: „Ach, Marmelade?“ Eine Menge Leute holten Kinder vom Hostel. Ich wurde nicht abgeholt, weil ich nach Manchester gehen sollte. Ich war vielleicht nicht so neugierig wie andere Jugendliche. Ich war ein folgsames Mädchen. Deswegen kam ich zurecht. Ich fuhr in einem Taxi mit zwei anderen, die stiegen aus. Ich kann mich nicht mehr erinnern wo, aber in einem anderen Hostel, und dann fuhren wir weiter nach Manchester in eine Privatwohnung.

ET: Das war die Familie, bei denen Sie blieben?

MS: Das waren die Youngs, Mrs Young und Mr Young, aber er starb, als ich vierzehn war und sie heiratete wieder.

ET: Blieben Sie bei Mrs Young?

MS: Die ganze Zeit, bis sie starb. Weil ich so folgsam war, verstand ich damals, was es heißt, mit anderen zusammenzuleben. Ich sage das, weil sie hatten eine Tochter, Isolde. Sie waren sehr gut zu mir. Aber natürlich hatte die Tochter Klavierstunden und diese Dinge, aber ich erwartete das nicht. Ich verstand sehr gut, dass sie nicht reich waren. Aber sie behandelten mich auch sehr gut.

ET: Also fühlten Sie sich zu Hause?

MS: Oh, ja. Ich war sehr eng mit der Tochter, weil ich vier Jahre älter war.

Margot Showman

Ich muss Frau Russell wahnsinnig auf die Nerven gegangen sein.

ET: Wie war das am Anfang bei der Familie Russell?

ES: Ich hab nur geweint und – das ist jetzt Interpretation – ich muss wahnsinnig auf die Nerven von Frau Russell gegangen sein. Damals wusste man wenig über Psychologie und so etwas. Wenn sie mich nicht mehr ausstehen konnte, hat sie mich eingesperrt in dem Dachgeschoss. Ich kann mich nicht erinnern, aber die Tochter hat mir das gesagt. Als meine Eltern kamen, sind wir sofort ausgezogen, sind nach Norden gegangen, da hatten die Quäker ein Heim, ein *refugee home* in Marple, Cheshire geöffnet.

Eve Slatner

Ich nenne sie meine foster parents.

ET: Sie sind bei der Familie Wollen geblieben?

FD: Ich hätte dort drei Monate bleiben sollen. Ich blieb aber dort als Teil der Familie, als rauskam, dass ich nicht nach Amerika fahren würde. Ich nenne sie meine *foster parents* [Pflegeeltern]. Ich war einfach da. Und das Verhältnis war elterlich, die waren Eltern.

ET: Und sie hatten schon Kinder?

FD: Nein. Ihre Tochter ist vierzehn Jahre jünger als ich. Das ist die älteste, sie und ich sind ganz nah zueinander.

Francis Deutsch

Das Personal hat mich Master Karl genannt.

KG: Zuerst waren wir in einem Ferienlager, Dovercourt, das damals – also im späten Herbst von 1938 – leer war. Das wurde dann benützt für die Kinder. Danach ich bin in eine Familie gekommen. Eine Dame von Birmingham hat einen Jungen gesucht, der an Holzarbeiten interessiert ist. Die Leitung dieses Camps hat mich nach Birmingham geschickt, aber während ich noch auf dem Weg war, hat es sich diese Dame anders überlegt. Ich hab das nie als persönlich empfunden, denn sie kannte mich gar nicht. Aber da bin ich in London steckengeblieben im Quartier dieser *Charity*. Dort war eine Dame, die Sekretärin von einem Komitee, die hat mich dann eingeladen, für ein paar

Tage mit ihnen zu leben. Aus diesen paar Tagen wurden dann drei Monate. Ich fand das ganz außergewöhnlich interessant. Denn ich kam in das Haus und die Familie bestand aus ihrem Vater und der Tochter. Und da saß der Vater am Ende des Tisches, die Tochter am anderen Ende des Tisches und wir hatten alle Besteck wie damals üblich: drei Messer auf einer Seite, zwei Gabeln auf der anderen, drei Gläser davor. Das Personal hat mich Master Karl genannt. Der Unterschied zwischen einer gewöhnlichen mittelständischen Familie in Wien und denen war erstaunlich groß.

ET: In welchem Teil von London war das?

KG: Pinner, ein Vorort von London. [...] Ich konnte sehr wenig Englisch, aber ich kann mich nicht erinnern, dass es ein Problem war. Ich fand das Leben sehr angenehm in dieser Familie. Und danach bei ihren Nachbarn. Ihr Sohn war in einer sehr berühmten Schule. Da haben sie ein leeres Zimmer gehabt, ich bin eingezogen. Das war ein sehr schönes Haus mit zwei *tennis courts*. Tatsächlich erinnere ich mich noch heute an das Geschenk meiner Eltern, das sie nach England geschickt hatten. Das war ein Tennisschläger. [...] Ich fand diese ganze Zeit sehr interessant, denn die Leute waren außergewöhnlich nett. Die nächste Familie war sehr aristokratisch. Dann kam ich noch eine kurze Zeit zu einer Familie, die waren *English people*, die den Auftrag hatten, die Wälder in Indien wieder aufzuforsten. Danach kam ich noch zu einer anderen Familie. Wie diese Kontakte entstanden, weiß ich nicht, aber ich muss sagen, dass ich das aus verschiedenen Gründen extrem interessant fand.

Karl Grossfield

Ich musste saubermachen, die Kohlen holen, Feuermachen und kochen und ...

LR: Ich bekam eine Garantie von einem kleinen Geschäft im East End, Esswarengeschäft. Die hatten einen kleinen Sohn, und die haben mir versprochen, dass ich auch in die Schule geschickt werde. Aber das passierte nicht. Da war ich drei Monate lang und dann mussten sie weg von dort wegen den Bomben. Es war wunderbar, aber ich war sehr unglücklich, weil ich nicht auf die Schule konnte. Als mein Bruder in Cambridge war, da habe ich ihn gefragt, ob er zu dem *Office* gehen kann, wo die Sachen arrangiert werden für uns und fragen könnte, ob da jemand ist, der mich annehmen könnte, dass ich nicht mit diesen Leuten oder mit diesen Leuten nur in der Ferienzeit bleibe und in der Schulzeit nach Cambridge könnte. Da hat er eine Frau gesprochen, Mrs Hutton, die hat sofort gesagt: „Es ist eine Schande, dass dieses Kind mit fünfzehn nicht auf die Schule geht. Sag ihr, dass sie Weihnachten 1939 zu uns kommen kann. Und wenn wir sie mögen und denken, dass sie gut ausgebildet werden kann, kann sie bei uns bleiben." Ich kam dahin und meine Leute waren sehr verärgert darüber. Sie mochten es nicht, weil es das erste Mal war, dass ich fort war, ich sollte ja auf ihren kleinen Sohn aufpassen. Die Huttons waren wunderbare Leute und es war sehr einfach, dort nett zu sein, denn es gab drei andere Deutsche dort. Fritz Lustig war einer von ihnen. Nach einer Woche sagten sie, dass sie mich behalten würden. Ich war außer mir vor Freude. Mein Bruder war sehr mutig und ging zu dem Haus, wo die Familie lebte zu der Zeit, in Eastbourne, nahm alle meine Sachen und sagte, dass Mrs Hutton meinte, ich könne in den Ferien kommen und nach dem kleinen Jungen schauen. Aber während der Schulzeit sollte ich in Cambridge bei ihnen bleiben. Und sie sagten: „Nein, das wollen wir nicht. Wenn wir sie nicht immer haben können, dann wollen wir sie gar nicht." Hab ich mich gefreut.

ET: Das heißt, Sie mussten bei dieser ersten Familie vor allem als Hausmädchen arbeiten?

LR: Genau, ich musste saubermachen. Wir sind in ein großes Hotel gegangen. Die ganze Familie kam mit. Unangenehme jüdische Familie, nicht sehr nette Leute, nicht die gute Erziehung. Ich musste saubermachen, die Kohlen holen, Feuermachen und kochen und und und. Da waren manchmal zwanzig Leute und ich musste mit allem helfen. Nein, es war kein Vergnügen. Ich war sehr froh, da wegzukommen. Ich hab meinem Bruder immer dafür gedankt.

Lore Robinson

Ich hab getan, so viel ich konnte.

MR: Ich bin viel rumgekommen. Zuerst, das war ne Familie in East Sussex, ganz kleiner Ort. Sehr hübsch. Aber dann musste ich da weg. Dann kam ich zu einer Frau, die war alleinstehend. Die hat versucht, mir ein bisschen Englisch beizubringen. Aber dann musste ich weg von der und bin auch zu jemand anders gekommen. Und schließlich zu den Leuten, wo ich eigentlich hinsollte.

ET: Wo war das?

MR: Das war ein kleiner Ort, hieß Harting. South Harting, in Sussex, Hampshire. Ein sehr hübscher Ort. Die hatte eben ein *boarding house*. Die hatten nur einen erwachsenen Sohn. Sie selber hatte einen behinderten Mann und einen Enkelsohn, den sie betreute. Dauernd neue

Gäste. Ich glaub, die Hoffnung war, da kriegen wir jemanden, der auch ein bisschen mithilft, und das hab ich auch getan, so viel ich konnte.

ET: Wie lange hat es gedauert, bis Sie nach South Harting kamen?

MR: Ein paar Monate. Bei der Familie bin ich geblieben für ein paar Jahre. Dann merkte diese wunderbare Tochter von der Familie, wo meine Schwester war, dass ich wohl doch die höhere Schulprüfung machen wollte und müsste. Dafür war das nicht gut, dass ich dablieb, in der Familie. Da haben sie mir ne andere Familie gefunden. Sie hat dafür bezahlt, dass ich noch zwei weitere Jahre in der Schule bleiben konnte. Ich musste mindestens ein Jahr überspringen, damit ich nicht zu lange in der Schule blieb, hab's auch gemacht, so dass ich die Prüfung für die höhere Schule gemacht hab.

ET: Wo war diese andere Familie?

MR: Die war in der Nähe von Petersfield, wo die höhere Schule war. Hampshire.

ET: Das heißt, Sie haben in kurzer Zeit viele verschiedene Familien kennengelernt.

MR: Ja, lauter Familien. Und nicht immer Familien, sondern eben auch Einzelpersonen, wo es nicht immer so sehr schön war.

ET: Warum war das nicht so schön?

MR: Ach, die eine war furchtbar streng, *a spinster*. Da fühlte ich mich gar nicht wohl. Aber sie bemühte sich, mir ein bisschen mehr Englisch beizubringen.

Margarete von Rabenau

Es war eine eng zusammenhaltende jüdische Gemeinde.

ET: Können Sie mir etwas über diese Jahre in Liverpool erzählen?

MB: Ich kam zu dem Haus, in dem ich bleiben würde. Dann fuhr meine Schwester zu dem anderen Haus. Ich erinnere mich dunkel daran, wie wir ankamen, es war ein großes, altes, ziemlich feuchtes Haus. Ich denke, es hatte drei Etagen, ein großes Haus, aber nicht sehr modern. Die Leute, bei denen ich war, waren nicht sehr wohlhabend. Sie kamen zurecht, es war kein luxuriöses Haus, wo ich hinkam.

ET: War es eine jüdische Familie?

MB: Sehr jüdisch, sehr orthodoxe russische Immigranten, die vierzig oder fünfzig Jahre vorher eingewandert waren.

ET: Also wurden Sie von ihnen religiöser erzogen als von Ihren Eltern?

MB: Ganz genau. Sie waren beide sehr religiös, besonders die Frau. Ich glaube, sie gingen jede Woche in die Synagoge und an den jüdischen

Feiertagen. Sie schickten mich in die jüdische Schule, um alle jüdischen Traditionen zu befolgen. [...] Er hieß Jacob, war Schneider, aber als ich nach Liverpool kam, hatte er einen Laden in einem ausgesprochenen Arbeiterviertel in Liverpool. Man könnte es fast einen Slum nennen. Es ist bekannt für sein sehr niedriges Niveau. Es heißt Scotland Road. Und er hatte nicht viel Erfolg. Aber weil es nur wenige Schneider während des Kriegs gab, verdiente er, weil er Anzüge machte. Nach dem Krieg fing er bescheiden an, Immobilien zu kaufen. Er fing an mit Häusern, die Instand gehalten werden mussten. Keine großen Häuser, Häuser von Arbeitern, und er vermietete ein paar, andere verkaufte er und hörte auf, als Schneider zu arbeiten. Er hatte sein Auskommen, aber war nicht wohlhabend. Seine Frau war ungefähr zur selben Zeit auch aus Russland gekommen und sie haben sehr jung geheiratet. Ich glaube, in Leeds, als sie jünger war, machte sie Strümpfe. Aber später half sie ihm. Sie war eine sehr gute Hausfrau, kümmerte sich um das Haus und unterstützte ihn. Während des Kriegs hat sie ihm beim Schneidern geholfen, aber danach nicht mehr. Sie war nicht gebildet, aber sie hatte einen ausgeprägten gesunden Menschenverstand, hatte einfach keine Gelegenheit gehabt, eine Bildung zu bekommen. Und ich glaube ihr Sohn, David, der später Philosophieprofessor wurde, hat es von ihr geerbt. Der Vater war nicht besonders hell, er war okay. Ich war nicht sehr eng mit ihm verbunden. Aber sie war wirklich sehr fürsorglich. Sie hatten nicht viele nichtjüdische Freunde. Es war eine ziemlich enge jüdische Gemeinschaft, in der man lebte. Sie hieß Sarah und war eine sehr nette Frau. Ich habe sie sehr gern. Sie behandelte mich wie einen Sohn. Und ich denke, dass mein Verhalten dadurch beeinflusst wurde, denn obwohl ich nichtjüdische Freundinnen hatte, fühlte ich mich nie so sicher, sie zu heiraten. Ich hatte das Gefühl, ich würde sie auf gewisse Weise enttäuschen.

Michael Brown

Ich kannte ihn nicht und er kannte mich nicht, aber er kam sofort auf mich zu.

Meine ältere Schwester hatte eine Freundin, die schon früher nach England gegangen war und die einen Engländer geheiratet hatte. Und der holte mich vom Bahnhof ab. Ich kannte ihn nicht und er kannte mich nicht, aber er kam sofort auf mich zu und sagte: „Bist du Fritz?“ Ich bejahte das und fragte ihn, wie er mich erkannt hatte. Er antwortete, da wären nicht sehr viele Leute mit einem Cello unter dem Arm aus dem Zug ausgestiegen, daran hätte er mich sofort erkannt. Bei denen war ich für mehrere Tage und dann ging

Fritz Lustig (Zweiter von rechts)

ich zuerst zu meinen englischen Freunden in Letchworth, blieb dort ein paar Tage. Und dann bekam ich Nachricht von Cambridge, wo ich einen Onkel und eine Tante hatte. Mein Onkel war Wissenschaftler und er war an einem College in Cambridge und bei denen wohnte ich zuerst in Cambridge. Die hatten durch das *Cambridge Refugee Committee* arrangiert, dass ich bei dieser kleinen Baufirma als Lehrling angenommen wurde.

Fritz Lustig

Ich hab mich sehr wohl mit den Tieren gefühlt.

ET: Die ersten Eindrücke von dir, als du angekommen bist.

RB: Ich hab gedacht, dass es ein Familienausflug ist. Bestimmt sind wir zu Besuch mit unserer Mutter und dies war eine sehr langweilige Reise. Ich erinnere mich, dass ich immer fragte, sind wir schon da? Sind wir bald da? Es war vielleicht wie Freunde besuchen in Berlin. Aber ganz anders.

ET: Doch dann war die Mutter auf einmal weg.

RB: Ja, dann ging's los. [...] Es war eine sehr strenge Familie. Wir sahen den Pfarrer sehr selten. Wir aßen nicht mit dem Pfarrer und der Frau. Wir aßen mit den Dienstleuten in einem anderen Zimmer. Ich hab den Pfarrer ganz lieb gehabt. Er war ein sehr sanfter, anständiger, alter Herr. Er hat uns zum Spazieren mitgenommen und er hat uns die Namen von Pflanzen und Bäumen und alles gelehrt. Ich fühlte mich immer sicher mit ihm. Aber die Frau Pfarrer hatte auch eine Freundin, die da wohnte. Die beiden waren wie ein Paar Hexen. Sie waren so streng und ich konnte nie verstehen, warum ich so und so tun musste oder nicht tun musste. […] Ich sag immer, wenn ich meine Geschichte erzähle: es war, als ob jemand der ganzen Welt den Teppich weggerissen hat. Ich war plötzlich in einer ganz neuen fremden Welt, die hat keine Bedeutung, gar keinen Sinn.

ET: Also das Gefühl, kein zu Hause zu haben.

RB: Genau.

ET: In deinem Buch schreibst du, dass du irgendwann fragst: Wann kommt die Mutter und später sagst du, deine Mutter ist tot. Kannst du dich noch erinnern, wann das war und warum?

RB: Warum kann ich dir sagen. Weil es unerträglich war, zu denken, dass meine Mutter mit anderen Leuten lebt und nicht mit mir. Aber wenn sie tot ist, kann sie nicht mit anderen leben.

ET: Weißt du ungefähr, wie alt du warst, als du das gesagt hast?

RB: Nicht richtig. Ich nehme an, als wir zur Schule, der Friends School, *Quaker school* gingen. Andere Kinder haben mich gefragt: „Warum kommt deine Mutter nicht?“, wenn die anderen Eltern kamen. Und ich hab gesagt: „Mein Vater ist in Shanghai und meine Mutter ist tot.“ […]

ET: Diese Zeit in der Friends School beschreibst du als eine sehr schöne Zeit.

RB: Sehr schön. Erstens konnte ich prima Englisch. Zweitens haben die Lehrer und die Kinder alles erklärt. Es war zu dem Punkt eine Welt die Bedeutung hat, es war nicht mehr Chaos. […] Nachdem mein Bruder krank war, kamen wir zu einer zweiten Familie, und das war eine wunderbare Familie.

ET: Weißt du, wie es dazu kam, dass diese zweite Familie Euch gefunden hat?

RB: Da war ein *Refugee Committee* in London. Die waren hauptverantwortlich.

ET: Die Frau kam und hat euch beide mitgenommen?

RB: Ja, aber sie hat uns nicht gezwungen. Sie hat mit uns geplaudert und hat gefragt, ob wir kommen wollen. Ich erinnere mich, sie hat zu mir gesagt, dass sie fünf Kinder zu Hause hat und die haben Kaninchen und einen Hund und einen Garten. Und hat es so schön erzählt, da konnte ich nicht nein sagen […]. Die zweite Familie waren Kriegsdienstverweigerer, deswegen musste er auf einem Bauernhof arbeiten.

ET: Ihr wart dann zum ersten Mal wieder in einer Familie mit anderen Kindern zusammen.

RB: Ja. Das war viel leichter. Ich nehme an, ein Kind will immer, was die anderen Kinder machen.

Ruth Barnett

Wen zum Teufel haben sie hierher geschickt.

JR: Ich kam in Putney an, in einem Kinderheim, das von den Sainsburys geleitet wurde. Der Besitzer des Supermarkts war Alan Sainsbury, er wurde später Lord Sainsbury. Und er nahm zweiundzwanzig Kinder in einem Haus auf und sorgte für uns, was allerdings nicht lange dauerte, denn sobald der Krieg ausbrach, wurden wir evakuiert.

ET: Wohin kamen Sie?

JR: Nach Reading. Man setzte dich in einen Zug und du wusstest nicht, wo du hinfuhrst, hattest ein kleines Schild um den Hals. Dann hielten sie irgendwo und dann würden Leute kommen und die einen würden diesen Jungen abholen und die anderen das Mädchen, aber du wusstest nicht, wo du landen würdest. Eine ganze Reihe von Kindern kam nach Reading. Ich erinnere mich an die Schule, in die ich ging. Der Direktor lebte in Reading, kam mit den Kindern und wir gingen alle zusammen zur Schule. [...]

ET: Können Sie mir etwas über die Familie, die Sie aufnahm, erzählen?

JR: Ja, das kann ich Ihnen genau erzählen. Es war ein kleines zweigeschossiges Haus. Sie hatten ein Badezimmer, das niemand benutzte. Sie hatten ein Wohnzimmer, das vornehme Zimmer, das niemand benutzte, außer wenn die Tochter ihren Freund zu Besuch hatte. Sie durfte dort sein, aber die Tür musste aufstehen. Der Vater war Parkwächter. Sie hatten einen prächtigen Park mit Blumen und allem möglichen überall. Er war der Chef-Wächter und der Sohn arbeitete auch dort. Er war Lokomotivführer.

ET: Die Kinder waren also älter als Sie?

JR: Oh, viel älter. Sie müssen in ihren frühen 20ern gewesen sein.

ET: Und es war eine jüdische Familie?

JR: Nein.

ET: Eine christliche Familie?

JR: Nehme ich an. Aber wir haben uns nie sehr gut darüber verständigt. Ich glaube, sie müssen gedacht haben, wen zum Teufel haben sie hierhergeschickt, jemanden, der einen ausländischen Akzent hat, der nichts über gar nichts weiß. Das passte nicht gut zusammen.

ET: Sie mochten es nicht dort.

JR: Weder noch. Ich versuchte, das Beste daraus zu machen.

John Ruppin

Tante und Onkel lasen viele Psychologiebücher.

ET: Sie und Ihr Bruder waren nicht zusammen in derselben Familie. Konnten Sie sich denn sehen?
ES: Anfangs wurde dafür gesorgt, dass wir uns jeden Tag sahen, aber dann wurde es langsam weniger.
ET: Ich nehme an, dass Ihr Bruder Sie sehr vermisste und Sie Ihren Bruder.
ES: Ja. Anfangs ja. Aber die Bedfords hatten ein Baby und ich mochte es sehr gern. Und die Rothwells hatten keine Kinder und behandelten meinen Bruder, als wäre er ihr Kind.
ET: Also ging mit diesen zwei Familien alles gut.
ES: Ja, ja.
ET: Wo wohnten Sie mit den Bedfords?
ES: In Marple, Cheshire, das ist südlich von Manchester.
ET: Und als Ihr Vater und Ihre Mutter kamen, kamen sie zu Ihnen?
ES: Zuerst kam mein Vater und wohnte bei den Bedfords, dann wurde er interniert. Danach kam meine Mutter. Sie kam erst nach Beginn des Kriegs und bekam eine Arbeit als Dienstmädchen.
ET: Sie wohnten nicht bei Ihren Eltern?
ES: Nein, ich wohnte nicht bei ihnen, bis ich elf war. […]
ET: Würden Sie Ihre Kindheit als glücklich beschreiben?
ES: Ja, ich wurde immer geliebt.
ET: Und Sie hatten keinen Schock bei Ihrer Ankunft in England?
ES: Nein, nein. Tante und Onkel lasen viele Psychologiebücher. Onkel war ein ziemlich strenger Lehrer. Er ließ mich jeden Abend zehn Wörter buchstabieren. Und ich glaube nicht, dass es eine Nacht gab, in der ich nicht weinend ins Bett ging. Aber abgesehen davon war es eine glückliche Kindheit. Alles geschah mit den besten Absichten.

Eva Shrewsbury

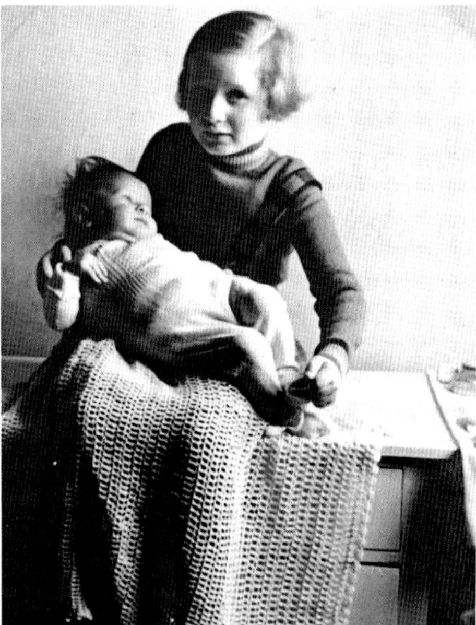

Wir hatten eins gemeinsam: wir sprachen Deutsch und wir konnten kein Englisch.

Die Kinder, die aus Deutschland, Österreich und der Tschechoslowakei kamen, wurden zum großen Teil von dem *Jewish* Refugee *Fund* aufgenommen. Wir waren dagegen unter der Schirmherrschaft von dem sogenannten *Polish Jew Refugee Fund*. Die hatten fast keine Ahnung, wie man Jugendliche behandelt. Dazu kam noch das Problem, dass, als der Kindertransport eingeführt wurde im Parlament, die englische Regierung sagte, sie komme für nichts auf, kein Groschen, und legten fest, dass für jedes Kind 50 Pfund hinterlegt werden müssen. Zum großen Teil waren die Juden, die sich der polnischen Kinder annahmen, nicht in der Lage, 50 Pfund zu finden. Gut, wir wurden, ich benutze das Wort in Anführungsstrichen, „garantiert" von Cousins meines Vaters, die in England wohnten, die kannte ich nicht. Mein Bruder wurde aufgenommen von einer Familie, die zwei Kinder hatte, und gut behandelt. Meine Garantoren waren zwei Damen, die sahen bei der Ankunft, das ist ein Vierzehnjähriger, wo soll der wohnen, wie passt der rein zu uns, und hatten ihre Garantie zurückgezogen. Da waren zehn andere in der gleichen Situation. Das polnische Jüdische Refugee Komitee wusste nicht, wohin damit. Wir kamen vom Schiff runter und wurden mit einem Bus in ein Restaurant in die Bricklane, in Ostlondon hingefahren, wo wir unsere Garantoren treffen sollten. Da standen wir herum und wurden dann in ein Gebäude gebracht, das hieß *The Jewish Tempory Shelter* [Vorläufige Jüdische Herberge], das von der großen Jüdischen Gemeinde mehr oder weniger unterhalten wurde im Osten Londons. Wir warteten zehn Tage. Niemand wusste, wohin mit uns: neun Jungen, einige stammten aus Berlin, andere kamen aus Hannover, andere kamen aus Breslau. Aber wir hatten eins gemeinsam: wir sprachen Deutsch und wir konnten kein Englisch.

Herbert Haberberg

Hostels

Ein wunderbares Geschenk: eine Ohrfeige.

BK: Von Southampton kam ich in ein Hostel in Margate an der Küste. Das war ein Hostel von ungefähr 50 Kindern. Ein jüdisches Hostel, nicht so fromm, aber jüdisch. […] Es war ganz fremd für mich. Ich habe nie mit anderen Kindern gewohnt. Als einziger Sohn in einer Familie mit vier Hunden und Katzen bin ich plötzlich mit 50 Jungen, ich war der Jüngste, hab Englisch gelernt, englische Manieren. Man schläft nicht allein, schläft mit anderen Kindern und im Bad; alles muss man selbst nachsehen, die Kleider und so weiter, zu Hause war Mutter da. Freunde waren ein paar da, die mit mir auf dem Schiff waren. Zum Beispiel waren da zwei Brüder, Verwandte von meiner Mutters Seite, die waren mit mir im Hostel.

ET: Haben Sie mit denen noch Deutsch gesprochen?

BK: Im Hostel vielleicht, vielleicht habe ich auch Englisch versucht. Ich erinnere mich an *Prime Minister* Chamberlain, als er den Krieg erklärt hat. Ob ich das alles verstanden habe, weiß ich nicht, aber ich wusste, jetzt sind England und Deutschland im Krieg gegeneinander. Da war auch eine andere Sache. Ich hatte Briefe von den Eltern. Ein älterer Junge hat mir gesagt: „Du kannst die nicht behalten, vielleicht kommen die Deutschen und was denkst du, was die Deutschen tun.“ Da habe ich alle zerstört. Aber so geht es, so ist das Leben, das kann man nicht ändern.

ET: Können Sie sich noch an die Lehrer in dem Hostel erinnern?

BK: Der erste, den ich getroffen habe, war ein Verwandter von meinen Verwandten und er war schrecklich streng. Ich hab ihn später wieder getroffen, da war er ganz anders. Dann ein Herr Grossmann; dann ist ein Herr Berg gekommen, der war viel besser. Im Hostel hab ich dann Englisch gelernt und englische Sachen gespielt, wie zum Beispiel ein sehr englisches Spiel, das heißt *Hopscotch*. Da gibt's zehn *squares*, und da muss man reinspringen und nicht auf die Grenze springen und so weiter. Ist ein englisches Spiel, wie weit es noch gespielt wird, weiß ich nicht. Da kommt noch etwas anderes: In England gab es Zigarettenbilder, zwei kleine Karten, so groß, mit Bildern von Schiffsbau, Spielen oder Schiffen oder irgendwas, die haben wir gesammelt, auch Briefmarken und so weiter. Ich bin zum ersten Mal zum Kino gegangen, in Deutschland konnte man nicht ins Kino. Ein amerikanischer Film, den ich gesehen habe, das war ein Kinderfilm. Dann im Oktober 1939 hab ich wieder Schule angefangen, langsam angefangen, wie jetzt Kinder von Migranten, ja, müssen dasselbe machen. […]

Im Krieg musste die Küste evakuiert werden, also wir auch. Die Schule, wo ich war, kam in die Nähe von Birmingham, 30 km weg. Ich hab in einem Dorf gewohnt mit einer Familie. Acht jüdische Kinder waren dort, zwei von uns mit den Pflegeeltern. Wunderbare Familie, ältere Familie, keine Kinder, da waren wir zwei dort, in einem kleinen Haus, ohne Elektrizität, kein Badezimmer, die Toilette war draußen. Sie haben mit Gas gekocht. Aber es war schön, auch ein neues Abenteuer, ich hab nie auf dem Dorf gewohnt, es war sehr nett. Meine dritte Schule, eine kleine Schule diesmal, nur drei Klassen mit einem *principal*, der mit einem Stock rumgegangen ist, und wenn es nicht richtig war, schlug er auf den Rücken. Wir mussten den Bleistift oder die Feder so halten und nichts anders. Das jüdische Leben dort war nicht so gut, denn wir waren neun oder zehn Jahre alt. Wir haben getan, was wir konnten tun. Am Samstag ist jemand von Birmingham gekommen und hat die Kinder von der ganzen Gegend zusammengebracht und hat mit uns gelernt, gesprochen, gebetet und so weiter. Es war sehr schön, ich hab das erste Mal Hühner gesehen und die kleinen Küken gehalten. Wir hatten mindestens zwei Stück im Garten. Die waren wunderbar. Und obwohl ich orthodox war, haben wir alles gegessen. Wir konnten nichts anderes tun, weil es nicht koscher war. Dann kommt ein drittes Abenteuer: Vielleicht hat meine Schwester mit Verwandten gesprochen hier in England, plötzlich war die Neuigkeit gekommen, ich muss wieder weiter in ein anderes Hostel. Dieses Mal war es ein frommes, jüdisches Hostel, in der Gegend von Buckinghamshire, auch ein kleines Dorf, das heißt The Hale. Dort bin ich in meine vierte Schule gegangen. Die zwei Lehrer waren wunderbar, im Speziellen der Herr Bär, der war der Oberlehrer, seine Frau von Frankfurt, ein richtiger Jecke, 120 Prozent ein Jecke, ein sehr netter Mann, streng, aber immer richtig. Ich erinnere mich, da war eine Kirche. Hier war das Haus und da war die Kirche am nächsten Platz, da konnte man zum Friedhof und bis ins Hostel gehen, das war nicht erlaubt, aber wir haben es versucht und sind gegangen. Bin ich mal durchgegangen und hab meine Kippa verloren, bin zum Hostel zurückgegangen. Herr Bär hat sie in seiner Hand: „Wo warst du?“ Warum ich mich daran erinnere? Das war an meinem Geburtstag. Ein wunderbares Geschenk: eine Ohrfeige. Aber es war sehr schön und auch der neue Lehrer war auch ein Jecke von Hamburg, glaube ich. Der hat nicht im Hostel gewohnt. Da war kein Platz mehr, hat in der Gegend gewohnt und wir haben mit ihm gelernt, jeden Tag, wunderbar. Er hatte auch seine eigene Medizin, denn, wenn wir nicht zugehört haben und an was anderes gedacht haben, war seine Medizin auch eine Ohrfeige. Aber es machte gar nichts aus. […] Muss immer dran denken, dass der Herr Bär mit uns gespielt hat, vielleicht ein bisschen Fußball, auch das englische

Spiel Cricket. [...] Da war ich von 1942 bis 1945, bis zum Ende des Kriegs. Und dann am Ende vom Krieg mussten sie das Gebäude verlassen, denn es wurde schon jemandem anderen versprochen. Sind wir nach London gekommen in ein neues Hostel, in Nord-London [...] Da war ich in einem orthodoxen Hostel bis 1947. Gegen Ende kamen drei oder vier Mädels, denn das Komitee hat auch für einzelne Mädels geöffnet. Die *grammar school*, das Gymnasium, das ich besuchte, war wunderbar, obwohl es Krieg war und die Lehrer sind nicht da, aber eine sehr gute Schule, habe ich viel gelernt, konnte ich entweder Deutsch oder Griechisch lernen, natürlich habe ich Deutsch genommen, obwohl Griechisch hätte mir geholfen später im Leben, aber wer weiß das. Nach dem Krieg war es, ich glaube 1947, war Neujahrsfest, Rosch Haschana, da bin ich zum Beten gegangen zu einem Privathaus, wo jemand krank war. Am zweiten Tag ist ein Freund vom Hostel zu mir gekommen und hat gesagt, man hat gefragt, ob er etwas von Bernd Koschland weiß; sagt er: „Ja, ich kenne ihn, er wohnt mit mir im Hostel." Diese Frau und ihr Mann haben vielleicht 500 m von hier gewohnt und da bin ich zu ihnen gegangen. Denn die Frau, Tante Finny, war meine Kindergärtnerin in Deutschland und auch von Henry Kissinger. Sie ist vor dem Krieg hierhergekommen, hat hier geheiratet. Ich wusste gar nicht, wo sie war. Aber als mir der Freund gesagt hat, dass sie nicht weit wohnt, bin ich am nächsten Tag zu ihnen gegangen. Beide waren wie Vater und Mutter zu mir.

ET: Sie haben dann wieder eine richtige Familie gehabt?

BK: Ja, es war wunderbar da zu wohnen, denn ich war wie ihr Kind und die waren auch mit uns verwandt. Hab ich da gewohnt bis 1953, es war wie mein Zuhaus, hatte mein eigenes Zimmer und die haben mir geholfen.

Bernd Koschland

Es war ein großes Haus und jeder hatte ein Zimmer.

ET: Sie sagten, die ganze Familie kam in dieses Quäker-Haus in Marple, Cheshire, und dort sind Sie zur Schule gegangen.

ES: Ja. Dort wurde mein Bruder geboren.

ET: Hatte das einen besonderen Grund, weshalb Sie in dieses Quäker-Haus kamen? Hatten die Eltern sich dafür entschieden?

ES: Ich glaube, sie wussten nicht, wo sie hingehen können. Die Quäker waren nicht in dem Heim. Sie haben es nur finanziert, ich glaube nicht mal, dass sie es geleitet haben. Da waren nicht nur Tschechen, da waren auch Deutsche, vielleicht auch andere Nationalitäten. Es war ein großes Haus und jeder hatte ein Zimmer. Das Esszimmer war für alle und Wohnzimmer wahrscheinlich war auch für alle. Aber man hatte ein Schlafzimmer und das war's.

Eve Slatner

Wer will einen fünfzehnjährigen Burschen?

Als wir hierhergekommen sind, sind am Wochenende junge Ehepaare gekommen, auch noch ältere, und haben sich Kinder ausgesucht. Hoch im Kurs standen die sechs-, siebenjährigen Mädel, reizend. Wer will einen fünfzehnjährigen Burschen? Er ist kein Kind und kein Erwachsener. Ich glaube, im Februar oder März 1939 wurde jemand von Nordirland geschickt und die haben drei Fünfzehnjährige für die jüdische Gemeinde in Belfast aufgenommen. Die hat ein Heim gehabt, sie hatten eine Farm, ich glaub, gemietet. Auf der Farm war ich drei Jahre lang und habe dort fleißig gearbeitet. Wir waren nicht unglücklich, wir waren nicht glücklich. Ich habe nachher Leute getroffen, mit denen hatte ich im selben Schlafraum geschlafen. Wir haben alles zusammen gemacht, ganz eng, aber wir haben eigentlich nichts voneinander gewusst. Man hat nicht drüber gesprochen. Nachher haben wir darüber gesprochen.

Walter Kammerling

Willst du in meine Schule kommen?

Bunce Court wurde von einer Frau geleitet, die hieß Anna Essinger. Sie hatte in Deutschland, in Herrlingen, ein jüdisches Internat gehabt, das sie 1933 nach England gebracht hatte. Sie fand, dass sie jüdische Kinder nicht in der Nazizeit erziehen konnte. An dem Tag, als ihr gesagt worden war, dass sie ein Hakenkreuz vorne am Gebäude anbringen musste, hat sie gedacht: „Das geht nicht. Ich bringe die Schüler nach England." Die meisten Schüler sind mitgekommen, viele von den Lehrern. Das hat sie sehr klug gemacht, sie haben sich aufgeteilt in verschiedene Richtungen, haben sich getroffen und sind zusammen rübergefahren und haben die Schule nach Kent verpflanzt. Das war ein ganz altes großes Haus mit großem Gelände. Sie hat, als die Kindertransporte anfingen, ungefähr vierzig bis fünfzig Kinder angenommen und die Schule ganz schnell vergrößert. Ich war einer von denen. Das war ein großes Glück für mich. Ich glaube, es war ein Zufall. Sie hatte einige von den großen Jungen und Mädchen in dieses Camp in Dovercourt geschickt, um zu helfen. Ich habe mit Armin, einem Jungen, der einige Jahre älter war als ich, Pingpong gespielt. Er hat über die Schule erzählt und gesagt: „Da würdest du vielleicht gerne hingehen." „Ja, wahrscheinlich würde ich es sehr gerne tun." Eines Tages bin ich durch eine Tür gegen den großen Bauch einer Frau gelaufen, einer sehr großen und beinahe blinden Frau. Das war die Anna Essinger und die hat mich so am Kinn hochgenommen und hat gesagt: „*Who are you?* Wer bist du?" Ich habe gesagt: „Ich bin Baruch." „Willst du in meine Schule kommen?" „Ja." Zwei, drei Wochen später war ich in der Schule.

Leslie Baruch Brent

Kinder, die barfuß gingen in schrecklichen Kleidern.

ET: Sie kamen also von diesen beiden Damen direkt in die Schule in Tynemouth.

RD: Ein jüdisches Komitee hat sich gekümmert. Das waren keine wohlhabenden Leute, das waren einfach Leute, die etwas Gutes tun wollten und es war ein wunderbares Komitee. Die waren so lieb zu uns und wir haben Kleider bekommen, meistens Kleider von anderen Leuten. Wir haben sehr gut gegessen, denn die Frau, die das Haus geleitet hat, war eine Flüchtlingsfrau aus Wien, hatte die beste Kochschule in Wien und hat wunderbar gekocht. Sie konnte aus Brennnesseln Suppen machen [...]

ET: Wie war es dort für Sie? Sie kamen mit vielen Kindern zusammen.

RD: Ja, wir verstanden uns ganz gut. Ich war die einzige, die vom Land kam. Die anderen kamen aus Städten oder Österreich, deshalb lachten sie über meinen deutschen Dialekt.

ET: Sie sprachen Deutsch mit den anderen?

RD: Ja, natürlich. Das war die Zeit, wo es uns verboten war, Französisch zu sprechen, also flüsterten wir auf Deutsch. Nur gewöhnliche Leute flüstern. Aber wir hatten keine Sprache, und wenn Kinder zusammen sind ... Wir sind in Tynemouth sofort in die Volksschule gegangen.

Jeden Tag musste man üben, in die Luftschutzkeller zu gehen, die haben Bomben erwartet, das war ja ein Seehafen. In der Schule waren auch die Kinder vom Ort, nette, liebe Kinder, die waren so freundlich mit uns, obwohl wir Deutsche waren. Der Krieg hat ja sofort angefangen. Das war eine ganz gewöhnliche Schule, manche sehr arme Kinder. In Deutschland hatte ich noch nie Kinder in einer Schule gesehen, die barfuß gingen in schrecklichen Kleidern. Wir waren alle *enemy aliens*, aber die Tschechen waren *friendly aliens*. Während des Kriegs gab's ganz strenge Gebote, die *enemy aliens* durften nicht mehr als *five miles* von der Stadt sein ohne Erlaubnis. Durften nicht reisen ohne Erlaubnis, durften kein Fahrrad fahren ohne Erlaubnis. Ich bin dann später Fahrrad gefahren zur Schule und hatte dann die Erlaubnis dafür. Durften keinen Atlas haben. [...] Später in Windermere wollte die *headmistress*, dass ich weiter zur Schule gehe. Es gab nur zwei *grammar schools*, eine in Ambleside und eine in Kendal. Die *headmistress* hat mich zu beiden gebracht und die haben gesagt: „Wir können keine Ausnahme für ein deutsches Mädchen machen." Also konnte ich nicht dorthin. Dann brachte sie mich in eine Privatschule, ca. fünf Meilen außerhalb von Windermere, die mich anschauten, ich war fast vierzehn, hatte keinen Unterricht in Französisch, Literatur, Mathematik und Naturwissenschaften gehabt. Ja, sie würden mich nehmen, wenn jemand die Kosten übernehmen würde. Die Gebühr betrug zehn Schilling pro Semester, was selbst damals nicht sehr viel war. Aber ich hatte das Geld nicht und meine Tante auch nicht. Aber die Direktorin fand eine wunderbare reiche ältere Dame, die mich nicht kannte und die 31 Pfund und 10 Schilling jedes Jahr bezahlte. Ich war im Himmel. Das war wundervoll. Ich habe sehr schnell aufgeholt und liebte es zu lernen. Aber ich hatte Probleme im Hostel, denn ich konnte nicht mehr helfen, weil ich den ganzen Tag fort war. „Entweder verlässt du die Schule oder das Hostel." Zu dem Zeitpunkt war ich alt genug zu gehen. Das Problem war, dass wir eigentlich im Hostel bis zum Ende des Kriegs bleiben sollten, um dann zu unseren Verwandten zu gehen, aber wir keine Verwandten hatten. Deshalb wurde das Hostel von dem Komitee in Newcastle weitergeführt, die sich länger als vorgesehen um uns kümmerten. Sie waren sehr großzügig. Als die Schule hörte, dass ich ausgeschlossen werden sollte, boten sie an, mich aufzunehmen. Sie hatten schon ein deutsches Kind aufgenommen, ich glaube, es war nicht jüdisch, die Mutter war Kommunistin, wurde nach Ravensbrück geschickt und starb. Und der Vater war ein Nazi und wollte mit seiner Tochter nichts mehr zu tun haben.

Ruth L. David

Wir waren zehn Revolutionäre.

Wir waren anfangs in diesem Shelter für zehn Tage und dann kamen die jüdischen Feiertage und wir wurden in ein Kinderheim im Norden Londons untergebracht, ein Mädchenheim, aber die Mädchen waren evakuiert. Die Leute, die das führten, waren sehr, sehr nett. Dann wurde uns klargemacht, dass man uns auf eine Farm außerhalb Londons untergebracht hätte, wo wir arbeiten mussten. Wir wohnten in einem wunderschönen Haus, das natürlich gewisse Probleme hatte, und fingen an zu arbeiten: Äpfel pflücken. Kriegten aber keine Kleidung. Wir arbeiteten sechs Monate in der Kleidung, in der wir ankamen. Nachdem die Äpfel gepflückt waren, mussten wir Kartoffeln sammeln, immer in derselben Kleidung. Es war November, regnerisch. Der Boden war aus Lehm und die Schuhe waren nicht besonders. In dem Haus, in dem wir wohnten, da war so ne Art Teich, und dieser Teich nahm den Abfluss des Hauses mit und hatte ein Ungeziefer-Problem, das in das Haus eindrang, und auf einmal war unser ganzes Essen weg. Wir waren zehn Revolutionäre. Wir waren alle aufgebracht oder erzogen worden mit sozialistischen, ideologischen Ideen, in einem zionistischen System. Das erste, was wir taten, nach vier Wochen, wir gingen fünf oder sechs Wochen auf Streik, um Taschengeld zu bekommen, das dann auch kam. Nach ein paar Wochen wieder mal Streik. Wir hatten die Nase voll, weil wir keine Kleidung hatten. Wir arbeiteten auf einem Gebiet, das gehörte dem sogenannten *Corporative Movement*, die hatten die Nase voll und dann kündigten sie die Vereinbarung. Ich wurde dann im April 1940 nach Ely in Cambridge geschickt, wo die sogenannte Jewish Freeschool evakuiert war. Da kam ich an, ich sprach kein Wort Englisch. Vier Lehrer waren von der alten Schule in London und einer sprach Jiddisch, Deutsch. In der Zwischenzeit hatte ich Jiddisch gelernt. Einer von den Leuten, die zu uns kamen, war nämlich ein Medizinstudent aus Warschau. Die Eltern konnten kein Geld mehr schicken, also hatte der das Studium aufgeben. [...] Da sagte mir einer der Lehrer: „Was willst du lernen?“ Ich: „Englisch.“ Guckte der mich blöd an und sagte: „Da hab ich nur einen Rat für dich, du musst Biggles Bücher lesen.“ Biggles ist ein englischer Luftwaffenoffizier des Ersten Weltkriegs mit seinem Abenteuer. Das Englisch ist sehr leicht zu lesen. Nach drei Monaten konnte ich mich verständigen, nach sechs Monaten sprach ich es mehr oder weniger.

Das Kinderheim, in dem wir wohnten in Ely, war unter Veranlassung von Frau Nose eingeführt worden; Frau Nose war die Frau des Vikars von Ely, eine wunderbare Person. Es war ein komisches Ding. Die Jewish Freeschool wurde nach Ely verlegt und die Kinder, die da ankamen, ungefähr fünfzig Kinder, die auch vom Kindertransport rüberkamen, waren äußerst religiös. Sie wurden dann verteilt auf verschiedene Familien und eine Familie nahm drei Kinder, acht, sechs oder vier, die aus Bratislava stammten und von einem alten, religiösen Elternhaus kamen. Der Vater hatte zu dem ältesten Sohn beim Abschied gesagt: „Du musst dafür sorgen, dass du auf deine zwei Brüder aufpasst." Sie wurden an diese Frau übergeben; die gingen dann zurück und wollten nicht essen. Nach ein paar Stunden hatte die Frau Sorgen und rief Mrs Nose an; sie kam zusammen mit dem *principal* der Jewish Freeschool, Dr. Bernstein. Er sprach auch kein Deutsch, ein bisschen Jiddisch, gut, man verständigte sich, und die Kinder wollten nichts essen, weil es ja nicht koscher war. Nach einigen Stunden beeinflusste man die Kinder, dass sie wenigstens ein Stückchen Brot essen würden und Tee ohne Milch trinken und nach einiger Zeit ein bisschen Butter drauf legten usw. Mrs Nose hatte dann die Idee, dass man ein Kinderheim aufmachen sollte. Sie ging zu den Behörden in Ely, und da war ein Gebäude auf der Hauptstraße, die zur Kathedrale führt. Ein großes Haus mit einem riesengroßen Garten, einer Scheune und was noch alles, da wurden 40 Kinder untergebracht. Als ich ankam, wurde auch ich dort untergebracht. Wurde sehr religiös geführt von einem Manager, der aus Stettin kam, der als Kantor und Überwacher von Fleischwaren diente. Aber ich konnte mich nicht mehr anpassen. Ich hatte meine Religion gewissermaßen aufgegeben, nachdem auf uns wirklich niemand aufgepasst hatte.

Herbert Haberberg

Schule in Großbritannien

In der Schule waren die Kinder sehr freundlich.

GT: Auf der Schule in England sollten wir in einer Hausarbeit ein Stück Prosa auswendig lernen und in der Klasse vortragen. Das Stück Prosa, das ich gewählt hatte, war die bekannte Rede von Abraham Lincoln. Es war 1942/43 und das hatte eine Resonanz in der Kriegszeit in England, aber ohne die amerikanische Schule in Berlin würde ich nie davon gehört haben. [...]

ET: Hatten Sie den Eindruck, Sie sollten lieber nicht sagen, dass Sie aus Deutschland kommen?

GT: Nein, in der Schule würden die Kinder gewusst haben, dass ich aus Deutschland kam. Als ich hier in England eingeschult wurde, hatten wir Bedenken, denn zu der Zeit, wo wir nicht in die Schule gehen konnten, sind wir manchmal in Wimbledon in London gewesen, da waren die Kinder der Nachbarschaft nicht sehr freundlich zu uns. Und wir hatten Bedenken, was auf der Schule passieren könnte. In der Schule waren die Kinder aber sehr freundlich. Der Grund dafür muss gewesen sein, dass der Schuldirektor den Kindern gesagt hat, dass diese Kinder nicht die Deutschen waren, die sich nicht sehr gut benehmen.

Günter Treitel

Why are you wearing those funny clothes?

ET: Sie haben dann die Schule besucht, ohne dass irgendjemand wusste, dass Sie eigentlich Deutsch als Muttersprache hatten.

VR: Nein, sie wussten es, weil ich deutsche Kleider hatte. Meine Mutter hatte kein Geld. Aber in Deutschland hatten wir Geld in der Hannoverschen Bank und und wir konnten nur in Hannover kaufen. 1949 zum ersten Mal, da habe ich alle Kleider gekauft. Aber sie waren nicht richtig für England. Und die Kinder haben mir gesagt: „Why are you wearing those funny clothes?“ [Warum trägst du diese komischen Kleider?] Das war sehr schwierig, das zu erklären. Warum ich diese Kleider gekauft hatte, das verstanden sie nicht. In der Schule hatte ich Freunde und Feinde unter den Jungen. Die Feinde, die unangenehmen Jungen, nannten mich Nazi. Das war schlecht. Ich mochte es nicht, Nazi genannt zu werden.

ET: Natürlich. Haben Sie sich gewehrt?

VR: Nein, ich konnte es überhaupt nicht verstehen. Sie wussten, dass ich aus Deutschland kam. Aber warum und wieso und das hatte nichts mit Juden zu tun. Nur weil Krieg war. Ich bin von 1946 bis 1953 zur *grammar school* gegangen. Das war nach dem Krieg.

Vernon Reynolds

Ich glaube nicht, dass ich ein sehr glückliches Kind war.

JR: Ich kam zu einer *grammar school* und ich fuhr jeden Tag fünf Meilen mit dem Fahrrad zur Schule.

ET: Waren Sie in dem Hostel in Oxford mit anderen Flüchtlingskindern?

JR: Flüchtlingskinder aus allen möglichen Ländern, nicht unbedingt aus Deutschland, aber viele waren Deutsche, wir waren insgesamt etwa zehn oder zwölf. Es wurde von einem Tschechen und seiner Frau geführt.

ET: Zu dem Zeitpunkt sprachen Sie immer Englisch. Auch mit den Kindern?

JR: Ja.

ET: Und hatten Sie Deutschunterricht in dieser Schule?

JR: Nein, aber wir hatten Hebräischstunden und ich hasste es. Ich habe nie sehr viel gelernt. Und plötzlich wurde ich rausgeschmissen, ich weiß nicht, was passiert war. Ich bekam Ärger und wurde in ein anderes Heim geschickt. Diesmal in Sussex. Ich glaube nicht, dass ich ein sehr glückliches Kind war. In Sussex ging ich zur East Grinstead Grammar School einen *term* lang. Dann entschieden sie, dass dies Heim nicht in Sussex sein sollte, sondern in Surrey. Deshalb ging ich nach Rygate in die *grammar school*, was jeden Tag 15 Meilen war. Da war ein Typ, der nicht weit entfernt lebte, der einen kleinen Austin hatte. Er ließ mich gewöhnlich auf dem Weg zu seiner Arbeit bei der Bushaltestelle raus. Es war ein nettes Auto, verbrauchte mehr Öl als Benzin. Und ich hab noch mein Fahrrad.

John Ruppin

Niemand kann über mein Leben bestimmen.

Ich war in einem privaten Kindergarten, nicht sehr lange. Habe auch die ganze Zeit geweint. Dann bin ich in eine normale Grundschule gegangen. Mein Bruder wurde im Mai 1940 geboren, da war ich noch in dieser Schule, aber schon im Sommer von 1940 bin ich in ein Internat gegangen, nur für den Sommer, das fand ich schrecklich. Es war ein tschechisches Internat, muss ich sagen, danach kam ich wieder nach Hause. Und dann hat die Frau des tschechischen Präsidenten gesagt: „Wir müssen etwas für die Kinder tun, weil sie nach dem Krieg in die Tschechoslowakei zurückkommen, sie können nicht Tschechisch sprechen, sie wissen nichts über die Tschechoslowakei." Es wurden Schulen eröffnet, eine für die Kleinen, eine in Wales für die Größeren, und ich wurde in diese Schule geschickt. Zuerst habe ich auch ein wahnsinniges Theater gemacht. Also, ich bin ziemlich selbstständig und eigentlich, was ich gelernt habe von der ganzen Kindertransport-Erfahrung, ist: Niemand kann über mein Leben bestimmen, nur ich, und ich werde nie die Leitung meines Lebens irgendjemandem geben. Mir kann niemand sagen: „Tu das nicht" oder so etwas. Ich habe beschlossen: Wenn so etwas wieder passiert, werde ich nie die Kinder wegschicken, auch wenn es ihr Leben rettet. Was immer passiert, passiert uns allen. Natürlich werde ich versuchen, irgendwohin zu fliehen mit den Kindern, aber ich würde nie die Kinder abgeben.

Eve Slatner

Das einzige Problem war Mathematik.

ET: In welche Klasse kamen Sie? In dieselbe wie in Österreich?

FD: In die höchste. Das einzige Problem war Mathematik. Ich habe immer noch ein starkes Gefühl, dass ich da falsch behandelt wurde. Wir mussten teilen. Ich machte den kurzen Weg, wie man das in Deutschland im Kopf ausrechnet, davon abzieht. Und die Lösungen wurden alle als falsch erklärt, obwohl ich die richtige Antwort hatte, weil die hier die lange Division machten, wo man das aufschreibt und dann abzieht, viel länger. Dass man das abkürzen kann, kam nicht im Unterricht.

ET: Abgesehen davon gab es noch andere Unterschiede?

FD: Mit Mädeln in der Schule zu sein, war ein großer Unterschied. Natürlich. Und Rugby. Es war eine Volksschule und doch spielten wir Rugby.

Francis Deutsch

Die Schuluniform war wunderbar.

MR: In die Schule zu gehen, war wunderbar. Ich war auch wieder anders als die anderen Mädchen, aber man war akzeptiert und die waren alle furchtbar freundlich. Also ich ging furchtbar gerne in die Schule. Und es war auch besser als mein zu Hause damals, so dass ich das wirklich sehr geschätzt habe.

ET: Sie mochten auch die Schuluniform?

MR: Oh ja, die Schuluniform war wunderbar. Ich war genau wie die andern. Das war ich sonst nie gewesen. Das war eine große Befreiung. Da war kein Unterschied und das war so wunderbar.

ET: Vorher hatten Sie schon das Gefühl, man sieht, dass Sie anders sind, Sie fühlten sich anders, wurden anders behandelt?

MR: Das war mein Leben eigentlich, ich meine, in Deutschland war man eben Jude oder Halb-Jude. Zuerst kam hier dazu, man wollte nicht Deutsch sein. Also Deutsch sprechen wollte man wirklich nicht in der Öffentlichkeit. Man war eben immer nen bisschen Außenseiter. Wie gesagt, das waren alles alte Leute, bei denen ich war. Obwohl, in diesem *boarding house*, da war dann eine Familie in der Nähe, die Gärten grenzten aneinander. Das war die Familie von einem sehr bekannten Maler. Sie hatten mehr Verständnis für Ausländer, waren sehr interessiert daran, mit mir ein bisschen Freundschaft zu haben. Da bin ich dann öfters eingeladen worden und den Kontakt hatte ich für mich alleine. Das war auch sehr schön. [...]

ET: Nach diesen verschiedenen Schulen, in denen Sie da waren, kommen Sie also in diese Schule in Petersfield?

MR: In die Beader School, das ist eine sehr berühmte Schule. Wunderbare Schule, wo alles wunderbar gepflegt wird, die *artistic* Begabungen. Ja, das war schon so sehr gut da. In der Familie war es nicht so gut, die Mädchen waren nicht so freundlich. Die hatten wohl vorher einen Jungen gehabt und warn begeistert von dem Jungen und sie waren nicht so begeistert von einem Mädchen. Das war keine gute Zeit. Aber dann war eben diese Tochter der Familie meiner Schwester, die sagte: „Jetzt kommt sie zu uns." Meine Schwester ging dann auf die Universität nach Glasgow. Da haben sie gesagt: „Für die Jahre kommste jetzt zu uns." Das war sehr anders. Das war schön.

ET: Wo war das?

MR: In Ipswich. Ging dann da in die *grammar school* für die letzten Jahre.

Margarete von Rabenau

Er hat mir auch Lebensweisheiten beigebracht.

ET: Sie kamen von Bunce Court in diese *public school* in Worcester?

MT: Ja, Kings School Worcester.

ET: Wie kam es dazu, dass Sie dorthin kamen?

MT: Es war ne Kombination von meiner zielstrebigen Mutter und irgendwelchen Refugee-Komitees. Das Problem bei mir war, dass die meisten uns eigentlich nicht anerkannten, weil wir nicht Juden waren. Aber es

gab ein Komitee for *Non-Arian-Christians*. Auf jeden Fall gab es da auch Hilfe. Dann auch noch mein Geigenspiel. Der Direktor von dieser Kings School Worcester, Mr Kittermaster, war unmusikalisch, aber seine Frau nicht. Die hatte sogar einen Flügel und organisierte die lokalen Konzerte. Das gab's damals in Worcester. So bekam ich so eine Art *scholarship*, also verbilligtes Schulgeld, und das zahlte das Komitee. Einer der Lehrer nahm mich gegen leichtes Entgelt auch bei sich zu Hause auf. Das waren übrigens englische Anthroposophen. Der war Englischlehrer, Mr MacDonald, war auch in Cambridge gewesen, war befreundet mit dem englischen König, der auch in Cambridge studierte in den 20er Jahren. Er schrieb auch im Krieg lauter Theaterstücke für's BBC, also bei dem hab ich sehr gut Englisch gelernt. Wir mussten immer den Abwasch machen, zu Hause, abends. Die Frau hatte irgendwelche Rückenleiden, lag auf dem Sofa und wir machten den Abwasch.

ET: Hat er mit Ihnen gesprochen und Sie korrigiert?

MT: Ja, sicher. Er hat mir auch Lebensweisheiten beigebracht.

ET: Können Sie sich noch an eine erinnern?

MT: Ja, ich war noch immer gewohnt von Bunce Court, dass man sehr auf Gerechtigkeit achtete und widersprach und Gerechtigkeit einforderte. Er sagte: „Man muss doch mal kleinere Sachen hinnehmen im Leben, das ist nicht so schlimm. Das gleicht sich später wieder aus."

ET: Sie sagten, das ist ein ziemlicher Sprung gewesen von Bunce Court zur *public school*. Wegen der Umstände, in denen das Schulleben organisiert war?

MT: Ja, einmal das. Dann überhaupt die ganze Art der Schule, das war schon ne strenge Schule, mit *punishment* [körperlicher Bestrafung]. Und in Bunce Court waren wir ja völlig frei. Die Lehrer nannten wir mit ihren Spitznamen oder duzten uns auch. Aber da war in England alles mit „Yes, Sir" und „No, Sir" noch.

ET: Der Kontakt mit den anderen Schülern muss sehr anders gewesen sein. Sie sprachen jetzt nur noch Englisch.

MT: Nur noch. Tante Anna sagte zu uns allen zusammen: „Everybody“ – sie war in Amerika gewesen, hatte ihr Englisch dort gelernt – „must speak English, don’t speak German on the road.“ Meine Mutter hat das ausgenutzt, wenn sie mich mitnahm auf irgendwelchen Ausflügen und ich dann irgendwie nicht wollte, was sie wollte, dann hat sie gesagt: „Wenn du nicht sofort kommst, rede ich Deutsch.“ Und dann war ich erstarrt vor lauter Angst. So schlimm war das, selbst nach dem Krieg.

Michael Trede

Ich hab da gesessen und konnte nicht folgen.

Ich bin dann in My Lady’s Convent-Schule gegangen, mit den Nonnen. Das war die schönste Schule von meinen zehn Schulen! Ich war so glücklich, die waren so gut zu uns. Sie haben jüdische Kinder rein genommen im Krieg. [...] Dann war ich in einer normalen Schule. Und dann sind wir von dort nach Soham gekommen, dann wieder eine andere Schule, das war jetzt Chivers, in England. In Chivers sind die Farmer Quäker und sie hatten eine Organisation, sie bekämpften den Krieg, deshalb nahmen sie jüdische Flüchtlinge auf. Mein Vater und meine Mutter kamen dahin nach Suffolk, sie konnten in der Landwirtschaft arbeiten und ich ging in die Dorfschule. [...]

Ich war dann mit den Eltern in Sedge Fen, in einer Schule mit einer Lehrerin. Die Kinder von sieben Jahren bis vierzehn mussten in einem Raum unterrichtet werden. Sie war sehr gut zu mir und wollte, dass ich damals was man das *Eleven Plus* nennt, ein Examen mache, damit man in eine höhere Schule kommt. Ich bestand das Examen und bekam einen Platz in einer Schule in Ely, Cambridgeshire, eine gute *high school.* Ich musste zweimal am Tag mit dem Fahrrad zum Bahnhof, dann mit dem Zug zur Schule [...] Also ich konnte rechnen, *ordinary arithmetic, but no higher mathematics*, keine Algebra, keine Geometrie. Ich bin in diese Klasse gekommen, da war die Lehrerin und ich hab da gesessen und konnte nicht folgen. Da hat sie im Lehrerzimmer gesagt: „This child is mentally retarded.“ [Dieses Kind ist geistig behindert.] Sie lachten, weil ich die Beste in Englisch und Geschichte war.

Stella Shinder

Ich kenne alle diese Hymnen.

Ich war in einer *boarding school.* Da war kein Mangel an Geld. Ich kam dann in eine *prep school* und dann in ne *public school.* Die *prep school* war in Hindhead, das ist in Surrey. In der Nähe von Guildford. Meine *public school* war in Mill Hill, in Northwest London. [...] Die Erziehung in Herrlingen war sicher ganz anders als dann in der *prep school.* In Herrlingen, alles war eigentlich *self management.* Wir hatten große Verantwortung für alles. Man war sehr frei und verantwortungsvoll. Man kommt dann in die *prep school,* damals war alles noch sehr konservativ. This was in Mill Hill Public School. Mit *prefects* und *fagging* [Strafregime älterer Schüler gegenüber jüngeren] und *everything* [all das]. Ich hab mich sehr gut daran gewöhnt eigentlich. Ich hab nie rebelliert, ich hab sehr gern Rugby gespielt und akademisch *not very shining.* Aber ich war ziemlich glücklich. Wir mussten damals zum Gottesdienst. Mill Hill war eine Schule, die wurde im Jahre 1879 gegründet von reichen Kaufleuten und *the Nonconformists.* Also nicht the *Church of England* und man musste zum Gottesdienst. Ich bin damals hingegangen und sagte: „Hör mal, ich bin *Jewish* ..." Der Direktor war ein lieber netter Mann und sagte: „Es tut mir leid, aber so ist es." Ich musste in den Gottesdienst. Das hat mir auch nicht geschadet. Ich kenne alle diese Hymnen.

Peter Block

Deutsch und Englisch nach der Emigration

Ich hab vom Kino gelernt.

BB: Ich habe kein Englisch gekonnt bis 1941, als ich in London kam. Eigentlich ist es sehr komisch. Ich ging zu einer Versammlung von Flüchtlingen in London. Ich habe Glück gehabt, ich hab's gefunden, aber ich konnte kein Wort Englisch, kein Wort. Ich hab vom Kino gelernt, bin viel ins Kino gegangen und habe so Englisch gelernt.
ET: Hatten Sie einen Akzent am Anfang?
BB: Nein, ich hab im Englischen keinen Akzent, weil ich Englisch vom Kino habe.
ET: Können Sie sich noch an die Filme erinnern von damals?
BB: Oh ja, viele Filme. Einen besonderen Film über eine Schule und einen Bund. Der Lehrer der Schule war ein wunderbarer Künstler, fabelhaft gespielt.
ET: Sie haben Ihre Ausbildung tagsüber gehabt und abends sind Sie ins Kino gegangen. Haben Sie auch angefangen, zu lesen und zu schreiben?
BB: Englisch schreiben kann ich nicht. Ich habe nie Unterricht gehabt. Aber ich lese natürlich in Englisch und Deutsch.
ET: Im Heim haben Sie dann nicht mehr Deutsch gesprochen?
BB: Nein, wir haben nicht mehr Deutsch gesprochen. Nur wie ich vorher in der Landwirtschaftsschule war. Aber später war es nur Englisch.
ET: Und auch nicht gemischt?
BB: Doch, gemischt. […]
ET: Mit Ihrer Frau haben sie immer Englisch gesprochen?
BB: Nur Englisch. Meine Frau kann Deutsch, ist ziemlich gebildet, spricht Französisch und hat Ahnung von Spanisch. […] Ich habe Polnisch aufgegabelt in der Armee.

Ben Brettler

Harwich, wie kann man sowas so aussprechen?

ET: Sie kamen erst zu diesen beiden Frauen nach London.
RD: Ja, und die wollten mich nur drei Tage behalten. Es war ganz klar, dass es Krieg geben würde und sie konnten es sich auch nicht leisten, ein Kind in einer Wohnung in London zu haben. Die eine hat ja gearbeitet, die andere war damals schon ziemlich alt. Sie haben Leuten geholfen, aus Deutschland zu kommen, aber sie konnten niemanden nehmen.

ET: Mit denen haben Sie Deutsch gesprochen?

RD: Nein, immer nur Englisch. Sie sind ja schon während des Ersten Weltkriegs nach England gekommen. Sie konnten Deutsch sprechen, aber wir haben nie Deutsch gesprochen.

ET: Wie war das für Sie am Anfang? Sie hatten ja überhaupt kein Englisch.

RD: Oh, es war schrecklich, ganz schlimm. Ich dachte, dass ich nie Englisch lernen würde. Das war so eine dumme Sprache. ‚Harwich' wie kann man sowas so aussprechen? Verrückt. Ich war intelligent genug zu wissen, dass das überhaupt nicht geht.

ET: Also, die Aussprache war ein Problem.

RD: Ja. Ich glaub, ich war genauso intelligent, *if not more*, wie die anderen. Aber ich wollte es richtig sagen, die anderen haben alle gesprochen, die haben alles so aufgenommen. Ich wollte wissen, warum man das so sagt.

ET: Hat man es Ihnen erklärt?

RD: Nein, niemand. Das musste ich selber lernen. In der Schule waren sie sehr nett und lieb zu uns, aber es waren zu viele in der Schule, weil die Schule so vollgestopft war mit Kindern aus anderen zerbombten Gebieten. [...]

ET: Wie lange hat es gedauert, bis Sie das Gefühl hatten, Sie können sich auf Englisch ausdrücken?

RD: Für mich waren das zwei Jahre, für andere, die in englischen Familien waren, waren es sechs Wochen. Aber die Lehrer waren sehr lieb zu uns.

ET: Sie haben Ihnen geholfen mit Lesen oder Schreiben?

RD: Nein, sie hatten wenig Zeit, aber sie haben es versucht, die Schule war überfüllt und nicht ausgestattet, nicht genug Wasser, nicht genug Klos. Aber es ging.

ET: Wann sind Sie dann auf die höhere Schule gekommen?

RD: Alle machen mit zehn Jahren die Prüfung fürs Gymnasium. Niemand von uns konnte das tun. Unser Englisch war einfach nicht gut genug. Da wussten wir, wir bleiben in dieser Schule bis vierzehn und dann verlassen wir die Schule. Meine Lehrerin, die auch die Direktorin war, hat immer gesagt: „Es ist schade, dass du nicht in der *grammar school* bist." [...]

ET: In der Zeit bekamen Sie Briefe von den Eltern und haben auch an die Eltern geschrieben.

RD: Ja, immer auf Deutsch. Ich habe noch meine Briefe, fürchterliches Deutsch. Ich wusste nicht, dass man so schlecht Deutsch schreiben konnte.

ET: Hatten Sie das Gefühl, dass Sie das Deutsche verlieren zu der Zeit?

RD: Nein, gar nicht. Im Hostel gab es ja noch Deutsch.

ET: Sie hatten dort Freundinnen, mit denen Sie auf Deutsch gesprochen haben?

RD: Etliche. Und ich habe manchmal meine Tante Luise besucht, also nicht oft, aber manchmal. Dann haben wir nur Deutsch gesprochen.

ET: Und mit Ihrer Schwester Hannah?

RD: Englisch.

ET: Ihr Englisch muss doch schon sehr gut gewesen sein, sonst hätten Sie nicht diesen Erfolg in der Schule gehabt und wären später zur *grammar school* gekommen.

RD: Mein Englisch ist ganz schnell besser geworden in dieser höheren Schule, in der Privatschule. Die haben mir wunderbar geholfen, ich habe viel gelesen und die waren ganz prima mit Hilfe. Ich habe viel alleine gemacht, aber ich wusste, was ich da tun sollte. Das ging gut. [...] Später, als ich studierte, wollte die deutsche Fakultät, dass ich Deutsch als Hauptfach nehme. Da habe ich mich geweigert. Das wollte ich durchaus nicht. Ich liebte die Sprache nicht genug. Das wusste ich. Ich liebte Deutschland überhaupt nicht, das wusste ich auch und ich hab gedacht, es wird sehr schlimm sein als Hauptfach. Also hab ich das nicht gemacht. Manchmal waren die Professoren in der deutschen Fakultät ganz erstaunt, wie viel ich wusste, manchmal total erstaunt, wie wenig ich wusste. Aber niemand hat Fragen gestellt, die haben nichts über mein Leben gewusst. Das konnte man damals zu der Zeit nicht erzählen. ‚Holocaust', das Wort gab's nicht.

Ruth L. David

Ich hatte eine sehr nette Lehrerin.

ET: Sie waren dann in einem Heim zusammen mit der Schwester.

UB: Ja, acht Jahre. Ich war immer froh, in der Schule zu sein. [...] Ich hatte eine sehr nette Lehrerin, die schon mal in Deutschland im Urlaub im Schwarzwald war. Die hat sich enorm viel Mühe mit mir gegeben. Aber als Kind lernt man eine Sprache ja schnell.

ET: Wie muss ich mir dieses Heim vorstellen?

UB: Blackpool ist ein Ferienort gewesen, wo *boarding houses* waren. Da waren Zimmer für zwei bis vier Personen. Und so waren wir da untergebracht, nicht immer mit meiner Schwester zusammen, aber mit dem einen oder anderen Mädchen.

ET: Und am Wochenende, was haben Sie da gemacht?

UB: Na ja, wir wurden streng religiös erzogen. Mussten immer am Schabbat in die Synagoge und durften nichts tun, keinen Stift in die Hand nehmen und nichts. Dann wurden wir oft in den Park geschickt.

ET: Das war für Sie ja auch neu, diese streng religiöse Erziehung.
UB: Ja. Viel Zwang damit verbunden.
ET: Hatten Sie Heimweh?
UB: Ach, na ja, das war alles gar nicht so ausgeprägt. Man hat das so hingenommen, wie's eben war, nicht? [...]
ET: Mit Ihrer Schwester haben Sie dann immer Englisch geredet?
UB: Ja, zunächst hat man Deutsch geredet. Dann wurde Englisch untergemischt, und nach und nach redete man immer mehr Englisch und praktisch kein Deutsch mehr. Mit den anderen Mädchen auch.

Ursula Beyrodt

Ich werde diese Sprache meistern.

Ich kam Ende Juni [1939], da hab ich noch gesagt: „Kann ich bitte in die Schule gehen." „Na, das lohnt sich net, das sind jetzt nur noch zwei Wochen." „Bitte, bitte kann ich in die Schule gehen." Also man hat mir verboten, in die Schule zu gehen. Deshalb wollte ich unbedingt in die Schule gehen. Wahrscheinlich hat sie mit der *headmistress* gesprochen und die hat gesagt: „Ja, sie kommt umsonst, ein paar Tage lang, um sich daran zu gewohnen." Und die haben natürlich alle diese Schuluniformen gehabt und ich bin mit meinem Dirndl hingekommen. Ging auch. Ich weiß noch genau, wie ich da war. Es war eine kleine Klasse, nur acht Kinder. Also eine Privatschule, nichts Interessantes. Aber ich weiß noch, ich hab mir gesagt: „Ich werde diese Sprache meistern." Der Satz ist in meinem Kopf geblieben: „Ich werde diese Sprache meistern." *And I got it. I love English.*

Bea Green

In ein oder zwei Wochen lernte ich Englisch.

ET: Und wie war das? Konnten Sie schon ein bisschen Englisch, als sie kamen?
RC: Nicht viel.
ET: Das war eine gute Schule in Downe House?
RC: Sie waren *English people.* Nicht für mich. Eine Art Aristokratie, Leute mit Pferden, wohlhabend mit Landsitzen. Alle diese Mädchen. Miss Willis, die Leiterin, hatte ein paar Flüchtlinge aufgenommen. Ich bekam ein bisschen Taschengeld von der Schule.
ET: Da haben Sie dann Englisch gelernt.
RC: Das waren schon zwei Deutsche als Lehrer, die haben mir geholfen. *Straight away. Teaching, teaching.* In ein oder zwei Wochen lernte ich

Englisch. Das ist das erste, was ich gesagt hab: „My trunk not come.“ Ich hab warten müssen, mein Gepäck zu bekommen. […]

ET: Und das heißt, diese Jahre in der Schule waren …

RC: Phantastisch *for learning. Very good.* Lernen.

ET: Ja es gab auch ein bisschen Heimweh natürlich.

RC: Heimweh? *Suddenly* [Sofort]. Ich geh zu meinem Zimmer. Irgendetwas ist geschehen, was nicht so gut war für mich. Bomben. Weinen, weinen, weinen.

ET: Und die anderen Kinder, die Flüchtlingskinder, haben Sie mit denen Kontakt gehabt?

RC: Zwei sind gekommen, Schwestern, Bertel and Marli. *And we were* [Und wir waren] zusammen.

ET: Sie haben Deutsch gesprochen zusammen oder Englisch.

RC: Meist Englisch. Ja, ich glaube meist Englisch. Dann später kam Hanne, Hannelore, auch deutsch-jüdisch *and very dark* [und sehr dunkel]. Sie war so anders und so ernsthaft, sehr, sehr ernsthaft. Sie verstand wahrscheinlich alles, aber sie war keine Freundin von uns. Die andern, diese zwei Deutschen, wir hatten diese Freundschaft, hat ein Leben gedauert. Marli ging nach Amerika, Bertel ging nach Israel und heiratete einen israelischen Soldaten in der englischen Armee. Er wurde in London aus dem Dienst entlassen und sagte zu ihr: „Wir heiraten jetzt, wenn wir nach Palästina kommen, dann *we divorce.* Dann scheiden wir uns, dann kannst du auswandern nach Israel.“ Aber die haben sich niemals scheiden lassen. Und dann sind sie nach Deutschland zurück. […]

ET: Haben Sie sich 1941 schon ganz als Engländerin gefühlt oder waren Sie noch ein bisschen Engländerin und ein bisschen Österreicherin?

RC: Hab ich alles vergessen. Engländer. Man will so sehr dazu gehören. Ich wollte nicht zu Österreich gehören. Überhaupt nicht. Und das war sehr lange so. In gewisser Weise war es eine Art von Liebelei, weil man natürlich sagt, das bin ich, aber man ist es nicht wirklich. Weil sie es nicht wollen, sie fragen: „Oh, woher kommen Sie? Sie haben etwas Akzent“ oder so etwas.

ET: Haben Sie das Gefühl gehabt, Sie haben einen Akzent gehabt?

RC: Nicht sehr, viel mehr jetzt *an accent* als damals.

Rosemarie Cawson

Ich hatte es gelernt, aber nicht gesprochen.

ET: Sie waren ja noch ganz klein und konnten noch keine andere Sprache außer Deutsch. Aber hatte Ihre Schwester schon etwas Englisch gelernt vorher?

VR: Wahrscheinlich ein bisschen, aber nicht viel. Als ich meine Schwester sah, war ich sehr, sehr zufrieden. Aber wir waren nicht zusammen. Sie kam zum Bahnhof, sie war da mit den Carters, sie hatten Marianne mitgebracht, Nanna. Da dachte ich: „Ah, that's good. Nanna ist hier." Meine Mutter war mit mir, als wir angekommen sind. Aber dann musste sie zu ihrer Arbeit fahren und blieb in London. Wir sind mit Auto nach Mudeford gefahren, in der Nähe von Poole, Dorset, Südküste. [...]

ET: Sie beschreiben in Ihrem Text sehr beeindruckend, dass die englische Sprache wie eine Art Schock für Sie war. Sie hatten vollkommen die Sprache verloren für eine gewisse Zeit.

VR: Ja. Niemand in der Familie sprach Deutsch, kein Wort. Sehr, sehr schwierig für mich. Ich war drei Jahre und drei Monate im März 1939. Und plötzlich war ich mit freundlichen Leuten, sehr freundlich, die wollten alles immer gut machen. Aber kein Wort Deutsch und ich hatte kein Wort Englisch. Das war nicht gut. Das war sehr schwierig.

ET: Sie beschreiben, dass Sie eine Zeit lang überhaupt nichts gesagt haben, aber gespielt haben mit einem Jungen.

VR: Ja, Julian, sie wollten einen Freund für ihren Sohn, Julian. Er war in meinem Alter. Die Idee war, dass ich mit Julian spielen würde, aber der sprach Englisch. Mit drei Jahren kann man schon sprechen, nicht wahr. Vielleicht nicht sehr gut, aber man kann. Und er sprach auf Englisch. Das war auch sehr schwierig. Ich wollte meine Mutter haben. Ich konnte nicht verstehen, warum sie nicht da war. Warum ist sie weggegangen und ist nicht da? Aber sie kam von Zeit zu Zeit und das war für mich sehr, sehr gut, aber ein bisschen zu gut, nicht wahr. Eileen Carter wollte meine Mutter werden, als ich mit ihr war. Aber wenn meine Mutter kam, dann wollte ich mit meiner Mutter bleiben. Und wenn sie wegfuhr, wollte ich mit ihr fahren. Ich wollte bei ihr sein. Ein Kind hat seine eigenen Vorstellungen und will bei der Mutter sein. Aber das war nicht erlaubt und ich wusste nicht warum. Und mit meiner Mutter konnte ich sprechen. Schließlich mussten sie sagen, dass meine Mutter nicht mehr kommen sollte. Es war sehr schwierig für meine Mutter. Und auch für mich. Ich musste warten, aber sie kam nicht. Ja, und dann kam der Hund.

ET: Das war Ihr erstes englisches Wort.

VR: *Doggy*. Ja. Das haben sie mir später erzählt. Aber ich kann mich erin-

nern, dass Hilary, die Tochter, sie verstand. Sie war vielleicht vierzehn, fünfzehn Jahre alt. Sie hat mein Problem verstanden. Die Eltern nicht, aber die Tochter ja. Sie war gut, physisch. Sie hat mit mir gespielt und hat mich auf die Schultern genommen. Ich habe ein Foto davon und ich war sehr zufrieden mit Hilary.

ET: So fühlten Sie diese Einsamkeit nicht so stark. Sie konnten zwar nicht sprechen, aber ...

VR: Der Sohn, Julian, ich konnte mit ihm laufen und auf Bäume steigen, aber nicht sprechen. Hilary, sie hat nicht mit mir gesprochen. Sie hatte verstanden, dass ich nicht sprechen kann. Ich werde also nicht sprechen, aber wir können andere Sachen machen. Ich weiß nicht, was wir getan haben, aber es war gut.

ET: Sie haben dann in der Familie Carter Englisch gelernt.

VR: Englisch kam mir ins Gehirn, das war eine andere Sprache, sie sagten es anders, sie hatten andere Wörter für dieselben Sachen. Das muss eine andere Sprache sein. Ich weiß nicht, ob ich das wusste. Aber langsam war es in mir. Wahrscheinlich als ich *doggy* sagte, das war ja das erste Wort, aber dann kamen viele Worte. Ich wusste, ich konnte schon Englisch, aber es war drinnen. Das kommt ins Gehirn und bleibt da, aber es will nicht raus. Ich hatte es gelernt, aber nicht gesprochen. Ja. Es kam sehr schnell, dass ich sprach. Dann war ich englisch.

ET: Und wie war es, wenn Sie dann Ihre Mutter gesehen haben? Haben Sie auf Deutsch wechseln können?

VR: Ja, wenn meine Mutter kam, sprach ich Deutsch, bis ich fünfzehn oder zwanzig Jahre alt war, bis sie gestorben ist. Mit meiner Mutter konnte ich immer Deutsch sprechen. Für sie war das besser irgendwie.

ET: Und mit der Schwester und dem Bruder?

VR: Nein, mit meiner Schwester spreche ich nicht Deutsch. Ich versuche ein bisschen Französisch. Sie hat Französisch gelernt und lebt schon ein Leben lang in Frankreich, sie kann Englisch, Deutsch und Französisch. Wenn ich jetzt nach Paris fahre, spricht sie mit mir auf Englisch. Mein Bruder ist englisch geworden und er will kein Wort von Deutsch hören. Verboten. Nein, wir sprechen nicht auf Deutsch. [...]

ET: In der Schule haben Sie dann weiter Deutsch gelernt.

VR: Ja, es war meine beste Sprachschule. Ich musste natürlich Goethe, Schiller und alles lesen. Ich habe meine *A-levels*, Abitur mit 18 Jahren gemacht. Das war in Englisch, Französisch und Deutsch.

ET: Sie haben dort Literatur auf Deutsch gelesen?

VR: Ja, Goethe und Schiller. Unser Deutschlehrer war gut. Mr Guersney war sein Name. Er war Engländer, aber wir mussten auf Deutsch lesen und sprechen. Wir haben gut gesprochen und ich war natürlich immer der Beste. Ohne Arbeit. Das war das Beste.

Vernon Reynolds

Sie bläuten mir Englisch ein, indem sie auf Dinge gezeigt haben und mich die Wörter wiederholen ließen.

GW: Ich hab Deutschland verlassen, als ich zwölf Jahre alt war. Und ich kam nach Oxford und wollte nicht Deutsch sprechen, ich wollte alles vergessen über Deutschland. Vielleicht fünfundzwanzig oder dreißig Jahre lang war ich total anti-deutsch. Ich wollte Brite werden. Nichts anderes. [...]

ET: Für Sie war das Englischlernen ein Spiel mit anderen Jungen.

GW: Absolut, absolut. Als ich in dem Hostel in Margate war, hatten wir sehr wenig Englisch, praktisch keinen Unterricht. Als ich in Oxford ankam, wusste ich sehr wenig. Wirklich nur ein paar Worte. Ich konnte keinen Satz zustande bringen. Ich hatte ein oder zwei Jahre Französisch in der Schule in Berlin. Deshalb musste ich mit dem Lehrer auf Französisch sprechen, da ich kein Englisch verstand. Es ist lustig, weil der Lehrer meinte, mein Akzent sei so gut. Es ist absurd, weil ich es nicht in Frankreich gelernt hatte, sondern in Deutschland. Der Lehrer ließ mich Französisch vor der Klasse sprechen. Es war auch ein Internat und ich wohnte dort für eine gewisse Zeit. Weil die Leute, bei denen ich wohnen sollte, damit einverstanden waren, zwei ältere Damen. Viele ältere Damen dieser Schicht machten das. Sie wollten etwas tun. Ich saß hinten in der Schule und die Jungen, ungefähr ein Dutzend, saßen um mich herum und bläuten mir Englisch ein, indem sie auf Dinge gezeigt haben und mich die Wörter wiederholen ließen. Es ist keine Übertreibung, aber nach sechs Wochen konnte ich vielleicht nicht fließend sprechen, aber fühlte mich total zu Hause im Englischen. Und danach habe ich nie zurückgeschaut.

ET: Aber war das ein Problem für Ihre Mutter zum Beispiel?

GW: Nun, meine Mutter wollte Deutsch sprechen. Wir waren nur ungefähr ein Jahr zusammen am selben Ort, als sie in einem Krankenhaus in Oxford war und ich dort wohnte. In Wirklichkeit wohnte ich außerhalb von Oxford. Ich traf sie etwa einmal die Woche, manchmal zweimal. Aber das war das einzige Mal, dass wir zusammen wohnten. Danach zog sie nach Luton und dann nach London. Erst nachdem sie eine Arbeit in einer Stadt nicht weit von Edinburgh bekommen hatte, in Dunfermlin, sah ich sie öfter. Aber zu der Zeit war ich erwachsen, hatte Kinder und sie hatte ihre Enkelkinder und so weiter. Aber ich sprach kein Wort Deutsch. Manchmal wollte meine Mutter zu Deutsch übergehen, aber ich habe es immer vorgezogen, Englisch zu sprechen. Und in vieler Hinsicht war das vernünftig, weil sie Englisch üben musste.

Gerald Wiener

In dem Alter lernen Kinder sehr, sehr schnell und vergessen auch sehr schnell.

ET: Sie sagten zu Beginn, dass Sie Ihr Deutsch innerhalb von sechs Monaten verloren haben.

JR: Ja.

ET: Erinnern Sie sich daran?

JR: Na ja, ich hatte keine Gelegenheit, es zu sprechen. Mit wem hätte ich reden sollen?

ET: Vielleicht mit Ihrer Tante?

JR: Ja, gelegentlich. Meine Tante war ein Jahr vorher nach England gekommen. Sie war die clevere in der Familie. [...]

ET: Erinnern Sie sich, wie Sie Englisch gelernt haben?

JR: In der Schule. Ich nehme an, ich musste. Da war niemand in der Schule, mit dem ich hätte Deutsch sprechen können. In dem Alter lernen Kinder sehr, sehr schnell und vergessen auch sehr schnell.

ET: Können Sie sich an eine bestimmte Methode erinnern oder fühlten Sie sich vielleicht unsicher wegen Ihres Akzents?

JR: Daran erinnere ich mich nicht. Nach ein paar Jahren hatte ich den besonderen Akzent der Leute vom Ort.

John Ruppin

Ich musste es mir selber beibringen.

ET: Können Sie das Gefühl beschreiben, ohne Sprache anzukommen? Wie haben Sie mit der Familie kommuniziert?

MS: Nun, ich war folgsam und akzeptierte alles. Aber ich erinnere mich, dass meine Tante, wenn sie sagte: „Halt' Isoldes Hand", gestikulierte und ich hielt ihre Hand. Und ein Journalist muss ein Foto geschossen haben, das wir verloren haben. Da war ich mit sehr, sehr kurzem Haar und sehr dünn zusammen mit dem kleinen Mädchen. Ich hielt ihre Hand und ließ sie nie los. Ich war so ein Typ: wenn man mir etwas gesagt hat, dann habe ich das getan.

ET: Also haben Sie verstanden, weil man es Ihnen gezeigt hat.

MS: Ja. Zum Beispiel wenn ich zur Toilette gehen wollte, ging ich in diese Richtung. Auf diese Weise machte ich mich verständlich. Weil ich auch sehr still war, nicht viel gesprochen habe. Ich lernte von niemandem, sondern musste es mir selber beibringen, was normal ist, denke ich. Man schnappt es auf. Nicht korrekt. Außerdem gab es Krieg. Es gab keine Lehrer. [...]

ET: Haben Sie später Lesen und Schreiben in der Schule gelernt?

MS: Nicht sehr viel. Ich musste es mir selber beibringen. Deshalb habe ich es nicht richtig gelernt, Sie verstehen, was ich meine. Ich gewöhnte mich daran, Wörter falsch zu benutzen. Niemand hat mir geholfen. In der letzten Klasse setzte ich mich hin und sie legten ein Blatt Papier vor mich. Als alles zu Ende war, war das Blatt genauso, wie sie es mir gegeben hatten: leer. [...]

ET: In diesen Jahren, als Sie Englisch gelernt haben, haben Sie mit niemandem Deutsch gesprochen?

MS: Nein, da war niemand, mit dem ich hätte sprechen können. Ich ging zur Schule und war ein Außenseiter. Ich war Deutsche und es war Krieg. Ich erinnere mich, dass einmal ganz am Anfang ein Mädchen zu mir sagte: „Wir sehen uns draußen", Sie verstehen, um mich zu verprügeln. Weil ich Deutsche war. Aber ich verteidigte mich. Und danach wurden wir die besten Freunde. Ich meine, ich fühlte mich nicht weniger wert deswegen.

ET: Und Sie hatten dieses Gefühl Außenseiter zu sein?

MS: Ja, das hatte ich, aber nicht, dass ich irgendetwas Besonderes deswegen fühlte. Aber ich merkte es, weil ich nicht sprach, nicht dazu gehörte. […] Später hatte ich keinen Beruf, aber ich wollte nähen. Ich wollte wirklich nähen. Und ich bekam tatsächlich einen Job bei Marks & Spencer. Da war ein Angebot und ich ging dorthin. Ich erinnere mich, ich fand, dass die Engländer nie eine eindeutige Antwort geben. Sie wissen, in Deutschland ist es entweder ja oder nein. Einmal sagte ich zu einem Mädchen: „Was, was?“ Und sie drehte sich um zu mir: „Meinst du ‚wer‘?“ Ich sagte: „Ja.“ Und so lernte ich Englisch. Oder ich schrieb *girl* verkehrt herum, und das tue ich immer noch, weil es so in meinem Kopf ist. Es ist schwer, das rauszubekommen. Ich meine, ich kann *girl* heute richtig buchstabieren. Ich sagte auch *beyellowed.* Was ist das: *beyellowed*? Fragen Sie mich nicht warum. Wie auch immer, ich habe gelernt, dass es *yellow* [gelb] ist.

ET: Also Sie dachten sich Wörter aus?

MS: Nun, ich hatte sie nicht gehört. Ich hörte nicht zu. Ich hatte keinen Unterricht. Ich meine, ich wusste nicht, dass, wenn man ‚w‘ schreibt, man es nicht ausspricht und es war schwierig für mich zu lesen, die Wörter richtig auszusprechen. Solche Sachen schnappte ich auf. Ich schnappte sie auf, weil ich gern las.

ET: Sie lesen also gern?

MS: Sehr gern. Und die Sache war die: Ich verstand das Wesentliche der Geschichte, aber nicht die ganze Geschichte. Zum Beispiel *What Katie did* [Was Katie tat], diese Bücher sind wunderbar. Es ist eine Serie über ein Mädchen. Und die Probleme des Mädchens wandeln sich in etwas Gutes, das ist es, was ich von dem Buch lernte. Bei ihr lief alles falsch, aber sie schaffte es, immer das Gute zu sehen, das ist es, was ich lernte. Also, ich verstand eine Menge Dinge, aber ich bemühte mich nicht, sie zu verbessern.

Margot Showman

Deutsch war eine fremde Sprache für mich.

BK: Ich sage immer zu den Kindern, das Einzige, das ich auf Englisch wusste, war dieser eine Satz. Wenn ich z. B. auf den Bus ging, fragte ich: „Wie viel kostet es? Ich bin hungrig, kann ich ein Stück Brot haben?“ Kam so raus. Ja, ich hab gelernt, aber ich kann mich nicht erinnern. […]

ET: In dieser Schule mit den jeckischen Lehrern haben Sie auch immer Englisch gesprochen?

BK: Nur Englisch, ja.

ET: Haben denn diese Lehrer über die Situation in Deutschland mit Ihnen geredet?

BK: Nein, vielleicht, aber ich glaube nicht, nein, weiß ich gar nicht. Wir wussten gar nichts, aber wir haben es rausgefunden, nach dem Krieg. Aber das Hostel, wo ich war, ein orthodoxes Hostel, war wunderbar, da hab ich gelernt und das hat mir geholfen, als ich später in die Welt gegangen bin. […]

ET: Sie haben im Gymnasium Deutsch gelernt?

BK: Hab ich gelernt, mit einem Lehrer, der von Schottland kam; er hat Deutsch mit einem schottischen Akzent gesprochen.

ET: Da waren Sie ja besser als der Lehrer?

BK: Ich war meistens der Beste in der Klasse. Aber ich war ein fauler Schüler. Das war dort eine wunderbare Schule, hab viel gelernt, auch Lateinisch und Französisch.

ET: Wie war das, als Sie dort Deutsch gelernt haben? Was haben Sie dabei empfunden?

BK: Ja, es war beinahe eine fremde Sprache für mich, mit Grammatik und so weiter. Meine Grammatik ist nicht mehr so gut.

Bernd Koschland

Ich konnte besser Englisch als die Engländer.

ES: Ich hab Englisch so schnell gelernt. Als ich dann in die normale Schule ging, die englische, ich war fünf, konnte ich lesen, ich konnte besser Englisch als die Engländer. Das ist wirklich meine Muttersprache. Tschechisch kann ich nicht mehr, Deutsch ist soso, aber Englisch, da kann ich, ich schreibe auch ziemlich viel, da habe ich den tiefsten Zugang. Ich war damals ein großer Royalist. Ich hab den König und die Königin so verehrt und geliebt, dass ich – und ich weiß bis heute nicht, wo ich dieses Geld hatte, es war nur 2 Schilling Sixpence, aber das war sehr viel Geld damals – in einen Buchladen gegangen bin, hab mir ein wunderschönes Buch über die Königsfamilie gekauft. Als ich nach Hause kam, waren meine Eltern entsetzt und haben gesagt, du musst sofort zurückgehen und das Geld zurückhaben. Und ich habe es getan.

ET: Wie alt waren Sie da?

ES: Fünf oder sechs. […]

ES: Untereinander haben meine Eltern immer Deutsch oder Tschechisch gesprochen, aber ich habe nur Englisch mit ihnen gesprochen. Und die konnten antworten.

ET: Und der kleine Bruder, der ist ganz mit Englisch groß geworden?

ES: Ja. Der wollte nichts von der Tschechoslowakei hören.

Eve Slatner

Ich kann nicht sagen, dass ich Schwierigkeiten hatte mit der Sprache in der Schule.

ET: Sie kamen nach England und konnten schon etwas Englisch?

FD: Kein Wort. Bei der Realschule lernte man Englisch ab 14. Wir lernten Französisch. Das war total nutzlos.

ET: Dann haben Sie zusammen mit den Nachbarskindern Englisch gelernt?

FD: Ja, ein bisschen gelernt. Wir fingen ja mit fünf Wörtern an. Ich musste, man musste sehr, sehr schnell lernen. Die Schule fing im September an und ich kam im Juni. Ich kann nicht sagen, dass ich Schwierigkeiten hatte mit der Sprache in der Schule.

Francis Deutsch

Aber ich finde, Englisch ist eine phantastische Sprache.

WK: Ich kam mit Englischkenntnissen nach England. Aber unser Englischprofessor hat mir gesagt gehabt: „Kammerling, du wirst nie Englisch lernen." Ich weiß, ich habe zum Beispiel gesagt: „How is the time?" Der hat mich angeschaut und hat gesagt: „Thanks, very well. How are you?" Es ist mir zum Bewusstsein gekommen, dass es nicht die richtige Frage war. „What's the time?" Das ist etwas anderes. Man lernt das. Aber ich finde, Englisch ist eine phantastische Sprache. Man kann sich sehr gut ausdrücken, ehrlich gesagt. Nimm dir mal die Übersetzungen her, in Katalogen: Deutsch ist so viel länger, Französisch ist so viel und Englisch ist nur das. Es ist viel präziser. Man kann die Sache wirklich sagen und deswegen wird Englisch auch in den diversen Berufsgruppen benützt. […]

ET: Haben Sie untereinander damals Deutsch gesprochen auf der Farm?

WK: Meistens. Man hat versucht, auch Englisch zu sprechen.

ET: Hatten Sie noch Englischunterricht?

WK: Nein, man hat gelesen. Ich hab Kurse besucht in Mathematik, das war fürs Baugewerbe. Irgendwie hat es mir gefehlt, im Jahre 1938 ist ein Befehl erlassen worden, dass die jüdischen Jugendlichen keinen Unterricht erhalten dürfen. Sie werden nicht für die Universität erzogen.

Walter Kammerling

Ich weiß gar nicht, wie ich da durchgekommen bin.

ET: Sie kamen mit wenig Englisch in London an. Wie war diese erste Zeit ohne Sprache, können Sie sich noch daran erinnern?

MR: Tja, ich weiß gar nicht, wie ich da durchgekommen bin damals. Aber irgendwie muss das ziemlich schnell gekommen sein dann.

ET: Hatten Sie Englischunterricht?

MR: Nein. Da hatte ich keine Hilfe mehr. Aber ich war sehr, sehr eifrig, damit ich auch in die Schule gehen könnte. Als ich dann schließlich in der Familie war, wo ich sein sollte, da sah ich die Kinder in Uniform und dachte, das muss ja wunderbar sein. Und da hat dann auch die Tochter von der Familie, wo meine Schwester war, bezahlt für mich, dass ich in die höhere Schule gehen konnte. Meine Leute hätten das nicht gekonnt. Von da an ging das natürlich auch mit der Sprache sehr viel besser.

ET: Mit der Schwester haben sie dann Deutsch gesprochen?

MR: Wahrscheinlich zuerst noch Deutsch. Aber wie gesagt, man wollte nicht vor den Engländern Deutsch sprechen, das wollte man nicht.

Margarete von Rabenau

Ich schnappte es in der Schule auf.

ET: Können Sie sich noch erinnern, wie es war, Englisch zu lernen?

MB: Nicht wirklich, weil meine Pflegeeltern mehr Jiddisch als Deutsch sprachen. Ich konnte sie verstehen und mich verständlich machen. Aber dann wurde ich, kurz nachdem ich nach England gekommen war, nach Chester bei Liverpool evakuiert und wohnte bei einer netten jungen englischen Familie, die ihre eigenen Kinder hatte. Und zufälligerweise war in demselben Dorfhaus ein anderer Junge aus Deutschland, der auch so hieß wie ich. Mit ihm sprach ich Deutsch. Aber mit der Familie musste ich Englisch sprechen. Dann fing das Schuljahr an und ich ging zu der Grundschule nach Chester. Ich kann mich nicht mehr an den Unterricht erinnern, aber ich muss mich ganz gut eingefügt haben. In Chester war ich von September 1939 bis ungefähr Ostern 1940. Und als ich nach Liverpool zurückkam, war der jüngste der Söhne erstaunt darüber, wie gut ich Englisch sprach. Während ich, als ich ankam, überhaupt kein Englisch konnte. Also in neun Monaten muss ich ganz gute Fortschritte gemacht haben. Aber verstehen Sie, ich hatte keinen besonderen Englischunterricht. Ich schnappte es in der Schule auf, aus der Notwendigkeit, mich verständlich zu machen. Ich wurde von den Lehrern ganz gut behandelt, sie sorgten dafür, dass ich dem folgen konnte, was gesagt wurde. Aber ich musste mich wirklich anpassen, denn außer diesem Jungen war niemand anderes, mit dem ich reden konnte. Obwohl ich nicht weiß, wieviel wir wirklich zusammen waren. Sonst sprachen alle Englisch.

ET: Sprachen Sie Deutsch mit Ihrem Onkel?

MB: Nein. Zu der Zeit hatte ich mein Deutsch vergessen. Ich vergaß mein Deutsch, als ich Englisch lernte. Nach 1940 konnte ich kaum noch Deutsch sprechen. Ich vergaß es sehr schnell. Ich meine, es gab ein paar Sachen, an die ich mich erinnerte, aber ich konnte es nicht sprechen. Nun, er sprach perfekt Englisch, mit Akzent, aber sein Englisch war wirklich exzellent. Er schrieb seine wissenschaftlichen Aufsätze auf Englisch, seine Texte für die BBC, hatte keine Schwierigkeiten. Aber natürlich sprach er Deutsch genauso gut. Ich nicht. Ich vergaß mein Deutsch.

Michael Brown

Wenn sie Deutsch hören, werden sie schießen.

RB: Es war nicht erlaubt, Deutsch zu sprechen. Auch nicht mit meinem Bruder Martin, und wenn ich Martin gefragt hab: „Aber warum können wir nicht zusammen sprechen?“ – Ich muss es in Deutsch gesagt haben, aber ich erinnere mich auf Englisch. – Martin hat mir gesagt: „Sieh dich mal um. Es gibt Soldaten und die Soldaten sind englisch. Wenn sie Deutsch hören, werden sie schießen.“ Ich habe ihm geglaubt und hab nicht mehr Deutsch sprechen wollen.

ET: Weil da Angst war.

RB: Ja. Und so lernt man ganz schnell. [...]

ET: Ihr habt Briefe vom Vater aus Shanghai bekommen, die waren auf Deutsch?

RB: Nein, auf Englisch. [...]

ET: Du beschreibst an einer Stelle, wie ihr die richtige Aussprache gelernt habt.

RB: Wir haben einen Spiegel halten müssen, um den Mund zu den richtigen Lauten zu bewegen. Zu der Zeit dachte ich, es war Blödsinn. Aber im Rückblick war es so, dass wir keinen deutschen Akzent haben. Und das hat uns geschützt. [...]

ET: Dein Bruder wollte das Deutsche behalten, d. h. er hat es irgendwie immer noch im Kopf gehabt.

RB: Ja, er hat immer Kontakt mit den Eltern dadurch. Das war sehr wichtig für ihn. Ich habe alles verloren außer meinem Bruder.

ET: Das heißt, dein Bruder hat Briefe geschrieben?

RB: Wir beide haben unserem Vater geschrieben. Zuerst kurze Telegramme durch das Rote Kreuz und nachher richtige Briefe. Aber mit Deutschland war keine Verbindung. Wir wussten gar nicht, wo unsere Mutter war. Aber im Kopf hatte Martin immer ein Bild von Berlin. Das hab ich nicht gehabt. Ich habe alles verloren, um mich zu konzentrieren, einzuleben in England. [...]
ET: Du schreibst, die Tiere haben dich besser verstanden als die Menschen.
RB: Genau. Ich habe die Tiere schon vorher geliebt. Ich konnte Leute nicht verstehen, die wollten von mir immer etwas. Ich konnte kontrollierende Leute nicht verstehen. Ich konnte neue Leute nicht verstehen. Was sie wollen, was sie denken, aber Tiere konnte ich verstehen.
ET: Es ist unabhängig von Sprache.
RB: Ja, genau. Ohne Sprache. Ich hab bestimmt zu den Tieren gesprochen und die Tiere haben immer ohne Wörter respondiert.
ET: Du beschreibst eine sehr schöne Szene: irgendwann heulst du wie ein Hund, du und die Hunde aus der Nachbarschaft.
RB: Ah ja, das ist in Deutschland passiert. Ich hab's in England auch getan und auf dem Land ist das nicht besonders. Aber in Mainz hab ich geheult und die Hunde haben zurück geheult. Und meine Eltern haben „schschsch“ gesagt und deswegen hab ich's immer mehr gemacht.
ET: Die Zeit auf der Farm mit Tieren, das ist für dich die glücklichste Zeit?
RB: Ja. Ich habe immer Angst vor Leuten gehabt. Angst, dass sie mich wieder wegschicken. Das war immer da. Und deswegen habe ich mich überarbeitet. Ich hab immer nach mehr Arbeit gefragt: Was kann ich noch tun? Ich wollte so viel arbeiten, dass sie mich nicht wegschicken konnten.

Ruth Barnett

Von dem Moment an, wo ich in England war, sprach ich kein Deutsch mehr.

ET: Konnten Sie Englisch, bevor Sie kamen?
ES: Nein! Kein Wort! Absolut kein Wort. [...] Ich lernte es sehr schnell, denn ich ging zur Schule und wurde in eine Sonderklasse geschickt, die vom Nachbarn unterrichtet wurde. Innerhalb von drei Monaten oder weniger kam ich in die für mein Alter passende Klasse. [...]
ET: Konnten Ihre Eltern Englisch, als sie kamen?
ES: Nein.
ET: Es muss für sie schwierig gewesen sein, sich an die Situation anzupassen.

ES: Sehr schwierig, ja.
ET: Haben Sie je mit ihnen darüber gesprochen?
ES: Niemals. Von dem Moment an, wo ich in England war, sprach ich kein Deutsch mehr.
ET: Glauben Sie, Sie haben alles vergessen?
ES: Nein, ich habe es nicht vergessen. Als wir deutsche Freunde zu Gast hatten, die kein Englisch sprechen, war ich erstaunt, wie sehr mein Deutsch zurückkam.
ET: Sie konnten also tatsächlich Deutsch sprechen, wenn Sie wollten?
ES: Ja, wie ein achtjähriges Kind. Wahrscheinlich machte ich Grammatikfehler, weil ich es wie Englisch spreche, ich denke nicht dabei nach, ich spreche es einfach.
ET: Sie sagten, dass Sie Deutsch für Ihr Studium lernen mussten.
ES: Ja, weil ich Naturwissenschaften studiert habe. Mein Examen machte ich 1948 und in der Zeit musste man eine naturwissenschaftliche Frage entweder auf Französisch oder auf Deutsch beantworten.

Eva Shrewsbury

Natürlich haben wir unter uns, abends in den Betten, Deutsch gesprochen.

MT: Ich konnte überhaupt kein Englisch, wie ich rüberkam. Da kam ich in diese Schule, Bunce Court. Ich kam im März, sechs Monate vor Kriegsbeginn an. Gleich zu Anfang wurde uns schon auch gesagt: „Ihr sollt hier Englisch reden." Natürlich haben wir unter uns, abends in den Betten, wenn man dann noch geflüstert hat oder beim Spielen, Deutsch gesprochen. Englisch lernten wir dann zum Teil von unseren Lehrern, die das selber nicht konnten. Aber es waren auch ein paar englische Lehrer da, ein, zwei. Eine sehr nette Australierin, ich weiß nicht, wie die sich da hin verlaufen hat, Cliffie, Miss Clifton, die hat phantastischen Unterricht gegeben, in Englisch, englische Literatur. Ja, so hab ich's da gelernt. Ich bin vier Jahre in der Schule gewesen, mit Leslie Brent, der war schon vorher weggegangen. 1943 hab ich mein *school certificate* gemacht. Ich konnte damals natürlich sehr gut Englisch, aber mit schlechtem Akzent, glaub ich, noch, den hab ich innerhalb von drei Monaten in ein *Oxford English* umgewandelt, als ich in diese *public school* dann kam. [...]
ET: Sie haben aber in dieser Zeit mit Ihrer Mutter schon noch Deutsch gesprochen?
MT: Natürlich. Ich war ja einer derjenigen, die nach Hause fahren konnten in den Ferien. Wir hatten kaum Geld, aber meine Mutter hat es

irgendwie geschafft, dass ich die *Zauberflöte* gehört hab. Ich hab das mit zwölf Jahren, das erste Mal in Setleth Welf Opera, in London, mitten im Krieg gesehen, tolle Aufführung. Und Shakespeare, *Merchant of Venice*, weiß ich noch. Das haben wir dann in Bunce Court, auf meine Anregung, auch aufgeführt. Ich, der einzige Christ, spielte den Shylock auch noch.

Michael Trede

Ich bin immer ein radikaler Zeitungsleser gewesen.

HH: Also wir hatten einen Turnlehrer, Herrn Johns, der hatte eine Tochter, die sich um mich kümmerte, weil sie wusste, dass ich Englisch lernen wollte. Ich hatte keine anderen Ziele. Ich muss auch ehrlich sagen, ich konnte mich an das Kinderheimleben nicht anpassen. Es war zu religiös für mich, ich hatte sechs Monate unter Nicht-Religiösen gelebt und wir hatten uns das abgewöhnt. Religion brachte uns nichts, sozusagen. Dann das wieder einzuführen, durch Zwang, wollte ich mir nicht gefallen lassen. Ich habe rebelliert, ich meine, ich war nicht der netteste Mensch, mit dem man zusammenkommen konnte.

ET: Sie hatten also jemand, der Ihnen geholfen hat.

HH: Hatte mir geholfen mit der Übersetzung, erklärte mir, was es war auf Englisch, sodass ich das verstehen konnte.

ET: Haben Sie dann auch angefangen zu schreiben?

HH: Nach sechs Monaten ungefähr konnte ich auch schreiben. Ich bin immer ein radikaler Zeitungsleser gewesen und im Krieg gab's keine deutschen Zeitungen hier. Deutsch war sowieso nicht gewünscht. Als wir ankamen, sprach ich Polnisch, weil ich zum Schluss in der Familie meines Onkels gelebt hatte. Meine Cousine und mein Cousin sprachen kein Deutsch, also musste ich Polnisch lernen. Nach zwei, drei Wochen kam es mir dann. Und einige Worte kann ich immer noch verstehen, aber ich hab's nie richtig gelernt.

ET: In England haben Sie dann mit den Jungen vom Kindertransport Deutsch gesprochen?

HH: Ja, wir waren ja alle aus Deutschland.

ET: Und das Polnisch, mit wem haben Sie das gesprochen dann?

HH: Leute, die man hier traf, die Juden, die hier in Ost-London wohnten, wollten kein Jiddisch und kein Deutsch sprechen, Jiddisch schon, aber Deutsch überhaupt nicht. Jiddisch sprachen wir damals aber auch noch nicht. Wir sprachen ein paar Worte Polnisch, die sie noch mehr oder weniger mitbekommen hatten von ihrer Kindheit sozusagen.

Herbert Haberberg

Dann als der Krieg ausbrach, war ich schon ganz perfekt.

SS: Mein Bruder hatte schon Englisch gelernt in der Schule, aber ich nicht. Als wir ankamen, da war eine sehr religiöse jüdische Schule in Clapton, East Hampstead, in North London, die hatten eine *refugee-class*. Ich bin in die Klasse gekommen. Da haben wir schon Englisch gelernt und dann kam der Krieg. Als der Krieg ausbrach, war ich schon ganz perfekt.

ET: In der Familie haben Sie weiter Deutsch gesprochen?

SS: Ja, mit den Eltern, mit meinem Bruder haben wir mal Deutsch gesprochen.

ET: Und mit der Tante und deren Familie haben Sie Englisch gesprochen oder Deutsch oder Jiddisch?

SS: Jiddisch und ein bisschen Englisch und ein bisschen Deutsch. Gemischt. Aber wir haben uns gut verstanden. [...]

ET: Die Eltern mussten ja auch Englisch lernen. Wie war das für die Eltern?

SS: Sie hatten einen Akzent, aber sie konnten gut schreiben, konnten ohne Probleme lesen und sprechen. Sie hatten beide irgendwie *a little bit of natural talent to learn languages* [ein natürliches Talent, Sprachen zu lernen].

ET: Sie kamen ja auch aus einem mehrsprachigen Hintergrund.

SS: Das hilft.

Stella Shinder

Mit den Eltern habe ich normalerweise Englisch gesprochen, manchmal Deutsch.

PK: Nur mein Vater konnte etwas Englisch, aber meine Mutter, mein Bruder und ich kein Wort. Das beste Alter, eine Sprache zu lernen, je jünger man ist, desto besser. In drei Monaten konnten wir sprechen. Nach den ersten drei Monaten in der Schule bittet der Oberlehrer meinem Bruder, ein paar Worte zu sagen. Vor der ganzen Klasse, dass er in Englisch sprechen konnte.

ET: Du hattest auch keine Schwierigkeiten?

PK: Überhaupt keine Schwierigkeiten.

ET: Hat deine Mutter dann auch gut Englisch gesprochen?

PK: Sie hat ziemlich schön gesprochen, aber natürlich mit starkem Akzent. Man konnte hören, dass sie nicht in England geboren war. Ihre Eltern und Vaters Großmutter konnte nie Englisch sprechen, immer Deutsch gesprochen. Es gab natürlich andere Leute mit demselben Problem. Mein Vater hat auch einen Akzent gehabt, aber er hat gut gesprochen und musste sprechen, weil er das letzte Jahr Universität wiederholen musste. Mit den Eltern habe ich normalerweise Englisch gesprochen, manchmal Deutsch.

ET: Wie kommt es, dass du dein Deutsch so behalten hast?

PK: Weil ich mit den Großeltern sprechen musste.

ET: Und du hast auch gelesen?

PK: Nicht viel. Ich musste in der Schule für *a foreign language* Deutsch haben, wenn man zu der Universität gehen wollte.

Peter Kurer

Es ist sehr komisch, ich habe noch einen Akzent.

HH: In der Schule in Stoatley Rough haben wir nur Deutsch gesprochen. Aber wir durften manchmal in die Stadt gehen, wir sechs zusammen, dann immer Englisch. Dann durften wir nicht Deutsch sprechen. Meiner Mutters Englisch war nicht so gut, aber sie hat probiert. Wir haben dann in Swiss Cottage gewohnt und da waren alle *refugees*, da war alles Deutsch, Deutsch, Deutsch.

ET: Mit den Schwestern haben Sie weiter Deutsch gesprochen?

HH: Nein, wir haben alle Englisch gesprochen. Das war dann unsere zweite Sprache. Aber es ist sehr komisch, ich habe noch einen Akzent. Ich hab das nicht gewusst. Wenn ich spreche, sagen sie hinterher zu mir: „Woher kommst du? Von wo kommst du?“ […]

ET: Können Sie sich noch erinnern, wie das am Anfang war, als Sie Englisch gelernt haben?

HH: Es war ganz gut. Es waren hier alles *refugees*. Die Lehrer waren Englisch. Also wir haben es gelernt ziemlich gut […] Grammatik war sehr *important*.

ET: Sie haben ja eine große Erfahrung gehabt mit Sprachenlernen, weil Sie schon Persisch und Italienisch konnten.

HH: Ja. Das konnte ich noch *fluent* [fließend]. Aber über diese Jahre dann vergisst man die Regeln. Kann ich nur die *swear words* [Schimpfwörter], die ich nicht sagen will.

ET: Hatten Sie das Gefühl, dass es dadurch einfacher war, Englisch zu lernen?

HH: Ja, es war ziemlich einfach. Aber die meisten Lehrer waren auch *refugees*, in dieser *community* in Swiss Cottage war es deutsch-jüdisch. Natürlich auch Engländer, aber die *shops*, die Geschäfte waren alles deutsche Geschäfte.

Helga Hanfling

Ich konnte kein Wort verstehen, denn es war Yorkshire Akzent.

ET: Wie war das am Anfang in Leeds mit der Sprache?

HS: Ich hatte in Hamburg Englisch gelernt und ich dachte, ich konnte Englisch. Wir kamen nach Leeds von London mit meinem Bruder, ich hatte einen Koffer und gingen sofort nach Elland Road zum Fußball, bevor wir nach Hause gingen. Da waren die Straßenbahnen von der Stadtmitte zum Fußballplatz ganz voll und ich versuchte zu hören, was die Leute sagten und konnte kein Wort verstehen, denn es war Yorkshire Akzent. Das ist ein bisschen anders als *King's English*.

ET: Wie haben Sie das gemacht, um dann in die Sprache reinzukommen?

HS: Man hat das gelernt bei der Arbeit, bei dem Umgehen mit den andern.

ET: Haben Sie das *King's English* oder den Yorkshire Dialekt gelernt?

HS: Beides.

ET: Wie war das mit Lesen und Schreiben?

HS: Schreiben war für mich immer einfach. Ich glaub, der lateinische Hintergrund hilft da. Und Lesen war auch kein Problem.

ET: Wie lange brauchten Sie, um wirklich ins Englische reinzukommen?

HS: Sechs Monate, neun Monate. Ich lern immer noch.

Heinz Skyte

Ich habe es vermieden, zu provozieren.

FL: Bei Professor Hutten in Cambridge wurde nur Englisch gesprochen. Ich glaube, er konnte ein bisschen Deutsch, aber nicht sehr viel. Aber die Sprache, mit der man umging, war Englisch. [...]

ET: Haben Sie Ihren Eltern noch Briefe geschrieben?

FL: Bis zum Anfang des Krieges. Und dann, nach Anfang des Krieges, hatten wir eine Freundin in der Schweiz, durch die wir Briefkontakt mit unseren Eltern erhalten konnten. Wir schickten unsere Briefe erst in die Schweiz und sie steckte sie dann in einen Briefumschlag und schickte sie weiter nach Deutschland. Natürlich musste man sehr vorsichtig sein, was man in den Briefen schrieb, dass das nicht ersichtlich war, dass es aus England kam.

ET: Obwohl die Briefe in die Schweiz gingen?

FL: Wir durften nicht irgendetwas erwähnen, was typisch englisch war, denn die gingen durch zwei Zensuren, erst die englische Zensur und dann die deutsche Zensur. [...] Zum Beispiel: Als ich mein Interview hatte, in die Armee aufgenommen zu werden, in das *Intelligence Corps*, hatte ich ein Interview mit *MI5* [brit. Inlandsgeheimdienst] und die wussten, dass ich mit meinen Eltern brieflich in Verbindung stand. [...]

ET: Sie sagten, Sie sind nach England gekommen und wussten gar nicht, dass Sie einen Akzent hatten. Haben Sie es dann an den Reaktionen der anderen gemerkt?

FL: Man hat mir gesagt, dass sie es hören konnten. Von 1939 an bis 1943, als ich in das *Intelligence Corps* übernommen wurde, habe ich vermieden, mit mehr als einer Handvoll Engländer zu sprechen, denn ich wollte nicht, dass man erkannte, dass ich deutscher *refugee* war und vielleicht feindlich mir gegenüber war. Nein, nicht nur bis 1943, bis mein älterer Sohn heiratete. Da habe ich eine Rede gehalten bei seiner Hochzeit und das war das erste Mal, dass ich zu mehr als einer Handvoll von Engländern sprach. Wie gesagt – ich habe es vermieden, zu provozieren.

Fritz Lustig

Mein Englisch war sehr gut, aber nicht gut genug.

ET: Und dann hast du dich in einen *Commercial Course* eingeschrieben?

ES: Ich hatte Tippen gelernt, also Schreibmaschine gelernt. Ich hatte Kurzschrift in Wien gelernt. Mein Englisch war sehr gut, aber nicht gut genug. Mir war nicht bewusst, dass das ‚o' zum Beispiel drei verschiedene Aussprachen hat. Und in der Kurzschrift gibt es dafür verschiedene Zeichen. Ich konnte es nie richtig tun und nicht nur das ‚o' und das ‚a' und das ‚i'. Die englischen *vowels* [Vokale] sind ja verrückt. Da gab ich *shorthand* [Kurzschrift] auf. Wenn ich Kurzschrift benützen wollte, habe ich deutsche Kurzschrift genommen und englische Worte. Das machte es sicher, dass es niemand verstehen konnte. Das war die beste Geheimschrift, lang bevor ich in der Armee war. In Buchhaltung war ich nicht sehr gut. Ich habe die Ausdrücke nicht verstanden. […] Ich ging ins Kino regelmäßig. Ein Freund sagte mir, dass ich das komischste Englisch hatte: Es war eine Mischung von amerikanischen Filmausdrücken, jüdischen East-End-Ausdrücken, wo ich wohnte, und Schulenglisch. Später, um die Matura zu machen, dachte ich, dass man meine Aussprache prüft und dann fing ich an, meine Aussprache zu üben, Radio zu hören. […] Zu dieser Zeit hatte ich schon ein musikalisches Ohr. Das Klavierspielen half mir; wenn man eine Note spielt, wusste ich was sie war. […] Ich habe also meine Aussprache geübt. Einer der englischen *sounds* ist das ‚i'. Das englische ‚i' ist ganz besonders. Das Deutsche ist ‚ai'. Da hat mir jemand gesagt, dass die beste Art es zu lernen ist, den Ton auszusprechen und dazu zu lächeln. Sag das Wort *smile* und lächle.

Eric Sanders

Erste Eindrücke

Meine erste Tasse Kaffee zum Frühstück war Tee, Tee mit Milch

ET: Haben Sie sich sofort wohl gefühlt in England oder gab es etwas, wo Sie einen Unterschied bemerkt haben?

GT: Das ist keine einfache Frage. Natürlich habe ich mich wohlgefühlt, denn dieser Druck der Verfolgung, der einfach nicht mehr existierte, das war der wichtigste Unterschied. Es war nicht leicht für mich, in einem Kinderheim zu leben, denn ich war gewöhnt daran, in meiner Familie zu leben und das war, ich würde nicht sagen, unangenehm, aber das war sozusagen die Minussache der Auswanderung. Aber nicht für eine Sekunde wollte ich nach Deutschland zurück, obwohl zu der Zeit, selbst für jüdische Familien, lebten wir noch ganz bequem und hatten alles, was wir wünschen konnten. [...] Meine erste Tasse Kaffee zum Frühstück war Tee, Tee mit Milch sieht aus genau wie Kaffee und ich hab meinen ersten Schluck genommen und das war falsch. Aber das sind doch solche unwichtigen Sachen, wenn man sie vergleicht mit diesem furchtbaren Druck in Nazideutschland.

Günter Treitel

In Deutschland wär das nie passiert.

Die erste Unterkunft in London. Wir wurden abgeholt von einem Freund meiner Mutter. Eine nette Freundschaft, *nothing special.* Sie hat – ich war ja dabei – einen Mantel angehabt, den hat sie vergessen mitzunehmen, auf dem Weg nach Golders Green. Der Freund zeigte uns das Zimmer, was er für uns gemietet hatte. Da mussten wir nochmal zurückfahren, weil sie sagt: „Ach, um Gottes Willen, ich hab ja meinen Mantel übern Stuhl gehängt." „Wir gehen zurück", sagt er. „Und dann holen wir ihn." Es dauerte ungefähr ne halbe Stunde. In Deutschland wär das nie passiert, der wär doch längst weggewesen.

Ruth Danson

Zu Lamm gehört nicht Senf, sondern Minzsauce.

ET: Gab es etwas, was Ihnen besonders aufgefallen ist, als Sie nach England kamen?

GW: Ich mochte Bratwurst immer sehr gern und das immer noch. Ein paar von diesen Geschmackserinnerungen sind geblieben und ich mag einige dieser deutschen Würstchen. Aber damals war Krieg und strenge Rationierungen. […] Das einzige, was mir in Erinnerung geblieben ist: […] Die Eltern von einem der Lehrer wohnten drei Meilen von Oxford entfernt. Sie sagten, sie würden einen Jungen gegen Bezahlung – nicht aus Wohltätigkeit – aufnehmen. Die Frau war in ihren Fünfzigern und er war in seinen Achtzigern, also es gab einen großen Altersunterschied. Aber er war ein richtiger *Englishman*. Ich kann mich nicht erinnern, wie sie es mit den Rationierungen geschafft haben, aber einmal stand Lamm auf dem Tisch. Und ich bat um Senf. Sie schimpften mich aus: „Zu Lamm gehört nicht Senf, sondern Minzsauce."

Gerald Wiener

In England hat man sehr gute Tischmanieren.

Nach der Ankunft in London habe ich das erste *breakfast* gehabt. Alles was ich gewusst habe, ist, dass man in England sehr gute *manners*, *tablemanners*, Tischmanieren hat. Wir hatten Rührei auf Toast zum Frühstück. Nun, ich hatte nie vorher Rührei auf Toast. Ich schnitt den Toast entzwei und steckte ihn in den Mund. Direkt, bong. Ich wusste, sie haben diese Tischmanieren, aber ich wusste nicht, dass das existiert.

Rosemarie Cawson

Porridge war sehr fremd.

Es war alles sehr fremd. Zum Beispiel: Eines Tages hat ein reicher Mann mich vom Dovercourt Camp im Auto zu seinem Haus mitgenommen. Da habe ich zum ersten Mal ein *open fire*, einen Kamin gesehen, man hat mir einen typischen englischen Tee gegeben. Das war meine erste Erfahrung vom englischen Leben eigentlich. Das hat mir sehr gefallen, mich sehr beeindruckt. Wir wurden auch im Camp zu einem Film gebracht, der damals zum ersten Mal gezeigt wurde: *Snowwhite and the seven dwarfs*, Schneewittchen und die sieben Zwerge. Das hat mich auch sehr beeindruckt. Mir wurde Porridge gegeben, Porridge war sehr fremd, aber heutzutage esse ich es jeden Tag. […] Ich musste ganz schnell ein richtiger Engländer werden […] Dann 1943, hab ich mich freiwillig für die Armee gemeldet.

Leslie Baruch Brent

Diese Buchstaben auf Nummernschildern von Autos.

ET: Diese Zeit in London oder überhaupt die erste Zeit in England, wie war das für Sie?

KL: Ich fand es interessant und akzeptierte es. Für mich waren hochinteressant diese Buchstaben auf Nummernschildern von Autos. Da hat man deutsche Worte draus gemacht, englische Worte. Hat man diese drei Buchstaben verwandelt. Das interessierte mich immer. Wir waren nicht lange in London, zwei, drei Wochen. Da waren schon Krieg und die Spannung und man wusste auch gar nicht, ob man am Abend zurückkommt.

ET: Haben Ihnen die Eltern gefehlt?

KL: Bestimmt haben die gefehlt. Aber, wie ich schon sagte, Ich habe immer alles akzeptiert. *Things happen. It always has been, it happened. Get on with it.* [Dinge geschehen. So war es schon immer, es ist geschehen. Mach weiter.] Ich schaue nie zurück. Und ich versuche, nie zurückzuschauen und auch arbeitsmäßig habe ich immer gesagt: Das ist passiert. Das ist Vergangenheit. Wie kommt man aus dem Dreck jetzt raus.

Keith Lawson

Da war nichts, was mich wirklich verblüfft hat.

MB: Ich hab mich ziemlich schnell eingewöhnt. Es war etwas seltsam, als die Familie von Hanna mir einen Cricketschläger gab, stand ich vor einem Rätsel. Ich wusste nicht, was das war, hatte nie von Cricket vorher gehört. Ich denke, Porridge war etwas zum Frühstück, was ich nicht kannte. Aber abgesehen davon fand ich nicht so viele Unterschiede. Es gab mehr Gemeinsamkeiten als Unterschiede. Da war nichts, was mich wirklich verblüfft hat.

ET: Auch nicht in der Kleidung?

MB: Ich glaube, ich fühlte mich etwas fremd, als ich zuerst kam, aber es hat mich nicht sehr beunruhigt oder befremdet oder so etwas. Die Jungen trugen Schulkappen. Das fand ich seltsam. Sie sahen sehr komisch aus. Es war eine Art Schuluniform. Aber ich kann mich an nichts anderes erinnern, dass mir sehr fremd vorkam.

Michael Brown

Man wollte nicht schon wieder anders sein.

MR: Man wollte sich ganz und gar identifizieren. Man wollte nicht schon wieder anders sein. [...]

ET: Sie haben vielleicht die deutsche Kultur nicht so kennengelernt?

MR: Das wollte ich gerade sagen. Meine Eltern waren wahnsinnig begeistert von der deutschen Kultur und sie waren so tief darin verwurzelt. Literatur, Musik. Die haben nicht viel anderes kennengelernt. Es war ihnen sehr, sehr wertvoll. Aber davon habe ich eben, abgesehen von dem, was ich von meinen Eltern so mitgekriegt hab, das hab ich nicht mitbekommen.

Margarete von Rabenau

Wirklich englisch kann man ja eigentlich nicht werden.

Ich hab die Notwendigkeit gespürt, mich anzupassen, und das hab ich auch gemacht. Ich bin ein guter kleiner Engländer geworden, bestimmt, aber wirklich englisch kann man ja eigentlich nicht werden. Trotzdem, ich muss auch sagen, ich hab auch in dieser englischen Schule mit 325 englischen Jungs und einem Deutschen, nicht einmal, auch im Krieg grade, irgendwelche Repressalien deswegen gehabt. Gab sicher mal Rangeleien, ich war natürlich auch sportbegeistert, hab da mitgemacht und das war wichtig und gut, hab in der *school band* die große Pauke geschlagen, ein Riesending mit einem Leopardenfell über meiner Schulter, hab an Schulkonzerten meine Geige gespielt, auch in Worcester Cathedral, Mozartkonzert, 1. Satz, mit einem Laienorchester aus Birmingham.

Michael Trede

Man hat die Rolle angenommen.

BG: Es gab eine Zeitschrift, die nicht mehr existiert, *Picture Post.* Und eine Kopie davon lag in dem Raum, wo wir unsere Hausarbeiten machen. Ich war fertig und hatte noch nie die *Picture Post* in der Schule gesehen. Deshalb stand ich auf, setzte mich nach hinten und nahm die *Picture Post*, blätterte in den Seiten, und auf einmal war da ein Foto von meinem Vater.

ET: In welchem Jahr war das?

BG: 1939 oder 1940.

ET: Sie waren gerade gekommen.

BG: Genau. Und da sehe ich meinen Herrn Papa. Und ich glaub, ich hab geweint. Weil ich noch nichts von meinen Eltern gehört hatte. Die Lehrerin, sie hieß Miss B, fragt: „Was ist los?“ Ich sag: „Das ist mein Dad.“ Sie nimmt dies *Picture Post* und sagt: „Komm mit mir!“ und führt mich zur Direktorin, zeigt ihr die *Picture Post* und sagt: „Sie sagt, das sei ihr Dad.“ Mrs. C, die Direktorin, blickt darauf, dann auf mich und sagt: „Das ist nicht dein Dad, das ist Propaganda.“ Ich habe nichts mehr gesagt. Ich glaube, das war der Moment, wo ich verstanden habe, dass die *Brits* keine Ahnung davon hatten, was es hieß, ein Jude in Deutschland zu sein. Gar nichts. Nicht die durchschnittlichen Briten. Nicht die Engländer, nicht die Waliser, nicht die Schotten. Vielleicht haben sie was gelesen, glaubten es oder vielleicht auch nicht. Ich musste akzeptieren, dass manche Menschen die Geschichte nicht verstehen.

ET: Und Ihre Geschichte auch nicht.

BG: Genau. Ich hatte das Gefühl, dass ich sie in keiner Weise überzeugen konnte. Ich konnte sie nicht überreden. Ich konnte nicht sagen: „Doch, das ist mein Vater, ich kenne meinen Vater!“ Verdammt nochmal! Ich merkte das, aber – ich hab das schon vorher gemerkt, wie ich bei der alten Dame ankam – die hatten eigentlich keine Ahnung von meinem Hintergrund. […] Es war nicht einmal, dass sie mich nicht verstanden haben, ich hab nicht einmal versucht, mich verständlich zu machen. Zum Beispiel, noch bei der alten Dame vor ihrem Tod: In den ersten zwei oder drei Tagen hatten wir *a proper dinner*, da war eine Köchin, Dienstmädchen, a Zimmermädchen, weiß nicht was. Okay. Ich hab das aufgesogen. Es war in Ordnung. So also leben sie. Wir essen am Abend und da sagt die alte Dame zu mir: „Weißt du, du musst die Gabel so rum halten und nicht anders. So rum.“ Komisch. Da rutscht ja alles wieder runter. Ich hab's doch so gemacht, dass es die Kartoffeln draufbehalten hat. Dass ich dann so rum essen konnte, anstatt so rum. „Des macht ma halt so hier.“ Ich habe mir das nicht mal gesagt, ich hab's bloß gemerkt und gesagt: „Okay, wenn es das ist, was sie wollen, dann werde ich es tun.“ Ich hab mich angepasst. Ich glaub, ich hab mich besser angepasst temperamentweise, aber auch weil's mich interessiert hat.

ET: Neugierig.

BG: Erstens war ich neugierig und zweitens war's a bissl wie Theater. Man hat die Rolle angenommen. Aber drunter war ich doch immer noch ich.

Bea Green

Gentlemen lift the seat.

ET: Als Sie als Junge nach England kamen, war da etwas, was Sie als anders empfunden haben?
PB: Ich war damals zwölf Jahre alt. Nee, ich hab das alles aufgenommen. Das einzige, wir waren auf einem Zug, als wir nach England kamen und ich musste dann auf die Toilette und da steht: „Gentlemen lift the seat." Da sag ich: „Doesn't every man lift the seat?" Daran kann ich mich erinnern.

Peter Block

Leeds is – ich muss das auf Englisch sagen – a welcoming city.

ET: Wie haben Sie sich gefühlt am Anfang hier in Leeds?
HS: Ich war ziemlich jung. Besonders die Kollegen bei der Arbeit, die waren sehr sympathisch. Da gab's auch feindliche Leute, aber nicht viel.
ET: Feindlich, weil Sie aus Deutschland kamen?
HS: Nicht, weil ich aus Deutschland kam, weil ich jüdisch war. Da war viel Antisemitismus, hier auch. Und dann natürlich, der Krieg begann und dann konnte man nicht mehr Deutsch sprechen auf der Straße. [...] Das Leben war anders, die Kultur war ganz anders, aber man hat sich daran angewöhnt. *Leeds is* – ich muss das auf Englisch sagen – *a welcoming city*. Es gab eine große Anzahl von Flüchtlingen hier.

Heinz Skyte

Ich hab nicht wirklich an den Problemen teilgenommen.

Der erste große Eindruck war, dass meine Mutter die Untergrundbahnfahrkarte verloren hat, von Liverpool Street nach Hampstead. Das war ein großer Verlust. Wir waren so arm, das kostete weniger als einen Schilling, das hat mir sehr Eindruck gemacht. Ich hab nicht wirklich an den Problemen und den Umständen teilgenommen, in keiner Weise. War ganz auf mich und meine Lebensweise konzentriert, die ganz anders war als die meiner Familie. Ich war ein kleiner Verbrecher, also ein Lausbub, und habe mich nicht beteiligt an den ernsten Fragen. Ich spreche manchmal mit Gleichaltrigen, selten, weil es keine mehr gibt oder wenige. Was die alles gewusst haben in der Zeit, politisch gebildet, jüdisch gebildet, deutsch gebildet, alle am täglichen Leben aktiv teilgenommen, ich nicht. Ich habe Kartenstücke geübt, Kunststücke mit Karten.

Victor Ross

Alles war möglich in einem fremden Land!

ES: Das erste, was mir aufgefallen ist, es war laut. Obwohl Wien auch laut war im Vergleich. Ich glaube, wir sind in einem Taxi zu meiner Tante gefahren. Sie wohnte nicht so weit von Liverpool Street im Norden. Aber meine Familie, die waren sehr altmodische Juden, sehr laut gesprochen und gelacht. Ihr Mann, ihr zweiter oder dritter Mann, hatte einige Häuser in der Gegend, aber ein sehr lauter Mann, sehr fett und sehr jovial. Er hat mich umarmt. Er war nicht einmal mein Verwandter und sehr judenbewusst. Wie die Juden in der Leopoldstadt in Wien waren. Ich war aber nicht aus diesem Bezirk. Leopoldstadt war ein jüdischer Bezirk. Er hat mir zum Beispiel gesagt: *Belischa beacon*. Es sind diese *beacons* [Signale], wo man über die Straße gehen kann. Und die waren stolz, dass sie nach dem nach einem jüdischen Minister benannt waren, Belischa. Das war das erste. Lautes Sprechen. Und die Decke war so niedrig im Vergleich mit Wien, fast die Hälfte. Im Stiegenhaus war eine Wohnung, im Keller, wo jemand anderer wohnte.

ET: Wie war es zum Beispiel mit dem Essen?

ES: Ich kann mich erinnern, dass es z. B. eine Frucht gab, die ich nie gesehen hatte vorher. Ananas, Orangen haben wir in Wien gehabt. Aber was ist eine Ananas hier? Ich fand das heraus viel später. Wir nannten die großen Pflaumen Ananas in Wien, wahrscheinlich, weil sie so groß waren. Die hatte ich nicht sehr gern. [...] Eine Woche später musste ich schon zum Unterricht gehen. Da gibt mir meine Tante Twopence für die Fahrt. Sagt mir, ich soll bis zum Busstop gehen. Sagt etwas wie: „Tell the driver to drop you at something." *Drop?* Ich wusste genau, was *drop* heißt. Und so ging ich allein in dieser Stadt zum Ende der Straße zum Park, zum ersten Autobus. Aber ich wusste nicht, dass man die Hand ausstrecken musste. In Wien hat die Tram bei jedem Stopp gestoppt. Also ist der erste Autobus nicht stehen geblieben. Zwei andere, die grad ankamen, haben gelacht. Jedenfalls kamen dann mehr Leute heran. Ich war der erste. Und als der nächste Autobus kam, hatte einer von denen die Hand ausgestreckt. Ich war sehr höflich und bin zur Seite und hab die Dame zuerst gelassen, alle habe ich vorgelassen. Dann wollte ich rein. Aber der Kondukteur wollte mich nicht. „Full up!" *Full up?* In einer Tram, in einer Elektrischen in Wien war es nie zu voll. Da hingen sie außen dran. „I want to go." „Sorry!" Er hat seine Hand quer über die Stange gesteckt und ich bin zurückgefallen, auf meinen Hintern gesessen. Da haben sie alle wieder gelacht. Das ist mir nie wieder passiert. Ja, alles war möglich in einem fremden Land! [...] In der ersten Woche oder so war ich wie jeder Fremde. Ich kritisierte alles, was nicht so gut war wie in Wien. Am Ende der Woche habe ich es plötzlich anders gesehen. Das schöne Mädchen vom Schiff hat mich eingeladen zu einer

Party. Die Mutter hat mich eingeladen, kein Vater, eine sehr komische Gesellschaft. Es war nicht ganz sicher, ob die wirklich anständige Menschen waren. Aber sie haben sich anständig benommen. Wir waren Nachbarn. Ich bin dahingegangen mit Noten, denn ich dachte, vielleicht werden sie wollen, dass ich spiele. Aber sie hatten kein Klavier. Ich hatte die Noten in einer Aktentasche. Als die Party fertig war, war es Mitternacht. Keine Tram. Ich glaube, ich war in Chelsea. Da war eine große Straße, auf der ich ging, weil ich wusste, ich würde am Ende nach Thorsden kommen. Die Straße war ganz leer. Mitternacht. Katzengejammer, hatte ich nie gehört vorher. Ich dachte, das waren Babys, die würden schlecht behandelt, die würden gehauen. Dann kam ein Polizist. In Wien war ein Polizist eine Macht. Wenn ich in Wien mit dem Fahrrad auf dem Trottoir fuhr, musste ich sicher sein, da war kein Polizist. Die konnten dich sofort bestrafen mit Geld, sofort, und wenn nicht, dann ... Jedenfalls kam der Mann auf mich zu, dieser Polizist, fragte, wohin ich ging. Ich sagte es ihm. Und da sagt er: „May I have a look into your bag, Sir?" *Sir!* Ich war 18. *Sir!* Ja. Er hat die Noten angeschaut und hat sie mir zurückgegeben. Ich bin weitergegangen. Das war eine ganz neue Erfahrung. Hier hat's angefangen. Nach Hause gekommen, da hat mein Onkel gesagt: „Wenn du in London die Uhrzeit wissen willst, kannst du einen Polizisten fragen." Ich wäre in Wien nie zu einem Polizisten gegangen, um zu fragen, wie spät es ist. Da begann ich, andere Dinge zu sehen. Ich sah, dass sich Leute bei dem Autobus oder Tram anstellten, nicht wie in Wien von allen Seiten angelaufen kamen. Dass, wenn ein Mann in der Tram nicht dazugekommen war, sein Ticket von dem Konduktor zu kaufen, gab es jemanden, der dort stand. Sagt: „Können Sie das dem Kondukteur für mich geben?" Für mein eigenes Ticket habe ich manchmal geschwindelt. Ich hatte sehr wenig Geld und ich brauchte drei Penny am Ende am Samstag, um ins Kino zu gehen. Ich konnte es meiner Tante nicht sagen. Später, als ich Geld verdiente, wurde das besser. Das war eine neue Erfahrung. Eine andere war nicht so gut, aber das kam erst später. Ich fand heraus, dass die Engländer sehr höflich sind, überhöflich manchmal, zu einem Fremden. Wenn ich etwas aufgehoben habe für jemand, haben sie mir so gedankt. „It's very nice of you." Vielleicht, weil ich ein Fremder war. Ich dachte dann, ich war der Hahn im Korb, bis ich ihnen auf die Nerven ging. [...] Bis ich da draufkam, wie tolerant die Leute hier waren. Der fette Onkel, der mich ununterbrochen auf die guten Dinge aufmerksam gemacht, hat mich auf eines aufmerksam gemacht: Hier in England ist niemand schuldig, wenn es nicht bewiesen ist. Du bist unschuldig und die Zeitungen dürfen nicht schreiben, als ob du schuldig wärst. Das hat mich sehr beeindruckt.

Eric Sanders

Verlorene Gemeinschaft

Niemals habe ich meine Mutter als einen erwachsenen Menschen gekannt.

Niemals habe ich meine Mutter als einen erwachsenen Menschen gekannt. Das heißt, ich weiß nicht, ob sie gerne hatte klassische Musik, hat viel gelesen. Was waren ihre Hobbys? War sie sportlich? Nix. Was für eine Persönlichkeit sie hatte. Und das stört mich ein bisschen.

George Shefi

Ich war die Art von Mensch, die sich nichts anmerken ließ.

ET: Hatten Sie Heimweh nach den Eltern?
MS: Oh ja. Hatte ich, weil ich jede Nacht weinte. Ich war die Art von Person, die sich nichts anmerken ließ. Ich wollte kein Mitleid. Ich war so, und wenn die Leute fragten: „Wie geht es deinen Eltern?“, sagte ich: „Es geht ihnen gut.“ Ich war so.

Margot Showman

Das war kein Thema.

ET: Noch eine Frage zu Ihrer Pflegefamilie. Haben Sie mit denen jemals über Ihre Familie in Wien gesprochen?
FD: Ne. Niemals. Das war kein Thema. *Not significantly* [Nicht wirklich].
ET: Das heißt, diese ganze Trennung, das mussten Sie selber verarbeiten.
FD: Ja.

Francis Deutsch

Ich denke sehr daran.

Ich war der erste, der einzige Bub in der Familie, der jüngste, und meine Schwestern haben mich fürchterlich verwöhnt und so weiter. Und ich glaube, ich habe nie wirklich Dankeschön gesagt. Das ist etwas, dass mich sehr stört. Hab ich meinen Eltern je gezeigt, dass ich das zu schätzen weiß, was ich gekriegt habe? Ich glaube, ich habe es nicht. Erst Jahre später kommt das. Wie ich weg bin, habe ich keinen Kontakt mehr mit meinen Eltern gehabt. Man hat mir gesagt, was zu machen ist und ich habe es gemacht, nicht gern, aber ich habe es gemacht. Aber wenn man dann wegkommt, von vierzehn bis achtzehn Jahren, diese Zeit habe ich versäumt mit ihnen. Wir konnten nie eine normale Unterhaltung haben. Wenn man dort aufwächst, nimmt man das alles auf, denkt überhaupt gar nicht darüber nach. Aber da ich das nie konnte, denke ich sehr daran.

Walter Kammerling

Wenn das Wetter gut war, hab ich kein Heimweh gehabt.

Ich war damals zwölf, dreizehn Jahre alt. Das ist eine sehr interessante Zeit für einen Jungen, man ist interessiert an der Umgebung, weniger an der Geschichte. Auf jeden Fall so war's in meinem Fall. Wenn das Wetter gut war, hab ich kein Heimweh gehabt. Wenn das Wetter nicht so gut war, weil das Wetter anders war, war das vielleicht weniger wichtig. Ich glaube, besonders in diesen Jahren war es unser Ziel, dass man unabhängig wird. Ich erinnere mich zum Beispiel an die Ferien 1938, da wurden wir sogar von Schuschnigg besucht, in dem Lager. Ich war damals *scout*, eine Art von *Jewish scouts*. Das hab immer sehr angenehm gefunden. Unsere Erziehung war darauf errichtet, dass wir unabhängig wurden.

Karl Grossfield

Wäre da nicht die Abwesenheit von meiner Familie gewesen.

ET: Hatten Sie Heimweh dort in Dovercourt?
LB: Ja, sicher. Ich hatte keine Ahnung, was passieren sollte. […]
ET: In Bunce Court hatten Sie auch Deutschunterricht?
LB: Ja, aber alles wurde in Englisch gelehrt. Ich war sehr glücklich da. Wäre da nicht die Abwesenheit von meiner Familie gewesen.

Leslie Baruch Brent

Bestimmt waren Tränen da, aber sie waren weggeblieben.

KL: Ich habe meine Eltern nur bis vierzehn Jahre gekannt. Was mir gefehlt hat. Aber ich hatte andere nachher im *boy hostel*. Ich habe mir immer gesagt: „Du, jetzt gehen wir weiter." Ich bin jemand, der gesagt hat, ich glaub, auch mein Vater hat sowas gesagt: „Schau nicht zurück, schau vorwärts." […]
ET: Das heißt, für Sie war dieser Wechsel von Deutschland nach England nicht so schlimm, weil Sie schon vorbereitet waren?

KL: Ich war vorbereitet. Ich bin nicht jemand gewesen, der ewig geweint hat. Bestimmt waren Tränen da, aber sie waren weggeblieben. Waren nicht wichtig. [...]

ET: Haben Sie das Gefühl gehabt, Sie sind fremd, haben Ihnen die Eltern gefehlt?

KL: Bestimmt haben die gefehlt. Aber, wie ich schon sagte, Ich habe immer alles akzeptiert. *Things happen. Get on with it.* Ich versuche nie, zurückzuschauen, und auch arbeitsmäßig habe ich immer gesagt: „Das ist passiert. Das ist Vergangenheit. Jetzt muss man dies tun, das tun."

Keith Lawson

Mit jedem Wechsel war so viel zurückgeblieben.

ET: Hast du manchmal in dieser Zeit in der Pflegefamilie oder auch in dem Heim Heimweh gehabt?

RB: Ich hab keine Erinnerung daran. Ich nehme an, dass alle meine Energie war darauf gerichtet, im Moment durchzukommen. Es ist so oft alles neu. Als ein kleines Kind habe ich von Anfang wieder starten müssen.

ET: Hattest du einen Gegenstand oder eine Puppe oder irgendetwas, was du die ganze Zeit gehabt hast von Berlin?

RB: Ja, einiges haben wir mitgenommen, aber sie sind verschwunden. Mit jedem Wechsel war so viel zurückgeblieben. Es war immer sehr plötzlich. Wir waren nicht vorher vorbereitet.

Ruth Barnett

Wir haben nie darüber gesprochen.

ET: Hatten Sie denn Heimweh?

RD: Schrecklich. Aber wir haben nie darüber gesprochen. Wir wussten nämlich, dass wir alle Heimweh hatten. Das war selbstverständlich.

ET: Das heißt, sie haben sich nicht untereinander ausgeweint.

RD: Nein, nie. Wir wussten, dass jede im Bett weinte.

ET: Und die Lehrer, also diese Heim-Betreuerinnen, konnten nicht darauf eingehen?

RD: Nein, nein, sie haben auch gelitten. Eine war verwitwet, die andere geschieden. Beide hatten zwei Söhne, alle vier Söhne waren in England, nicht in der Nähe, aber sie waren in England, nicht in Gefahr.

Ruth L. David

Auf einmal werde ich losgelassen.

ET: Als Sie in England waren, am Anfang, haben Sie Heimweh gehabt?

BG: Ja, ja freilich. Ich glaub, was mir abgegangen ist: die Mutti und ich haben einander umarmt, beim Zu-Bett-Gehen. Der Vati hat mich auch geküsst. Er hat mich in die Schule geführt, als ich klein war, immer an der Hand gehalten, und wir waren also so eng verbunden. Auf einmal werde ich losgelassen. Das ist mir wirklich abgegangen, denn das Mädchen aus Hamburg, die Margot Alsberg, war nicht zum Umarmen. Kein Mensch hat mich umarmt. Puhu. Aber so lernt man halt, unabhängig zu werden.

ET: Hat Ihnen was gefehlt von München?

BG: Oh ja, freilich, immer noch: Weißwürstel, süßer Senf, die Musik, Dirndls, Schuhplattler. Aber es fehlt mir nicht in dem Sinn, denn ich hab es eben noch. Also das Mistviech, der Hitler, hätt mich gern tot gesehen. Ätsch. Er ist tot und ich lebe. Das hab ich mir des Öftern gesagt, er ist tot und ich lebe. Erst recht. […]

Vielleicht hab ich Angst gehabt, jemanden zu lieben. Ich glaub, mit der Auswanderung war ich nicht nur geografisch vom ursprünglichen Leben weg, sondern ich hab umschalten müssen. Das ist der beste Ausdruck, den ich kenn. Und das Zurückschalten kam erst, wie ich nach Lima gekommen bin, um mit meinen Eltern zu leben. Da war die Beziehung nicht wie ursprünglich, weil ich doch erwachsen war. Aber doch was Wunderbares, das mir irgendwie wahrscheinlich doch gefehlt hat. Ich mein, man kann niemand so lieben, wie man seine Eltern liebt.

Bea Green

Krieg

Auf einmal war ein Riesenkrach und das Licht geht aus und Glas fliegt überall hin.

Dann hat der Krieg angefangen und im ersten Monat vom Krieg haben sie Bomben auf London geschickt. Eine von diesen Bomben ist aus Versehen auf meine Schule gefallen. Da waren wir noch im Wohnzimmer und da hamer alle gestrickt für die Truppen. Auf einmal war ein Riesenkrach und das Licht geht aus und Glas fliegt überall hin. Der Mann von der Direktorin hat gesagt: „Auf den Boden, legt euch hin." Die Ursula, die neben mir gestrickt hat, natürlich ist alles dunkel, fällt auf den Boden und genau auf mich drauf. Da hab ich mir noch gesagt, auch gut, wenn das Haus runterkommt, es kommt auf sie zuerst und ich werde leben. Es war ein so starkes Gefühl, dass ich mich nicht dafür schäme. Aber das Haus brach nicht zusammen, nur Glasscherben waren überall. [...] Also wir sprangen alle auf und als ich die Stufen im Flur runterlief, fiel eine andere Bombe und es sprengte das Glas von der Tür. Die jüngeren Kinder von der Schule waren schon unten in den Betten. Und ein Mädchen war wirklich unter Schock und schrie fast: „Huhuhu." Sie hieß Jo. Ich ging zu ihrem Bett und sagte: „Es ist alles in Ordnung." Und ich wusste gar nicht, dass ich blutete. Und sie schrie weiter. Am nächsten Tag wurden wir alle nach Wales evakuiert und den Rest des Kriegs verbrachte ich in Wales teils in der Schule, teils im University College London, das in Aberystwith war. [...] Und die Waliser, weil ich anders bin, haben sie mich aus Prinzip geliebt. *So I was very happy being in Wales.* Und dann war ich also erst einmal in der Schule und dann wieder auf der Universität. Und dann die letzten zwei Jahre. Sind wir nach London zurückgekommen so genau zu der Zeit wo wir die *doodle bugs* hatten. Das waren die Bomben, die auf einmal runtergefallen sind. Eines Morgens bin ich aufgewacht mit einem Riesenkrach und das Fenster ist reingefallen. Da war eine Bombe in der nächsten Straße, hat die Fenster zerbrochen. Ich bin ausm Bett rausgeschossen, hab meine Füße in die Hausschuhe getan, ohne zu merken, dass da Glas drin war. Saublöd. Man hat's überlebt. Wo bin ich nachher hingekommen? Im selben Haus in ein anderes Zimmer glaube ich, wo die Fenster noch nicht kaputt warn, und das ist ziemlich schnell repariert worden. Also, ich hab den Krieg in London erlebt. [...] Meine *auntie* [Tante] hat mir schöne Kleider gekauft, mit denen ich dann zur Schule zurückgekommen bin und das war, wo die Bombe auf die Schule gefallen ist und die Menschen sind ins Haus rein und haben alle neuen Sachen gestohlen. Es ist das hier vorgekommen. Man lernt was.

Bea Green

Man fürchtete, dass sie deutsche Spione in ihren Kreisen hatten.

FL: Ich wurde interniert im Juli 1940. Erst in ein Durchgangslanger in York, dann auf die Isle of Man. Da wurden alle deutschsprachigen Männer von sechzehn bis sechzig Jahre interniert. Und natürlich die älteren, die Stellungen hier hatten oder ihren eigenen Beruf, die waren sehr viel mehr anti-Internierung als wir jüngeren Leute. Ich wusste, dass es kommen würde und hatte sogar einen Koffer gepackt, den ich mitnehmen wollte.

ET: Woher wussten Sie das?

FL: Die englischen populären Zeitungen waren sehr *anti-refugee*. Denn man fürchtete, dass sie deutsche Spione in ihren Kreisen hatten. Diese Zeitungen hatten also sehr dafür plädiert, dass alle die Refugees in Internierungslager gebracht wurden. Als Churchill dann *Prime Minister* wurde, gab er den berühmten *Call-of-the-lot*, den Aufruf, und darauf wurden alle Männer von sechzehn bis sechzig hier interniert. [...] Ich konnte dann später, weil ich zweisprachig war, als *secret listener* im *Intelligence Corps* arbeiten, musste Gespräche von deutschen Soldaten abhören. Da habe ich meine Frau kennengelernt. Sie war auch im *Intelligence Corps*.

Fritz Lustig

Sie waren als zweisprachige Offiziere sehr nützlich.

VR: Bin ich interniert worden. Aber ich bin offiziell, obwohl ich eingeschrieben war als *graduate BSC*, wie das hier heißt, *Bachelor of Science*. Aber ich habe die Abschlussprüfung nie gemacht.

ET: An dem Tag, bevor Sie die Prüfung machen sollten, ist die Polizei gekommen und hat Sie mitgenommen?

VR: Ja. Am Abend vorher. Ich war damals schon in der London School of Economics, die war in Cambridge, und wir sind in einer Wurstfabrik, die leer stand, untergebracht worden. [...]

ET: Wie lange ging diese Internierungszeit?

VR: 21 Monate.

ET: Danach wurden Sie Soldat?

VR: Ja, das war die Bedingung, unter der ich entlassen wurde. Ich hatte keine guten Gründe vorzulegen, dass ich besonders begabt wäre. Am Schluss sind ja alle entlassen worden. Aber ich wollte nicht mehr warten. Ich war ein sehr erfolgreicher Soldat und wurde am Schluss, wie manche von uns – auf Deutsch würde man sagen – ein hoher Offizier. Die Sprache hat natürlich damit zu tun gehabt. Meistens sind die hochgestiegen, denn sie waren als zweisprachige Offiziere sehr nützlich. Aber meine zweite Sprache war Urdu. Das spricht man in Indien. Weil ich nach Indien versetzt wurde. Nach Burma. Ich kann mir vorstellen, dass man im *War Office* gesehen hat, ich bin zweisprachig. Sie wollten jemand, der zweisprachig ist, aber nicht Deutsch, sondern was anderes. So ist es Urdu geworden. Das war sehr interessant. Ich hab's ganz schnell gelernt. Habe mich nicht so wie mit Ihnen unterhalten können, aber mit meinen Soldaten natürlich, mit denen habe ich Urdu gesprochen.

ET: In welcher Abteilung waren Sie da?

VR: War eine Art *Intelligence*, eine Art, nicht wirklich. *Intelligence* ist vielleicht nicht der richtige Ausdruck. Auf Deutsch würde man sagen: Beziehung zur Zivilbevölkerung. Es war meine Aufgabe, das zu entwickeln, um die in guter Stimmung zu halten, auf englischer Seite zu kämpfen und so weiter.

ET: Waren Sie froh, dass Sie dort waren?

VR: Dass ich nicht in Deutschland war?

ET: Ja.

VR: Nein, ich habe mir über solche Sachen nie Gedanken gemacht. In der Armee wird man geschickt. Sechs Monate sitzt man herum und macht nichts. Und im siebten Monat wird man entweder erschossen oder erschießt.

Victor Ross

Wie nett die englischen Polizisten waren.

Mein Vater war nicht interniert auf der Isle of Man. Das Internieren war furchtbar. Die Frau hatte den Mann nicht gehabt, die Kinder haben den Vater nicht gehabt. Aber am schlimmsten: kein Geld ist reingekommen. Aber mein Vater war nicht interniert und man hat ihn oft gefragt: „Wieso warst du nicht interniert?“ Ich bin nicht sicher, aber wie die Möbel angekommen sind und die zahnärztlichen Sachen, ist die Polizei gekommen und hat gefragt: „Was ist das?“ Mein Vater hat immer gesagt, wie nett, wie lieb die englischen Polizisten waren. Wenn man sich erinnert an die, die wir in Wien hatten. Mein Vater hat es der Polizei gesagt mit dem Englisch, das er sprechen konnte und hat der Polizei gesagt: „Wollen Sie kommen und schauen?“ Schon ist die Polizei reingekommen und hat alles gesehen und ist wieder weggegangen. Wie die Goodwins am Abend nach Hause gekommen, die waren Juweliere in Manchester, erzählt mein Vater den Goodwins die Geschichte von der Polizei, wie nett sie waren, wie lieb sie waren und die Mrs Goodwin, die eine ganz kleine Dame war, sagt: „Was? Die Polizei ist in mein Haus gekommen ohne meine Bewilligung?“ und ist zu der Polizei gegangen und soll dort enorm geschrien haben. Mein Vater sagte dann: „Ich glaub, ich war nicht interniert, weil die Polizei Angst gehabt hat vor der Mrs Goodwin.“

Peter Kurer

Sie haben mich rumgeschickt, in die Infanterie am Schluss.

WK: 1943 wurde im Parlament beschlossen, dass die feindlichen Ausländer zum Militär dürfen. Da haben sich ziemlich viele von unseren Leuten, vom „Jungen Österreich“, Burschen und Mädels gemeldet. Ich war auch dabei. [...]

ET: Wo bist du hingekommen?

WK: Belgien zuerst, dann nach Frankreich, dann Holland. Sie haben mich rumgeschickt, in die Infanterie am Schluss. Da sind wir jeden Tag ca. 30 Meilen marschiert, zwischendurch haben wir mal Angriffe gemacht und am Abend haben wir dann einen Graben ausheben müssen. Es war so schwer, ich war so fertig. Wir haben zusammengelegen, ich bin da ganz verkrampft gelegen, da hab ich Ischias bekommen. Und ich sollte nach Übersee gehen. In Belgien hat der MO, der *Medical Officer*, gesagt: „Na, so kannst nicht gehen.“ Schickt mich ins Spital. Die anderen sind aber weiter, ich lag nicht lange im Spital, aber da waren sie nicht mehr da. Ich bin nicht mehr dazu gekommen, war die ganze Zeit im Übergangslager. Dann war der Krieg zu Ende. Da war ich in Holland. Ich habe versucht, irgendwie herauszukommen. Ich bin zurück zum Officer und habe gesagt: „Pass auf, ich sprech Deutsch. Kann ich nicht als Übersetzer arbeiten? Ich will wieder zu meiner Einheit.“ Ich habe gesagt, ich bin Österreicher. Sagt er: „Aha, speaks English, Austrian and German.“ „Das ist dieselbe Sprache.“ „There must be a difference.“ Und der Mann, wie ich da tatsächlich weg bin, drei Monate später ist er gewesen der *Educational Officer*.

Walter Kammerling

Ich hätte natürlich, ohne darüber nachzudenken, deutsche Soldaten erschossen.

LB: Mitte 1943 hab ich mich freiwillig für die Armee gemeldet, weil ich dachte, dass das Einzige ist, was ich für meine Eltern und für mein neues Land tun könnte. Das haben auch viele andere so gemacht. Ich hatte meine ersten fünf Wochen Training in Glasgow, da haben sie mich gefragt: „Was wollen Sie denn in der Armee tun?“ Da habe ich gesagt: „Mir gefällt es, in das Armee *Medical Corps* zu gehen“, also die medizinische Abteilung, da war schon mein Vater im Ersten Weltkrieg in der deutschen Armee. Er hatte das Eiserne Kreuz dritter Klasse, weil er da jemanden unter Feuer gerettet hat. Er hat immer gedacht, das würde ihn retten. Das haben viele Deutsche gedacht, hunderttausend deutsche Juden, die im ersten Krieg mitgemacht haben als Offiziere, und es hat ihnen nicht geholfen. Dann in der Armee haben sie gesagt: „Nein, das können Sie nicht tun. Sie sind zu gesund und zu athletisch und zu intelligent, um ins *Medical Corps* zu gehen. Wir wollen, dass Sie Offizier werden.“ Da habe ich gesagt: „Gut, okay.“ Dann wurde ich trainiert, das hat ungefähr vier, fünf Monate gedauert, und dann wurde ich nach Irland geschickt, um Soldaten zu trainieren, die wahrscheinlich dann in der Normandie ankamen. Aber ich hatte das große Glück, dass ich nicht dabei sein musste. Ich hätte natürlich, ohne darüber nachzudenken, deutsche Soldaten erschossen. Das hätte ich tun müssen, das hätte ich nicht gerne gemacht, aber ich wollte meinen Eltern helfen, so gut ich konnte. Dann, als ich endlich nach Italien kam, war der Krieg beinahe vorbei. […] Nach dem Krieg sind wir nach Deutschland transportiert worden, waren in der Lüneburger Heide, weil die englische Armee nicht wollte, dass die Russen über die Elbe kamen.

ET: Was für Eindrücke hatten Sie dort?

LB: Als wir in Deutschland ankamen, da wurden wir am Bahnhof von einem kleinen Quartett erwartet, das deutsche Schlager gespielt hat. Da wurde mir ganz übel. Bei jedem Deutschen, der älter als ich war, den ich getroffen habe, habe ich immer gedacht, was hat er damals getan, was war sein Standpunkt während der Nazizeit? Und da haben wir wenig Kontakt gehabt mit der deutschen Bevölkerung. Ich wurde 1947 entlassen von der Armee und konnte dann zur Universität gehen, weil ich zeigen konnte, dass ich bei dem Krieg war und deshalb konnte ich studieren.

Leslie Baruch Brent

Unsere Jungs da an der Front, die tun dies und das.

Ich hab mich bei der *army* gemeldet. Die haben gesagt: „Ja, du kannst in die Armee gehen.“ Jetzt kommt das Interessante daran, weil ich bin zum Farmhaus zurückgegangen. „Ich will in die Armee gehen.“ Und der Farmer war sehr wütend. „Jetzt hast du das alles gelernt, jetzt willste weg.“ Ich hab gesagt: „Ihre Frau oder Ihre Tochter hat immer gesagt: ‚Ja, unsere Jungs da an der Front, die tun dies und das und du willst jetzt nicht nochmal das umgraben und so weiter.'" Nachher war er so wütend mit der Tochter darüber. Ich war schon zu der Zeit ein nicht netter Mensch. Jemand, der gemein werden kann, wenn's drauf ankommt. Aber ich hab einen *deal* mit ihm gemacht, ich helfe ihm über die Ernte hin. „Dann ist die Ernte vorbei und dann entlassen Sie mich." Dazu sagte er: „All right." [...] Also, ich war in der Armee, ich ging dann nach Burma. Dann ging der Krieg zu Ende. Wir waren im Dschungel, haben eine Straße gemacht nach Mandalay, damit die schweren *tanks* und so weiter hinkommen. Aber auf einmal war der Krieg vorbei und wir waren noch immer mitten im Dschungel.

Keith Lawson

Wir wollten natürlich gegen die Nazis kämpfen und das dauerte Jahre.

PB: Ich hab sechs Jahre Armee gemacht als Fallschirmjäger, war in Frankreich, war in Italien, war in Griechenland. Sie wissen, wie das war mit dem Militär: die haben uns nicht getraut. Erst war ich interniert natürlich. Ein paar Monate. Und hab das Glück gehabt, nicht nach Australien oder nach Kanada geschickt zu werden. Wir wollten natürlich gegen die Nazis kämpfen und das dauerte Jahre. Dann hatte man die Chance, entweder zu den Fallschirmjägern oder zu SOA *[Special Operations Australia]* zu gehen. Ich bin dann zu den *Paratroops* gegangen. Es war eine Spezialeinheit, nicht normale Fallschirmspringer. Wir wurden *Pathfinder* genannt und wurden vor allen anderen gesandt, um die Stelle, wo wir hinmussten, zu markieren und zu verteidigen. Sie brauchten Leute, die Fremdsprachen konnten. Ungefähr fünfzehn wurden unter den *refugees* rekrutiert. Und ich war einer von ihnen, habe aber mein Deutsch nie benutzt. Viele von denen sind natürlich am Ende vom Krieg in die Armee gegangen, aber mich hat niemand gewollt. Ich hab mich dann demilitarisieren lassen und bin mit dem Stipendium, die alle gekriegt haben, zur London School of Economics gegangen.

ET: Sie haben dann die britische Staatsbürgerschaft bekommen?

PB: Ja, aber nicht automatisch. Hab ich erst 1947 gehabt.

Peter Block

Wir waren beide eigentlich verlassen von unseren frühen Lebensarten.

KG: Ich war ein englischer Militär, wurde aber nach Gibraltar geschickt, weil da ein Kriegsgefangenenlager mit deutschen Gefangenen aus Italien war. Die Festung in Gibraltar sollte ausgebessert werden und diese Truppen mussten da arbeiten. Ich war eigentlich dort als *interpreter*.

ET: Sie haben übersetzt zwischen den deutschsprachigen und den anderen Militärs?

KG: Ja, ich gehörte zur Verwaltung des Lagers als Übersetzer.

ET: Wie lange waren Sie da?

KG: Ungefähr zweieinhalb, drei Jahre, denn dann wurden sie zurückgeschickt nach Deutschland. Ich nehme an, das war 1948.

ET: Wie war der Kontakt mit diesen deutschen Soldaten?

KG: Also sehr, sehr nett, denn die waren nur Offiziere. Es waren vier deutsche Offiziere da und mehrere *interpreters*. Sie wissen ja, Engländer sind nie sehr formell und wir verkehrten mit diesen Offizieren. Sie kamen aus dem *camp*, konnten draußen frei herumgehen und wir redeten mit ihnen. Ich mochte vor allem einen, fand ihn wirklich sehr sympathisch. Er war vom Hochadel und hatte eine Bürgerliche geheiratet. Deshalb wurde er von der Erbfolge ausgeschlossen, vom Titel und Grundbesitz und bekam eine Chance beim Militär; wurde Kapitän im Panzer, in der Panzergarnison; wurde dann Kriegsgefangener und nach Gibraltar geschickt. Aber ich fand ihn außergewöhnlich nett. Er hat mir dort von seiner Heirat erzählt, diesem Mädel, ich konnte mir diesen Frauentyp sehr gut vorstellen. Er war in seine Frau sehr verliebt. Nachdem er Kriegsgefangener geworden war, hat die Familie der Frau erzählt: „Du kannst doch nicht mit ihm bleiben, denn was ist seine Zukunft? Er hat keinen Beruf außer dem Militär, er hat gar keine Möglichkeit, eine Arbeit dort zu finden. Erben kann er auch nicht …“ Und so haben sie seine Frau überzeugt, dass sie sich von ihm scheiden lassen soll. Ich muss sagen, ich fand seine Lage so ähnlich wie meine. Wir waren beide eigentlich verlassen von unseren frühen Lebensformen.

Karl Grossfield

Ich war Jugendoffizier im Land Schleswig-Holstein, um Demokratie zu lehren.

FD: Ich war Jugendoffizier für Schleswig, im Land Schleswig-Holstein, um Demokratie zu lehren. Meine Arbeit bestand aus zwei Teilen: Zusatzessen für Schulen, da musste ich Schulen besuchen und sehen, dass die richtige Qualität eingeliefert wurde von den Amerikanern. Da war ein

Ernährungsspezialist für das, was wir an die Schulen lieferten. Das war ein Teil der Arbeit. Und die andere Hälfte war, Jugendgruppen aufzubauen. Das heißt, Demokratie zu lehren. Ich hatte eine Studentengruppe in Kiel, eine Flüchtlingsgruppe, die etwas jünger war, in Eckernförde, und die Hauptgruppe war in Schleswig. Da arbeiteten wir wie ein englischer Klub, *youth club*, so mit Tischtennis und Fußball. Ich war mit dem Internationalen Friedensdienst, es war ein internationales Lager mit noch zwei Dänen, aber sehr wenigen. Ich machte einen der größten Fehler meines Lebens, dass ich Kriegsdienstverweigerer war. Ich war ein ernster Christ und konnte mir nicht vorstellen, dass man christlich sein kann, ohne Pazifist zu sein. So wurde ich Kriegsdienstverweigerer. Aber so war ich mit dem Nationalen Zivildienst und wir hatten unser eigenes *command* im Englischen Militär, Harkweg, Bad Oeynhausen. Wir trugen Uniform und hatten Militärfahrzeuge, Lebensmittel usw.

ET: Warum sind Sie nicht glücklich über die Entscheidung, den Militärdienst verweigert zu haben?

FD: Viele Kriege sind falsch. Man sollte nicht teilnehmen. Aber der 1939/45 war einer, der moralisch richtig war. Der war nötig. Und ich machte einen Fehler. […]

ET: Ich komme nochmal zurück auf diese Zeit in Schleswig. Haben Sie sich nicht die Frage gestellt: Wer sind diese jungen Leute, mit denen ich zu tun habe?

FD: Ach ja. Wie ich gesagt hatte, wir mussten Demokratie lehren, hatten Diskussionsgruppen. Mein vielleicht bester Freund da war ein ehemaliger Marinesoldat. Und die waren viele bessere Pazifisten, als ich jemals war. Ich wusste viel weniger über die Lage der Vernichtung, als ich heute weiß. Ich fühlte nicht so stark darüber.

Francis Deutsch

Wie die Bilder aus Bergen-Belsen kamen, das vergess ich nie.

ET: Waren denn die Engländer interessiert daran zu wissen, wie es in Deutschland nach dem Krieg war?

MT: Nicht so sehr. Meine Freunde, ja, will nicht sagen, desinteressiert; aber die Engländer sind ja sehr insulär. In der Lee-School hatte man natürlich verschiedene Reaktionen. Wie die Bilder aus Bergen-Belsen, der Befreiung des Konzentrationslagers kamen, das vergess ich nie, die Zeitungsbilder im *reading-room* [Leseraum] in der Schule, und die Jungs alle: „Mann, was die da gemacht haben“ und so. Das war die eine Reaktion, ich spürte, an mir hat man das nicht ausgelassen irgendwie, aber das war deutlich. Dann, als der Krieg aus war, gab es in der Lee-School, wo die Kinder ihre Schokoladen kaufen konnten, da gab's einen Glaskasten, wo man Schokolade reinschmeißen konnte, für *German children* [Kinder]. Das haben die gesammelt. Und der Kasten war sehr schnell voll.

Michael Trede

Ihr seid unser Problem.

HH: 1942 kam ich nach London zurück und arbeitete in einem Betrieb in Nord-London. Der Betrieb machte zwei Sachen: Munitionsbehälter und Kessel, Wasserkessel, kleine, für den Haushaltbetrieb, [für] die ein Mann kam und [sie] holte; der Chef bat mich, ihm zu helfen. Er war Jude und merkte an meinem Akzent, dass ich auch nicht gerade fließender Engländer war. Und sagte: „Wo kommst du her?" Als ich erklärte, wo ich herkam: „Ihr seid unser Problem." Ein großer Teil der jüdischen Bevölkerung in Ost-London und auch in anderen Teilen Englands war sehr links eingestellt und kam aus dem zaristischen Russland und befürwortete zum großen Teil, was Stalin und Lenin eingeführt hatten. Sie selbst waren keine Kommunisten, wollten unter dem System nicht leben, aber sie stimmten mit der Ideologie überein. Und der begrüßte den Pakt, den Ribbentrop abgeschlossen hatte, deshalb: „Ihr seid unser Problem." Die Leute hatten keine Ahnung. [...] 1943 hatte ich Glück. Mehr oder weniger. Da war eine Annonce in der Zeitung für eine Wohnung. Der Hausherr wollte, dass der Mieter auf die Wohnung aufpassen sollte. Es stellt sich heraus, er war Antiquar und hatte ein Zimmer voll mit wertvollen Büchern. Er und seine Schwester hatten furchtbare Angst vor den Bomben und überließen mir das Haus. Ich hatte das ganze Haus für mich und ich hatte auch das Glück, einen Job um die Ecke zu finden, wo ich also nicht lange fahren brauchte. In Stamford Hill, heute das Hauptquartier der chassidischen Gemeinde und ein paar Meter weg, war auch ein gutes Restaurant, wo man billig essen konnte. Also, es war alles vor der Tür. Und ich habe mich daran gewöhnt und habe gelebt, selbstständig gelebt. Mein Bruder kam zu Besuch, er war damals schon in einer sehr religiösen Schule in der Nähe von Bedford, in Shefford. Es ging ihm nicht schlecht, er hatte sich angepasst. [...]

Ich gehörte auch schon in Deutschland der jüdischen Jugendgemeinschaft Habonim [an]. Ich war immer Zionist, von Kindheit an. Das Leben war ja beengt durch den Krieg. Da fielen die Bomben. Wir hatten ab und zu Warnungen, Alarmstellungen. Aber wie gesagt, man gewöhnt sich an alles.

ET: Sie hatten damals noch die polnische Staatsbürgerschaft?

HH: Oh ja. Die polnische Staatsbürgerschaft behielt ich. Alle paar Wochen oder alle paar Monate kriegte ich einen Aufruf von der polnischen Behörde, mich zum Militär zu melden. Ich weiß nicht, ob ich Glück oder Pech hatte, aber ich musste eines Tages zur medizinischen Untersuchung. Kurz davor hatte ich Husten bekommen und wurde zu einer Durchleuchtung ins Krankenhaus bestellt. Und es stellte sich heraus, dass ich einen Schatten auf der Lunge hatte. Dadurch fiel ich für die polnische Armee aus. Ich fühlte mich besser und sagte zu meinem Arzt, der auch ein Flüchtling von Deutschland war: „Ich fühle mich besser. Was ist eigentlich los?" „Ich werde mich mal erkundigen." Dann kam ich ein paar Tage später zurück, und er sagte: „Du wirst es kaum glauben, die Linse des Röntgenapparats wurde nicht gereinigt." Ein paar Wochen später wurde die Jüdische Brigade gegründet. Da meldete ich mich freiwillig. Das war 1944.

Herbert Haberberg

Nur das ‚Oh'.

Im Krieg durfte man nicht Deutsch sprechen, und auch meine Mutter hat mir gesagt: „Sprich nicht Deutsch. Es ist nicht gut, hier Deutsch zu sprechen." Und: „Sei Englisch." [...] Aber die Engländer waren so: „Wo kommen Sie her?" „Ich komme aus Deutschland." „Oh." Pause. „Warum?" „Wir mussten herauskommen." Man hat nicht von jüdischem Hintergrund gesprochen. Nur das ‚Oh', wenn dann mehr Fragen waren. „Sind Sie mit Ihrem Mann gekommen?" „Nein." „Oh, no." „Warum nicht?" „Er ist in Deutschland gestorben." „Oh. War er Soldat?" „Nein." „Aha." Aber nie gefragt: „War er Jude?" Das fragen die Engländer nicht. Niemand hat mich gefragt. Sie haben verstanden, dass mein Vater in Deutschland gestorben ist und das ist genug. Leute hier hatten kein Interesse. Aber ich glaube, sie haben entdeckt, dass da etwas war. Es ist schwierig, davon zu sprechen. Für meine Mutter war es auch ein bisschen so. Nur viel später, als sie ihr Haus hatte, vielleicht 1970 oder 1980, hatte sie gute Freunde. Und zum ersten Mal hat sie das einem Freund, sie spielten Bridge, erklärt. Er hat mehrere Fragen gestellt und dann hat sie erklärt. Ich glaube, die anderen wussten, was passiert ist, dass wir als Juden aus Deutschland kamen. Aber sie wollte nicht davon sprechen zu der Zeit. Immer noch jetzt ist es nicht normal. Es kann passieren, aber die Leute sind sehr höflich und sehr zurückhaltend damit. Das ist eine schwierige Sache.

Vernon Reynolds

Kapitel 3

Kindertransporttreffen

Ich hab auch in Schulen hier über meine Erfahrung gesprochen.

ET: 1989 gab es das erste Kindertransporttreffen.

FD: Ja, die Bertha Leverton wohnte in unserer Nachbarschaft. Wir wohnten in Golders Green und dann in Hendon. Das waren stark jüdische Stadtteile voll von *refugees*, obwohl wir keine kannten. Das Lokalblatt brachte Details von dem ersten Treffen und ich registrierte dafür, hatte aber Grippe oder sowas. So konnte ich nicht zum ersten Treffen. Ich war auf der Liste und kriegte Notizen und so weiter. Nach dem ersten Treffen war eine Chanukka-Mahlzeit in einer der Synagogen, zehn Minuten Spaziergang weg. Das war der Anfang. Wir waren ganz aktiv, gingen zu der Cambridge-Gruppe. Und ich hab auch in Schulen hier, also das hat nichts mit dem AJR *[Association of Jewish Refugees]* zu tun, über meine Erfahrung gesprochen.

Francis Deutsch

Und haben durch Zufall gesessen am selben Tisch.

ET: Warst du damals bei den Treffen der ‚Kinder' in England?

GS: Zwei Mal. 1989 und 1999. Da war eine Geschichte: Man saß nach der Gegend, das heißt die Leute aus Berlin haben alle zusammengesessen, Leute von Fulda saßen zusammen, von Hamburg zusammen. Es waren viele Juden aus Berlin, da waren fünf Tische. Um jeden Tisch waren zwölf Leute. Auf dem Podium steht jemand und hält eine Rede. Auf einmal fängt bei uns zwei Tische weiter ein Heulen und Schreien an, mitten in der Rede. Und was kommt raus? Da sitzen zwölf Leute alle von Berlin. Und ein Mann fragt: „Aus welcher Gegend bist du in Berlin?" Sagt sie: „Von dieser Gegend." „Komisch, ich bin von derselben Gegend. Aber ich kann mich nicht erinnern an dich. Welche Straße?" Sagt sie: „In dieser Straße." „Das ist komisch, ich habe in derselben Straße gewohnt und ich erinnere mich nicht, dass ich dich kenne. Welche Nummer?" „Dreiundzwanzig." Sagt er: „Das ist unmöglich, ich

bin von da.“ Was kommt raus? Die waren Bruder und Schwester. Vier Jahre alt, fünf Jahre alt. Vom Schiff runter, jemand hat das Mädel genommen nach Schottland, den Buben nach Devonshire oder Cornwall. Fünfzig Jahre lang wussten sie nicht, dass sie sich haben und haben durch Zufall gesessen am selben Tisch.

George Shefi

Ich wollte immer Kontakt mit anderen Flüchtlingen.

ET: Haben Sie an den Kindertransporttreffen teilgenommen?

BB: Leider nicht. Ich wollte gehen, und ein Freund, der auch von Deutschland kam, sagte mir: „Du wirst niemanden erkennen.“ Deswegen bin ich nicht gegangen. Aber es ist schade, ich bereue das. Prinz Charles ist nämlich gekommen. Hätte ich gewusst, dass er kommt, wär ich gegangen. Ich bin Mitglied. Ich wollte immer Kontakt mit anderen Flüchtlingen.

Ben Brettler

Dabei habe ich auch vom Schicksal von den anderen Mädchen erfahren.

UB: Ich bin nicht zum Kindertransporttreffen hingefahren.

ET: Sie waren aber 2015 an der Ausstellung zum Kindertransport in Hannover „Fremde Heimat“ beteiligt.

UB: Ja, das fand ich schon ganz gut. Dabei habe ich auch vom Schicksal von den anderen Mädchen erfahren. Da war noch ein Geschwisterpaar aus Hannover, und ich weiß, dass sie inzwischen verstorben sind. Die waren in England geblieben, haben auch in England geheiratet. Und ein Mädchen ist nach Israel gegangen, eine andere hatte einen Onkel in Amerika, ging nach Amerika, und so löste sich der Kontakt allmählich auf.

Ursula Beyrodt

Ich traf einen, der mit mir im Kinderheim der Sainsburys war.

Ich ging zu einer Reihe der Kindertransporttreffen, und mein Sohn kam mit mir. Auch auf einem der letzten, das muss vor einem Jahr gewesen sein. Ich habe die Broschüre irgendwo. Jedenfalls habe ich niemanden getroffen. Beim letzten Treffen traf ich einen, der mit mir im Kinderheim der Sainsburys war. Und er gab mir ein Foto von uns dort.

John Ruppin

Ich schrieb ein Gedicht.

Ich schrieb ein Gedicht, als die Jahresfeier des Kindertransports war: *I remember I remember/ the 3rd of December/ when horror shook my world/ nine years was I in 39/ and 20th century of time/ refuge was granted in my poor flight/ to an island of cliffs of white/ that land of liberty that land of liberty /when yours have spanned a web of gold/ as each anniversary approaches/ and I do remember I no longer need to hope.*[1] Ich sandte es Prinz Charles. Weil er die Flüchtlinge zum Jahrestag eingeladen hatte und ich dachte, bevor ich gehe, würde es passen, ihm das zu schreiben. Aber ich habe niemandem davon erzählt. Ich dachte, ich schreibe ihm und sein Sekretär antwortete. Er schrieb: „Ich war so gerührt." Und als ich ihn traf, sagte ich ihm, dass ich die Person war, die ihm das geschickt hatte. Da sagte er zu mir: „Ich war wirklich sehr gerührt." Ich dachte mir, das geschieht, wenn man etwas wirklich empfunden hat. Und auch, dass ich ein Verständnis und eine Würde habe.

Margot Showman

Ich bin fast ohnmächtig geworden.

ET: Ab 1989 wurden in England dann Treffen mit ‚Kindern' vom Kindertransport gemacht.

ES: Ja, ich war dabei. Ich wusste vorher nicht, dass ich mit Nicholas Winton gekommen war. Ich hatte nie etwas von ihm gehört. Dann hat eine Freundin von mir, die in England wohnt, ein Programm in der BBC gehört und hat mir geschrieben. Vielleicht hat sie mir einen Band geschickt und ich hab das gehört und hab sofort geschrieben: „Beim nächsten Treffen möchte ich dabei sein." Beim ersten Treffen wusste ich nicht, dass ich ein *Nicholas-Child* war. Es war wunderschön, ein langes Wochenende, ich kam aus Wien. Ich dachte damals, ich bin mit Frau Russel im Kindertransport gekommen. Dann kam wieder eins, und dann ein drittes in Wales. Ich war sehr glücklich, ich bin dort hineingekommen: „Hello, hello, hello." Ich hab immer jemanden gesucht, jemanden, der im Internat war, er war ein Jahr älter als ich. Wir waren alle in ihn verliebt, er hat uns gar nicht angeguckt. Sie hatten Wintons Buch mit den Namen von seinen ‚Kindern'. Und ich hab gesagt: „Oh, könnte ich bitte ganz kurz gucken? Er heißt Jan Schneider." Schneider und Slatner sind sehr nah aneinander. Ich hab

1 Ich erinnere mich/ am 3. Dezember/ als Grauen meine Welt erschütterte/ war ich neun 1939/ im 20. Jahrhundert/ bekam Zuflucht auf einer Insel mit weißen Kliffs/ auf dieser Insel der Freiheit / wo ein Netz von Gold gesponnen wurde /und wenn der Jahrestag kommt/ erinnere ich mich, dass ich nicht länger hoffen muss.

geguckt, Jan Schneider war nicht dabei. Ich hab das Buch zurückgegeben. Und da hat sie gesagt: „Nicholas hat all seine ‚Kinder' zu einem Cocktail eingeladen. Komm!" Ich hab gesagt: „Ich bin kein *Nicholas-Child*." Ich dachte noch immer, dass ich mit Frau Russell im Zug gekommen war. Sie sagte: „Sicher bist du eins." Ich hab gesagt: „Nein, ich kann dir versichern, dass ich kein *Nicholas-Child* bin." Und sie hat gesagt: „Aber du hast gerade das Buch gehabt, hast du deinen Namen nicht gesehen?" Sie macht das Buch auf, ich sehe meinen Namen. Ich bin fast ohnmächtig geworden. Sie kriegte Angst. Ich bin blass geworden, ich fühlte mich plötzlich wie ein Waisenkind. Das war so verdrängt, das war so ein Schock. Nicholas sagte zu mir später: „Du hast so ein Glück gehabt, deine Eltern sind die einzigen Eltern, die ich kenne, die rausgekommen sind. Jetzt denk nicht an den Kindertransport, denk, dass ihr alle zusammen seid." Aber ich konnte nicht. Seitdem ist Kindertransport so ein schmerzhaftes Erlebnis. […]

ET: Sind Sie in Kontakt mit dieser Gruppe vom Kindertransport geblieben?

ES: Ja. Und ich hab Nicholas auch besucht in seiner Wohnung. Er war ein unglaublicher Mensch, unglaublich. Nie damit in die Öffentlichkeit gegangen. Niemand wusste von ihm.

Eve Slatner

Walter, ich erinnere mich, du warst viel größer als du es jetzt bist.

Fünfzig Jahre später hab ich einige getroffen. 2007 sind wir eingeladen worden von Leuten vom Kindertransport, von Prinz Charles. Da habe ich gehört, ein älterer Mann hat gesagt, er war in Nordirland auf einer Farm. Bin ich zu ihm hingegangen und habe gefragt: „Wie heißt du?" Da sagte er: „Jacobowitsch." Ja, und er war Professor für Radiologie irgendwo in Schottland. Leider Gottes ist er wenige Jahre später gestorben durch die Radiologie. Aber er war zwölf, als ich von der Farm weg bin. Er war sehr lustig. Er hat gesagt: „Walter, ich erinnere mich, du warst viel größer, als du es jetzt bist." Ich war 19 und er war zwölf damals.

Walter Kammerling

Ich bin nicht sehr für diese Sachen.

ET: Waren Sie bei diesem ersten Treffen schon dabei?

LR: Ich weiß es nicht mehr. Es hat mich nicht sehr beeindruckt. Ich bin nicht sehr für diese Sachen. Ich gehe zu den *meetings* jetzt. Die Leute, die dahin gehen, also, erstmal sind sie nicht sehr alt, da sind sehr weni-

ge in meinem Alter. Die meisten sind nicht mehr da. Da sind zwei vielleicht, die fast in meinem Alter sind. Meistens kommen ihre Töchter.

ET: Das heißt, es ist die zweite Generation, die da kommt?

LR: Ja. Aber ein oder zwei sind da. Zum Beispiel haben wir darüber gesprochen, wer die deutsche Staatsbürgerschaft will. Und ich hab gesagt, ich glaube, es ist eine gute Idee, denn dann muss man nicht so lange anstehen, wenn man zurückkommt von irgendwo, ne? „Ah! Um Gottes willen!“, haben zwei sofort aufgeschrien. „Um Gottes willen, wie kannst du das sagen? Wer will denn wieder Deutsch sein?“ „Von diesen schlimmen Deutschen, die uns so viel Furchtbares angetan haben.“ *I don't feel like that. I don't know.* [Ich fühle nicht so. Ich weiß nicht.]

Lore Robinson

Was die Quäker für die Juden vom Nazi-Europa getan haben.

PK: Jetzt auf einmal sind mehr Leute daran interessiert, was die Quäker für die Juden vom Nazi-Europa getan haben. [...] Ich glaub, die Welt muss noch verstehen, wieso die Quäker die einzige Organisation waren, die wirklich was für die Juden machten. Dänemark nahm 6 000 Juden. Schön, aber was die Quäker gemacht haben, sie waren 100 Prozent verantwortlich für den Kindertransport. Warum hat niemand anders dasselbe gewollt? Das hat 10 000 Kinder gerettet, ohne die Eltern. Das kostete zu der Zeit 50 Pfund pro Kopf, jetzt ungefähr 4 000 Pfund pro Kopf. Und die Quäker haben für 7 000 Juden garantiert. Wenn die Juden in einem Heim wohnten, kostete es ja noch. Wenn einer krank wurde, kostete es noch. Wenn einer ein Kind hatte, das zu der Schule zu der Zeit musste, zahlten sie für die Schule.

ET: Es gab natürlich solche berühmten Figuren wie Sir Nicholas Winton, der Kinder aus Prag herübergebracht hat.

PK: Sir Nicholas Winton hat 690 jüdische Kinder aus der Tschechoslowakei

Peter Kurer mit zwei israelischen Enkelinnen

gerettet. Phantastisch. Die Quäker haben 23 000 gerettet. […] Das Wichtigste für mich war, wie ich ich Yad Vashem besuchte, wollte ich natürlich sehen, was Yad Vashem über die Quäker hat. Und 2002 hatte Yad Vashem gar nichts über die Quäker. Ich wollte wissen warum. Und habe ich etwas studiert und habe gefunden, dass die eine neue Kategorie haben. Das war: *Righteous among the Nations* [Gerechte unter den Völkern]. Das war eine Kategorie hauptsächlich für Christen, den Namen zu schreiben, dass sie nicht ein Freund vom Hitler waren. Ein Israeli, ein Richter, hat gesagt: „Nur wenn man das Leben riskiert hat, nur dann kann man den Namen in dieser Kategorie haben." Die Quäker haben den Kindertransport hingekriegt, weil sie zum *House of Commons* gegangen sind, um den *Home Secretary* Hoare zu sprechen. Aber wenn man zum *House of Commons* geht, riskiert man nicht das Leben. Die Quäker haben für uns garantiert – das hat die Quäker gekostet. Aber durch die Kosten hat man nicht das Leben riskiert. Die dritte und letzte Kategorie, wie man sich nach England retten konnte, war, wenn man eine Arbeit annehmen wollte, die niemand wollte. Die Arbeit von *maid, butler, cook* [Hausmädchen, Butler, Koch]. Die Quäker haben *advertisements* in die Zeitungen gegeben: „Sucht jemand einen *butler*, einen *cook*, eine *nurse*?" und haben 6 000 Juden gerettet. Aber um *advertisements* in die Zeitung zu geben, hat man das Leben nicht riskiert. Und ich hab einen Aufsatz geschrieben für Yad Vashem, ich hab das „Das *Missing Chapter*“ genannt, das fehlende Kapitel. Und habe fünf Geschichtswissenschaftler mit wirklich gutem Namen in der Welt gefragt, ob sie mein *missing chapter* unterschreiben wollten. Alle wollten das unterschreiben und Yad Vashem hat das 2009 akzeptiert. *Peter Kurer*

Die Kinder, die zu diesen Treffen gehen, waren interessierter.

ET: Wenn man Bücher liest oder Geschichten hört von ‚Kindern‘, die mit dem Kindertransport gekommen sind, sind es oft Erfolgsgeschichten, in denen alles gut läuft. Aber du schreibst auch sehr viel über die Schwierigkeiten.

RB: Ja, ich habe mit vielen ‚Kindern‘ vom Kindertransport gesprochen. Die haben alle Schwierigkeiten gehabt, aber ich nehme an, die wollen nicht von den Schwierigkeiten sprechen, weil sie so dankbar sind, dass sie überhaupt rübergekommen sind.

ET: Das erinnert mich an das, was du gesagt hast, dass du immer mehr arbeiten wolltest.

RB: Ich habe immer Angst gehabt, ich würde wieder weggeschickt. Das war immer da. Weil es so oft passiert ist. Es gab andere Kinder, die immer gewechselt haben. Aber es gibt auch eine Menge, die in einer Pflegefamilie bleiben konnten.

ET: Die auch Probleme hatten?

RB: Viele hatten sie. [...]

ET: Kam das durch die Kindertransporttreffen raus?

RB: Da fing das an. Mit der *Reunion*. Bertha Leverton hat diese 50. Gedenkfeier unseres Herüberkommens geschaffen. Das war ein großer Schock für mich. Bis zu der Zeit habe ich immer gedacht, dass nur Martin und

ich von Deutschland herübergekommen sind. Ich hatte überhaupt keine Ahnung vom Kindertransport. Null. Sogar das Wort ‚Kindertransport' kannte ich nicht.

ET: Auch damals in der Quäker-Schule, wo du warst, gab es keine Kinder vom Kindertransport?

RB: Könnte sein. Aber niemand sprach darüber. Im ganzen Krieg spricht man nicht. Man sagte immer: *walls have ears* [Wände haben Ohren]. Da war solch eine Angst wegen Spionen. Wir Kinder waren gedrillt, dass man gar nicht spricht. Spricht man im Krieg über den Krieg? Ich glaube nicht. [...] Ich weiß nicht genau, aber ich nehme an, die Treffen waren sehr eindrucksvoll für manche. Die ‚Kinder', die zu diesen Treffen gehen, waren interessierter, waren schon bereit dafür. Und ich war bereit dafür. Ich habe mein *self-esteem*, Selbstbewusstsein, wieder, weil ich eine gute Ehe und Kinder habe und ich war Lehrerin zu der Zeit. Ich war bereit, das anzunehmen. Es gibt eine Menge ‚Kinder', die waren nie bereit. Die wollen nie daran denken oder sprechen.

Ruth Barnett

Trauma

Klöße im Hals.

Leute vom Kindertransport waren nicht im Lager, haben immer zu Essen gehabt, aber mit fünf Jahren zum Beispiel hatten sie keine Familie mehr. Kann man nicht vergleichen. Aber nicht weniger tragisch. Ich könnte Ihnen einen Film von der BBC zeigen. Da war eine Frau, die hat erzählt, dass sie aus München kommt, war 14 Jahre alt und die Eisenbahn ist langsam gefahren. Trotzdem macht man die Tür auf, schiebt ein *wicker basket* [Weidenkorb] rein und die Tür geht zu. Sie war die Älteste, da hat sie gesagt, alle haben auf sie geguckt und sie ist hingegangen, hat den Korb aufgemacht: warn zwei Babys drin, zwei Flaschen Milch, zwei Windeln und das isses, kein Papier, kein Name, keine Adresse, nix. Die hat das gut gemacht, denn die Kinder sind nach England gekommen, weil sie wollten sie damals in Holland lassen. Aber diese Kinder leben ihr ganzes Leben, ohne zu wissen, wie alt sie sind, wo sie herkommen, wie sie heißen. Nix. Ich hab das spät erst erfahren. Ich war so 25, geh zur Krankenkasse hier. Geh zum Arzt und da sagt der: „An was haben deine Eltern gelitten?“ Klöße im Hals. „Keine Ahnung.“

George Shefi

Niemand fragte irgendetwas.

MS: Ich habe angefangen darüber nachzudenken, als ich viel älter war. Als ich ein Kind hatte, ich glaube, dann fing es an.

ET: Haben Sie mit Ihren Kindern über Ihre Erfahrungen gesprochen?

MS: Nein. Ich glaube, ich war nicht anders als die anderen, weil niemand darüber gesprochen hat. Das wurde einfach beiseitegelegt. Aber ich muss Ihnen auch sagen, dass niemand gefragt hat. Niemand hat irgendetwas gefragt. Sie wussten nichts über meine Herkunft, niemand wusste irgendwas bis auf meinen Namen. Bis das Flüchtlingsthema und alles, was passiert ist, aufkam. Und dann wurde es immer mehr. Aber davor war es verborgen. Und nicht nur das. Man hatte das seltsame Gefühl, als hätte man selber Schuld. Man spürte, dass man deswegen nicht wie die anderen war.

ET: Haben Sie immer noch dieses Gefühl?

MS: Nein, überhaupt nicht. Niemand zog das in Erwägung. Es war Krieg und alles, was damit zu tun hat. Man kann niemanden dafür anklagen. Das ist etwas, was passiert und du bist in der Situation. Ich habe niemals mit irgendjemandem darüber gesprochen.

ET: Sie haben auch mit Ihren Kindern und mit Ihrem Mann nicht darüber gesprochen?

MS: Nein, nein. Nicht, weil sie es nicht wissen wollten. Es wurde nicht erwähnt. Man wollte dazugehören. Mir waren meine Mängel immer sehr bewusst. Deshalb hab ich nie mit meinen Kindern gesprochen, wie ich es hätte tun sollen. Aber ich habe dafür gesorgt, dass sie nicht mit dem Akzent sprechen, den ich hatte. Deshalb habe ich wenig gesagt, aber ich habe ihnen Bücher gegeben und andere Dinge. [...]

ET: Sind Sie jemals nach Israel gefahren?

MS: Ja, ja. Ich machte meine Hochzeitsreise nach Israel. Komischerweise sagte Jay, er hätte eine Kreuzfahrt gebucht und ich sagte ihm, dass ich keine wolle. „Wohin willst du denn?“ Ich sagte: „Nach Israel zu meinem Bruder, den ich gar nicht richtig kenne. Ich war vier Jahre alt, als er wegging.“ Da sagte er: „In Ordnung.“ Also fuhren wir nach Israel. [...] Aber es war wieder so: ich fuhr zu meinem Bruder und er hat mir nichts über irgendetwas erzählt. Niemals. Er sagte nichts und ich fragte nicht. Es war eine ganz merkwürdige Situation, in der ich aber nicht allein war.

Margot Showman

Ich habe es nicht überwunden.

WK: Dann waren die Transporte ganz kurz nacheinander. [...] Ich bin nach Theresienstadt gefahren, ich glaube, ich musste. Ich musste nach Auschwitz. 2006 konnte meine Frau leider nicht mitkommen, da waren meine Söhne mit. Ich weiß noch, wie wir in Auschwitz waren, das Gefühl. Ich musste hingehen, ich habe gesehen, wo die Wagen ankamen, der kleine Steg über eine Grube dort, Wasser war drin. Das sind 200 Meter bis zur Gaskammer. Da habe ich gewusst, den Weg sind sie gegangen. Ich habe gefühlt, ich muss dort hingehen. Die beiden Buben haben gesagt: „Vater, sei nicht traurig. Du hast gewonnen, wir sind da, du hast eine große Familie.“ Sie haben Recht. Überwinden kann man das nie. Wenn man sich das überlegt, wie sie angekommen sind. Wie kann man da so überleben? Ich habe es nicht überwunden, ist nicht möglich.

ET: Denken Sie oft daran?

WK: Jeden Tag. [...] Vor zwei Jahren im Oktober waren wir in Theresienstadt, die Eltern waren ja dort. Ich habe dort noch einmal einen Schock gehabt. Man hat irgendwie den Eindruck gehabt von den Karten, die ich von Wien gehabt hab, die haben Vater und Mutter an Bekannte in Wien geschrieben, dass das Leben dort so ein normales

Leben war. Zum Beispiel hatten sie die Adresse angegeben, es war Hauptstraße 87/7. Und wir waren dort und haben festgestellt, der Straße ist nur der Name gegeben worden für die Außenwelt, um den Eindruck zu geben, dass es eine Normalität gibt.

Walter Kammerling

Was wehgetan hat, was nicht wehgetan hat.

ET: Mit Ihrer Frau haben Sie auch über Ihre Vergangenheit gesprochen?
KL: Wenig. Sie hat nie ein Interesse gezeigt. Sie hat nie ‚ja' gesagt, wenn ich mal gefragt hab: „Willste mal nach Berlin fahren?" [...] Sie wollte nie und ich hatte nie das Gefühl, dass sie dort glücklich sein würde. [...] Ich meine, ich hätte mich gefreut, wenn ich jemanden gehabt hätte, mit dem ich darüber sprechen konnte; das Schlimme, was wehgetan hat, was nicht wehgetan hat. [...]
ET: Hatten Sie das Gefühl, es wäre nötig gewesen, darüber zu sprechen?
KL: Oh, ja. Oft hat es mir gefehlt, dass ich nicht jemanden hatte, mit dem ich sprechen konnte. Jetzt beschäftigt es mich noch. Vielleicht, weil ich jetzt noch älter bin, mehr als zu der Zeit, als ich gearbeitet habe.

Keith Lawson

Ich wurde eingeladen, viele Vorträge zu halten.

ET: Haben Sie mit Ihrer Pflegefamilie darüber gesprochen, was Ihrer Familie in Frankfurt passiert ist?
ES: Nein, nein.
ET: Sie haben also Ihr ganzes Leben lang alles für sich behalten?
ES: Bis vor Kurzem. Ungefähr vor zehn Jahren, als die Leute begannen, sich mehr dafür zu interessieren, die nächste Generation. Nachdem ich einen Vortrag im Rotary Club gehalten hatte, wurde ich eingeladen, viele Vorträge zu halten, hauptsächlich vor älteren Leuten, d.h. zu der Akademie hier in Schottland und in Rothesay, auf der Isle of Bute. Ich habe in ein paar Schulen gesprochen, aber ich hätte gern noch zu mehr gesprochen.
ET: Wie waren die Reaktionen des Publikums?
ES: Immer sehr gut. Eine Menge Fragen, passende Fragen.

Eva Shrewsbury

Ich wollte meine Kinder schonen.

ET: Mich würde natürlich interessieren, wie Sie diese ganze Nazizeit verarbeitet haben.

BB: Ich habe die ganze Familie verloren. Sehr, sehr tragisch. Aber ich rede nicht davon. Ich möchte nicht meine Kinder beeinflussen von diesem Holocaust. Ich wollte meine Kinder schonen. Ich denke immer dran.

Ben Brettler

Zurück

Das Haus existierte nicht mehr.

ET: Waren Sie denn mit Ihrer Frau oder mit Ihren Kindern einmal in Kolomea?

BB: Nein, niemals in Kolomea, ich war wieder in Breslau. Das war durch eine Berichterstatterin im BBC. Sie hat mich gebeten, mit ihr nach Breslau zu gehen. Sie wollte wissen, wo ich gewohnt habe und wo wir unsere Immobilien hatten und so weiter. 1998. Ich war in der Synagoge, wo ich meine Bar Mitzwa hatte, innen war alles zerschlagen. Aber es ist wieder aufgebaut worden.

ET: Haben Sie auch das Haus gesehen, wo ihre Tante und ihr Onkel gewohnt haben?

BB: Das Haus existierte nicht mehr. Auch das Geschäft, das wir hatten, existierte nicht, gar nichts. Vieles war zerstört noch vom Krieg. Aber jetzt ist alles aufgebaut, ich habe vieles erkannt.

ET: Was hat das in Ihnen ausgelöst?

BB: Natürlich war ich traurig, nicht? Ich bin da in die Schule gegangen, ich bin aufgewachsen in Breslau.

Ben Brettler

Ich kam als Ausländerin.

Mein Bruder Paul, der war so gerne *back* in Österreich und er hat gerne dies österreichische Essen. Er *really* war *happy*, wenn er zurückkam. Ich mochte es nicht. Ich meine, ich mochte es, zurückzukommen, aber nicht, wenn sie sagten: „Oh, Ihr Deutsch ist so gut." Dann dachte ich: „Oh, ich möchte nicht sagen: ‚Darüber will ich nicht sprechen.'" Deswegen versuche ich, es zu verstecken. Ich wollte nicht, dass sie wussten, warum mein Deutsch so gut ist. Ich kam als Ausländerin und mein Bruder als Österreicher.

Rosemarie Cawson

Wir waren wie Könige.

ET: Sie sind ja schon gleich nach dem Krieg 1949 nach Hannover gefahren. Was für Eindrücke hatten Sie?

VR: Unglaublich. Alles war zerstört. Alles, alles. Meines Vaters Haus, das Rheinhold'sche Familienhaus war nicht mehr da. Das war verschwunden. Aber Max Rüdenbergs Haus war da. Und wir sind dahin gegangen. Das war ein bisschen raus aus dem Zentrum. Meine Mutter hat es gesehen, hat es mir gezeigt: „Da warst du bis 1938." Für mich war das ein Haus, aber für sie war das wahrscheinlich nicht gut zu sehen. Aber was so interessant war: In England waren wir arme Leute. Wir hatten kein Geld und also *in the scheme of things we were on the bottom of the society* [in der gesellschaftlichen Ordnung waren wir am untersten Ende]. Aber in Deutschland hatten wir plötzlich Geld und es war Britische Zone. Die sprachen Englisch und die Einwohner, die in der Gegend waren, waren so höflich. Wir waren wie Könige. Meine Mutter war die Königin in Deutschland. Alles musste perfekt getan werden. Wenn wir etwas wollten, konnten wir das haben. Das war ganz unglaublich. Aber wir mussten nach England zurück. Sie hatte zu der Zeit einen Rechtsanwalt, der hat uns geholfen, unsere China-Sammlung zu finden, und sie kam in einer großen Holzkiste nach Hannover zurück. Meine Mutter hat ein oder zwei Sachen verkauft. Mit diesem Geld konnten wir nach England zurück. Wir hatten die Erlaubnis, vielleicht 10 Pounds zurückzunehmen.

ET: Hatte Ihre Mutter Wut auf die Deutschen?

VR: Nein. Nie – nie gezeigt. Sie war nur traurig über das, was passiert war.

ET: Als Sie in Hannover waren, hatten Sie nicht das Gefühl, da könnten vielleicht Nazis sein?

VR: Es waren keine Nazis in Deutschland nach dem Krieg. Das gab es nicht.

Vernon Reynolds

Ich konnte in Deutschland nicht Deutsch sprechen.

GS: Also die zweite Generation, das heißt die Kinder vor dem Krieg warn, die haben niemals gesprochen in Deutschland. Dieselbe Generation in Israel hat auch niemals gesprochen, weil die Eltern es nicht wollten. Und die dritte Generation, die haben das auch gemacht. [...]

ET: Wie ist das für dich, wenn du nach Deutschland kommst und Menschen deiner Generation triffst?

GS: Wenn sie so alt wie ich sind, das geht noch. Aber wenn sie so fünf

Jahre älter sind. Als ich das erste Mal zurück in Deutschland war, 1964, hatte ich einen psychologischen Block gehabt. Ich konnte in Deutschland nicht Deutsch sprechen. Unmöglich. Hört sich vielleicht komisch an. Mit denselben Leuten konnte ich in Israel Deutsch sprechen. Aber irgendwie konnte ich nicht so, wie sagt man, *I couldn't be associated with German. I don't belong to them.* [Ich wollte nicht mit Deutsch in Verbindung gebracht werden. Ich gehöre nicht zu ihnen.]

George Shefi

Um ehrlich zu sein, war ich ziemlich aufgeregt, nach Berlin zu kommen.

Es gibt ein großes deutsches Forschungszentrum. Der Direktor lud mich und einen anderen Kollegen ein und es war ein wundervolles Erlebnis. Nicht so sehr wissenschaftlich, das habe ich total vergessen. Sondern weil wir mit jungen Leuten unseres Alters gesprochen haben, die dieselben Einstellungen hatten, entsetzt waren von der Nazi-Vergangenheit. Das war wohl 1960 und dadurch habe ich meine Einstellung komplett geändert [...]. Später bekamen meine Frau und ich eine Einladung nach Berlin vom Bürgermeister. Ich kann mich nicht erinnern, wie meine Mutter darauf reagierte. Ich glaube, sie war interessiert. Wir versuchten unsere alte Wohnung zu sehen, aber die gab es nicht mehr. Ich vermute, eher durch Straßen-

erweiterung statt durch Bombardierung. Um ehrlich zu sein, war ich ziemlich aufgeregt, nach Berlin zu kommen: das KaDeWe, die Tauentzienstraße und den Kurfürstendamm zu sehen, die Margaret natürlich nie gesehen hatte. Sie war ein wenig mehr anti und ich fand das immer lustig. Sie hat jemanden deutscher Herkunft geheiratet und dennoch mochte sie die Deutschen nicht. Aber es liegt wohl daran, dass in ihrer Familie alle im Krieg gekämpft hatten. Und sie hatte nicht dieses kathartische Erlebnis wie ich mit meinen deutschen Gesprächspartnern.

Gerald Wiener

Unser Haus gibt es nicht mehr.

ET: Sind Sie je nach Bunzlau zurückgefahren?

JR: Nein. Ich habe keinen Grund dafür, denn selbst wenn ich interessiert wäre, unser Haus gibt es nicht mehr. Und niemand ist mehr dort. Es sind alles Polen dort.

John Ruppin

Es bedeutete mir gar nichts.

ET: Wann sind Sie das erste Mal nach Deutschland zurückgefahren?

MS: Wir waren in Ferien ungefähr einen Monat. Es bedeutete mir gar nichts. Ich stand vor dem Haus auf der Straße, wir gingen nirgendwo rein, standen einfach davor. Und das war's.

ET: In welchem Jahr war das?

MS: Mindestens vor fünfzehn Jahren. Wir wollten nach Italien fahren und deshalb dachten wir, wir machen diesen Umweg, nur um mal zu schauen.

ET: Das heißt, eine lange Zeit waren Sie nicht dort?

MS: Nein. Ich hatte nie daran gedacht, zurückzufahren. Ich hasste niemanden; ich hatte mit mir selbst gerungen wegen einer jungen deutschen Frau, die hier wohnte. Sie war Krankenschwester und heiratete einen Juden. Sie hatte eine Tochter und einen Sohn, die mit meinen Kindern zur Schule gingen, und sie war die erste Deutsche, die ich je hier traf. Ich traf sie an der Bushaltestelle und sie fragte mich, ob ich zu ihr nach Hause kommen wolle. Oh mein Gott! Und dann dachte ich: „Ja, das möchte ich." Und von dem Zeitpunkt an ging es weiter. Da ist etwas in der Art und Weise, wie Leute wie sie sind, was ich auch habe. Und wir wurden sehr gute Freundinnen.

Margot Showman

Wir sind rumgefahren, aber es hätte eine fremde Stadt sein können.

BK: Drei, vier Mal war ich in Deutschland in den letzten Jahren. Im Jahr 2000 hat man mich eingeladen, bin ich dort hingegangen mit meinem Sohn. Er wollte wissen, wo ich herkam. […]

ET: Wie waren Ihre Eindrücke?

BK: Das erste Mal war es ein bisschen fremd, Deutsche zu treffen in Deutschland. Aber gesprochen hab ich, als Gast war es sehr leicht. Wir hatten einen Touristen-Guide, und es war wunderbar, mit älteren Leuten zu sprechen: „Wo waren Sie?“ Manche haben gesagt, dass ihr Sohn oder irgendjemand gestorben ist, Soldat war usw. Aber es war sehr schön.

ET: Wie war es, Deutsch zu sprechen?

BK: Da hab ich Deutsch gesprochen, nur Deutsch. Es war sehr schön. Wir sind in eine kleine Stadt gefahren, in der Nähe von Fürth, da haben sie eine kleine Feier gehabt. Ich hab den Bürgermeister der kleinen Stadt getroffen, hab mit ihm gesprochen, Bier getrunken. Er hat gesagt: „Ja, Fürth ist ein Teil von Nürnberg“, hab ich gesagt: „Nein, es ist nicht so.“ Gut gesprochen und gelacht darüber. Es war ganz schön. […] Der Leiter hat uns rumgefahren: zuerst zu dem Gebäude, in dem ich gewohnt habe; wollten wir reingehen, in die Wohnung, wo wir waren, aber es ging nicht. Die Frau war nicht da. Hab ich zu meinem Sohn gesagt: „Da hab ich gewohnt.“ Dann haben wir auch das jüdische Spital besucht, den Platz, wo die Synagoge war, auch zum Waisenhaus, das wurde wieder gebaut und so weiter. Wir sind rumgefahren, aber es hätte eine fremde Stadt sein können.

ET: Keine Gefühle?

BK: Nein, nicht so. […] Ich war eine gute Woche dort. Ich hatte das Zimmer mit meinem Sohn. Wir waren zusammen im selben Hotel. Er hat mir gesagt: „Dad, kann ich rauchen?“ Ich rauche nicht. „Ich steck meinen Kopf aus dem Fenster.“ „Gut, Johnny“, haben wir rausgesehen. Da war der Platz, ein weiter Platz dort. Und da hab ich herausgefunden, das war der Platz, wo wir gestanden haben in der „Kristallnacht“. Da bin ich öfters darüber gegangen, gedacht, ja, dort war ich, aber jetzt bin ich frei und herausgekommen.

Bernd Koschland

Ich hab sehr gemischte Gefühle.

ET: Sind Sie jemals wieder nach Zlín gefahren?

ES: Ja, mit meinem Mann. Ich war so naiv, ich dachte, wenn ich die Straßen gehe, finde ich unsere Wohnung, ich hab so ein Bild von unserer Wohnung. Hab ich natürlich nicht gefunden.

ET: Wie war das Gefühl, dort zu sein?

ES: Ich hab sehr gemischte Gefühle über die Tschechoslowakei. Ehrlich gesagt, ich bin nicht stolz auf Tschechien.

Eve Slatner

Wien war sehr, sehr unbequem.

ET: Wann sind Sie zum ersten Mal nach Wien zurückgefahren?

FD: 1956. Wien war sehr, sehr unbequem. Ich fand es sehr schwierig. Eine Woche da war mehr als genug. Wer sind diese Leute, die man da sieht? Und in den Klos immer diese antisemitischen nazistischen Aufschriften über die ‚Amerikoner'. [...]

ET: Darauf folgten weitere Reisen?

FD: Nicht für zehn, fünfzehn Jahre. Eine Tante aus Argentinien zog nach Wien zurück, nachdem ihr Mann starb. Sie lernte nie Spanisch, sie freute sich nicht auf Argentinien. Sie zog nach Wien zurück in den späten 1960er Jahren. Sie bat mich, sie zu besuchen und war deprimiert, wurde mehr und mehr deprimiert. Sie verbrachte den Sommer in Kitzbühel und ich nahm ein paar Mal Urlaub, Anfang der 1970er Jahre. In Kitzbühel war es vollkommen bequem. War nicht die Frage, ob man jüdisch ist oder wo man herkommt, waren so viele Touristen da. Ich war einfach ein anderer Tourist. [...] Später bin ich in Kontakt getreten mit dieser Organisation „Steine der Erinnerung" [http://steinedererinnerung.net], die haben einen Stein für meine Mutter und meine Tante gelegt.

ET: Fahren Sie jetzt noch regelmäßig nach Österreich?

FD: Ja, eine Zeit lang fuhr ich regelmäßig. Ich möchte noch eine Abschlussreise nach Wien machen. Aber ob das dieses Jahr oder nächstes Jahr sein wird, das weiß ich noch nicht. [...] Ich hab in Schulen in Wien gesprochen. Als wir die Stolpersteine für meine Mutter setzten, da hat die Frau, die in meiner alten Wohnung lebte, uns eingeladen. Wir hatten Urlaub und wir schreiben jetzt bald zwei Mal im Jahr.

ET: Konnten Sie in der alten Wohnung wohnen?

FD: Ja. Ich konnte sagen, das war da und das war da. Meine Mutter war sehr stolz auf den neuen Kachelofen. Der war weg. Jetzt gibt es natürlich Zentralheizung.

Francis Deutsch

Das waren die Deutschen, die mein Vater kannte.

In den frühen 1940er Jahren waren wir vielleicht etwas kritisch meinem Vater gegenüber, warum er es erst so spät entdeckt hat. Aber dann, acht Jahre später, habe ich meinen ersten akademischen Besuch nach Deutschland gemacht, in Marburg, und ich wurde eingeladen von einem juristischen Professor in Marburg. Hans Leser und seine Frau haben mich als Gast in ihrem Haus aufgenommen. Da waren verschiedene Gesellschaften, wo ich Freunde traf, und dann wurde mir das klar: Diese Leute, die ich in Marburg getroffen habe, die waren interessierte und zivilisierte Leute, das waren die Deutschen, die mein Vater kannte und nicht diese Lumpen, die damals an die Regierung gekommen waren. Und ich habe angefangen zu verstehen, warum mein Vater immer noch eine Hoffnung haben würde.

Günter Treitel

Obwohl ich Engländer bin, ich bin immer noch der Wiener.

WK: Als wir nach dem Krieg nach Wien zurückgekommen sind, war ich zuerst in der Wohnung, von der ich hergekommen bin. Ich bin einen halben Stock gegangen, dann habe ich es nicht geschafft. Es hat wenig Sinn gehabt zu schauen, wo die Eltern waren, und die Familie ist nicht da. Es war das Vorkriegs-Wien und ich war im Nachkriegs-Wien, die haben sich nie überschnitten. Ich war nie dort, wo unsere Schulen waren. Ich war ganz fremd. Die Gerüche waren da, das Klingeln der Straßenbahn war da, der Maronibrater: „Heiße Maroni."

ET: Wo haben Sie gewohnt als Kind?

WK: Im 2. Bezirk.

ET: Auch als Sie zurückgekommen sind?

WK: Im 3. Bezirk.

ET: Doch sehr nahe eigentlich.

WK: Ja, aber ich bin nie hingegangen. Wir waren ja Teil des „Jungen Österreich" und wollten das Land neu aufbauen. Aber das war unmöglich. [...] Ich hänge auch an Wien, wo immer ich bin, ich bin a Wiener. Ich habe zum Beispiel, wenn ich sing, habe ich das *Fiakerlied* gesungen. Und das *Fiakerlied* ist sehr interessant, es hat sehr viel mit uns gemein. Und das *Fiakerlied* war verpönt in der Nazizeit, weil der Pick a Jud war. Der Mann hat die Erstaufführung des Lieds gehabt vier Jahre, bevor der Hitler geboren wurde. Und es hat damit nichts zu tun. Ich mein, von dem komm ich nicht los. [...] Das Wien, das wir verlassen haben, hat es nicht mehr gegeben, das war weg. Es hat mich irgendwie erinnert: In London, während des Kriegs, haben wir den Londoner Zoo besucht, und da war in einem Käfig irgendwie so ein Tier und es hat gestanden unten „extinct in the free range" [in freier Wildbahn ausgestorben]. So bin ich mir vorgekommen, denn das, wo wir erwachsen wurden, das hat es nicht mehr gegeben. Das heißt, wir sind aus dem Grund herausgenommen worden und als wir zurückkamen, war der nimmer da.

Walter Kammerling

Ich empfinde keine besondere Form von Hass.

Meine jüdische Religion glaubt, dass man eine gewisse Verantwortung hat, anderen zu helfen. Ich habe eine Gemeinnützige Stiftung gegründet und wir haben ein Projekt zusammen mit dem Wiener Kunsthistorischen Museum, um die Restaurierung ihrer Instrumente zu unterstützen. Sie waren sehr besorgt wegen der letzten Restaurierung eines der wichtigsten Instrumente und brauchten Unterstützung für das Instrument. Wir boten die Hilfe an. [...] Es tut mir leid, das zu sagen, aber meinem Temperament nach bin ich kein Revolutionär; ich empfinde keine besondere Form von Hass und sehe es mehr als ein Unglück, das passiert ist.

Karl Grossfield

Ich konnte mich an so vieles erinnern.

KL: Ich war mehrere Male geschäftlich und auch halb geschäftlich in Deutschland. Hab auch einen von meinen Söhnen nach Berlin mitgenommen, um zu zeigen, wo wir gewohnt hatten. Wir waren am Hansaplatz in der U-Bahn, es gibt eine große Tafel voll mit Leuten, meine Eltern sind auch auf der Tafel drauf, die Tafel ist seit zwei Jahren da.

ET: Wie war das für Sie, als Sie nach Deutschland kamen?

KL: Das erste Mal, das hab ich wirklich innerlich sehr empfunden. Ich war auf der Bahn: „Jetzt bin ich in Deutschland." Mir kamen wohl die Tränen. Ich konnte mich an so vieles erinnern. Ich konnte mich erinnern, dass ich mit meinem Vater auf den Kurfürstendamm gegangen bin und mit meiner Mutter, dass wir in Heringsdorf in Ferien gewesen sind.

ET: Haben Sie Ihren Kindern von Ihrer Kindheit in Deutschland erzählt?

KL: Oh ja. Zuerst hab ich mal wenig davon gesprochen, weil ich überhaupt nicht von der Vergangenheit gesprochen hab. Aber dann, als die Kinder älter wurden, hab ich mehr und mehr davon gesprochen. Da kam mein ältester Sohn, er hatte einen von meinen Cousins von Amerika getroffen und er hat gesagt: „Warum schreibst du nicht mal auf, was geschehen ist?" Und das war *part one*. Nachher kam ein anderer Sohn, der hat gesagt: „Was war da in Burma? Warum schreibst du das nicht alles auf?" Es kam *part two*. Dann kam der dritte Sohn: „Du sollst doch mal schreiben über den Rest von deinem Leben", *part three*. Und meine Meinungen haben sich nicht viel geändert.

Keith Lawson

Ich leide an einem survivor syndrome: Schuld.

LB: Das Waisenhaus in Berlin war viele Jahre ganz verwüstet innen. Außen war es auch in einem ziemlich schlechten Zustand, aber nicht zerstört. 1969 wurde es der jüdischen Gemeinde angeboten, aber die wollten es nicht haben. So hat ein Mann, Professor Peter-Alexis Albrecht, Jurist in Frankfurt, aber auch der Leiter der großen Stiftung Cajewitz in Berlin-Pankow. Er hat dieses Haus gekauft, renoviert und hat Wohnungen für alte Menschen eingerichtet, sehr vornehm, mit vielen kulturellen Aktivitäten für die Menschen, die dort leben. Außen sieht es aus wie früher, drinnen ist es ganz anders. In einem Flur gibt es eine Bibliothek für die lokale Gegend. Und nebenan ist eine Schule. Es gab eine kleine Organisation, die hieß „Freunde des ehemaligen jüdischen Waisenhauses". Da war eine Frau, Dr. Inge Lammel, vor einigen Jahren gestorben. Der Leiter Herr Albrecht war auch ein Mitglied und die haben 1971 das erste Treffen von Jungen, die vor dem Krieg im Waisenhaus gelebt haben, organisiert. Sie haben zwanzig Männer gefunden und ich war auch dabei. Sie haben uns das Waisenhaus gezeigt, der frühere Betsaal hatte eine wunderschöne ganz ornamentale Decke. Sie haben es renoviert und der alte Betsaal wird jetzt für kleine Konzerte, für Gespräche und so weiter genutzt. Alle zwei Jahre haben wir ein Treffen gehabt, meine Frau und ich waren ungefähr sieben Mal da. Aber vor fünf Jahren waren es nur sechs Männer. Seitdem gab es keine Treffen mehr.

ET: Hat sich im Laufe der Zeit von 1971 bis heute Ihr Verhältnis zu Deutschland verändert?

LB: Ja, vollkommen. Ich habe verstanden, dass die modernen Deutschen nicht verantwortlich sind für das, was vor dem Krieg geschehen war. Alle die Deutschen, die ich getroffen habe, waren wunderbare Menschen, akkulturiert und leiden auch sehr an ihrer Vergangenheit. Sie leiden wie ich. Ich leide an einem *survivor syndrome*: Schuld. Und sie haben das auch. Das habe ich auch gemerkt, als ich eingeladen war zu Konferenzen in Österreich, die von einem deutschen Institut geleitet wurden. Ich habe junge deutsche Mediziner kennengelernt, die haben uns Skilaufen gelehrt und wir haben sie Immunologie gelehrt. Es waren wunderbare Konferenzen. Da habe ich auch mit einer Frau von einem Mediziner gesprochen. Sie hat mir erzählt, dass sie auch große Schuld fühlt für das, was ihre Eltern, ihre Großeltern getan haben. Das war für sie noch schlimmer als für mich in mancher Beziehung. [...] Nach dem Krieg waren noch so viele Nazis in Deutschland, sodass, wenn ich jemand getroffen habe, der älter als ich war, immer gedacht habe, was hat dieser Mann getan? Heutzutage ist es nicht so, jetzt sind die Menschen schon tot, die es gemacht haben. Also, mit den modernen Deutschen habe ich wirklich kein Problem.

Leslie Baruch Brent

Sobald ich zu dem Gebäude kam, war alles absolut klar.

ET: Kommen wir zurück zu der ersten Reise, die Sie 1995 nach Hannover gemacht haben. Konnten Sie sich noch an einzelne Orte erinnern?

MB: Ich konnte mich nicht an viel erinnern, aber ganz klar war das Gebäude, in dem wir lebten mit Blick auf den Platz und natürlich die Herrenhäuser Gärten. Die waren nah, das war klar. Es war tatsächlich ziemlich seltsam, als wir suchten; mein Sohn Conrad und ich suchten nach dem Haus und ich weiß, dass ich Brühlstraße fand und Nummer sieben als Adresse – hatte ich in Erinnerung. Als wir zum Anfang der Straße kamen, sah nichts so aus, wie ich es erinnerte. Und dann hatte ich den Eindruck, dass wir vielleicht am falschen Ende der Straße sind, weil das Haus an dem Platz stand. Ich sagte: „Lass uns die Straße runtergehen." Als wir ans Ende kamen, sah ich natürlich das Haus. Die ganze Straße hatte neue Nummern und ist verändert, denn ich erinnerte mich an eine enge Straße und eine Gabelung zu einer weiterführenden Straße. Aber davon ist nur eine Hauptstraße geblieben, die nach links abbiegt. Nach der Bombardierung muss es anders wiederaufgebaut worden sein. Aber sobald ich zu dem Gebäude kam, war alles absolut klar. Der einzige Unterschied war, dass dort einmal eine Terrasse war. Wir wohnten im ersten Stock des Hauses. Und da war nur eine Art asphaltiertes Dach. Aber alles andere, der Garten, alles war ganz nah und der Platz war genauso, wie ich ihn in Erinnerung hatte. Aber sonst nichts anderes. Ich konnte mich nicht an das Stadtzentrum erinnern, obwohl ich oft dort war.

ET: An den Bahnhof erinnern Sie sich nicht?

MB: Nein, nicht mal an den Bahnhof. Und wie ich Ihnen sagte, ich kann mich überhaupt nicht an die Abfahrt vom Bahnhof erinnern. Das einzige, an das ich mich erinnere, ist der Platz und der Weg in die Gärten, die Allee.

ET: Sind Sie in das Haus gegangen?

MB: Ja, denn es war offen und Leute von der Universität waren dort. Und ich fragte: „Dürfte ich mal hineinschauen?" Natürlich hatte es sich ziemlich verändert. Die Zimmer waren anders, ich konnte mich nur daran erinnern, dass wir ein Badezimmer und eine Küche hatten und das gibt es nicht mehr. [...] Ich frage mich, wie viele Deutsche eine Art von Schuld empfinden, wenn sie an ihre Vergangenheit denken. Gott sei Dank habe ich nicht dieses Gefühl in Bezug auf meine Vergangenheit. Wir waren die Opfer.

Michael Brown

Am wohlsten heutzutage fühle ich mich in Berlin.

ET: Hast du dich in London immer wohlgefühlt? Hattest du das Gefühl, du bist Londonerin?

RB: Nein, nein, ich bin keine Londonerin. Am wohlsten heutzutage fühle ich mich in Berlin. Das Klima vom Wetter und das Klima mit den Leuten. Es hat einen Sinn, denn die schrecklichen Erinnerungen für mich sind in Mainz. Das Schlimmste in meinem ganzen Leben war das Jahr, in dem ich zurück nach Deutschland gezwungen wurde. Das war nicht in Berlin. Ich hab Berlin später kennengelernt. Ich habe viele nette Leute in Berlin getroffen.

Ruth Barnett

In Fränkisch-Crumbach hat man manchmal weggeguckt.

ET: Sie sind oft nach Deutschland zurückgefahren?

RD: Meistens, weil ich zwei Bücher über mein Leben geschrieben hatte, die zuerst in Deutschland erschienen sind, durch Freundinnen dort, im Odenwald. Dann hat man mich aus Mainz eingeladen. Das war für Lesungen aus meinen Büchern in der Schule. Von da bin ich regelmäßig zurückgekommen. Was ich da gesehen habe in den Schulen und die Freundlichkeit, hat mich dazu gebracht, Deutschland doch zu besuchen.

ET: Sind Sie auch wieder nach Fränkisch-Crumbach gefahren?

RD: Ja, aber dort war ich nicht so gern gesehen. Während man mich in anderen Dörfern immer begrüßt hat, in Fränkisch-Crumbach hat man manchmal weggeguckt. Warum kommt sie denn hierher? Es waren viele in Fränkisch-Crumbach, die nett und freundlich waren. Der Fahrer war wunderbar freundlich, nett und lieb und sogar die Schule auch. Zuerst wollte man mich nicht in der Schule sehen. Die Eltern wollten nicht, dass ich mich mit Kindern unterhalte, die nichts über ihre Eltern und Großeltern wussten. Es war in den 1990er Jahren.

ET: Sie haben also Ihr Buch vorgestellt an anderen Orten, aber in Fränkisch-Crumbach war das nicht so einfach?

RD: Ganz komisch. Fränkisch-Crumbach hatte keine Buchhandlung, als ich Kind dort war. Aber dann hat eine tolle Frau doch versucht, eine Buchhandlung dort aufzumachen. Und sie hat das Buch bekommen. Aber die Leute, die es gekauft haben, haben es schnell in braunes Papier eingewickelt. Man sollte nicht sehen, dass man das Buch kaufen wollte. [...]

ET: Wie war das Gefühl, als Sie nach Deutschland kamen? War Ihnen das fremd?

RD: Als ich zum ersten Mal im Odenwald war, war das ganz erstaunlich, ich konnte mich an alles erinnern, an die Straßen, an die Häuser, an die Namen der Berge.

Ruth L. David

Eine Mischung zwischen Umarmung und Weinen.

ET: Wann sind Sie denn das erste Mal nach München zurückgefahren?

BG: Mit meinem ersten Mann. Die *Architectural Association* hatte ein Treffen mit anderen Architekten. 1948/49, ganz nah am Ende des Krieges, weil sie eben als Architekten hinfahren wollten, um sich zu sehen, wie man wieder gutmacht. Also wen habe ich getroffen? Erst einmal in München einen Herrn, dessen Name habe ich vergessen, der ein guter alter Freund von meinem Vater war, nicht Jude, der hat mich eingeladen. Mein erster Mann hat Sitzungen gehabt und ich bin allein zu diesen Herrschaften gegangen und seine Frau stand in dem Eckfenster. Da waren noch Trümmer vom Gebäude und sie hat noch gesagt: „Ja, Sie haben alles das nicht mitgemacht." Saublöde Kuh. Ich hab es hier mitgemacht. Ich hab nichts als Antwort gesagt. Sie versteht's net. Also, das war ein Treffen. Das schönste, das traurigste Treffen war mit der Traudl, unserem Dienstmädchen. Die hat unseren Briefträger geheiratet und der ist gestorben. Sie hat nicht genug Geld und nicht genug zu essen gehabt. Das war traurig. Aber ich hab sie umarmt. Das beste Treffen war, wie wir nach Walchensee gefahren sind. Mein erster Mann ist mit seinem Auto nach München gefahren und wir haben ein Auto dort gehabt, phantastisch. Wir sind also nach Walchensee und da hab ich die Walchensee-Bäuerin besucht, die hat mich sofort erkannt, weil wir immer runtergekommen sind. Ihr Mann hat im Walchensee Fische gefangen. Während des Kriegs ist er in den Walchensee gefallen und weil der so tief war, ist er nie raufgekommen. Der Walchensee hat ihn geschluckt. Also, da war sie und hat mich erkannt. Sie hat sofort gesagt: „Jesses Maria, du lebst noch. Wunderbar, du lebst noch." Und dann hat sie mir ein bisserl was vom Krieg erzählt und leider, dass ihr Mann gestorben ist. Die zwei Söhne haben überlebt. Dann hat sie gesagt: „Übrigens, ich habe ein jüdisches Ehepaar versteckt während des Krieges. Da war in dem Dorf ein Herr, der ein Café gehabt hat. Ganz am Anfang des Dorfes und der war's, der ‚Juden sind hier unerwünscht' angenagelt hat in Walchensee. Der war ein Nazi, aber der hat uns nichts antun können, weil wir das Essen gehabt haben, Fleisch und Butter und Milch. Ob er's gewusst hat, dass wir dieses Ehepaar versteckt haben? Aber eines Tages war das Ehepaar weg. Das Einzige was ich gewusst hab, da war eine Organisation, die sie über die Berge in die Schweiz bekommen konnte." Sie hat nie von denen wieder gehört. Also, man lernt so was dabei. Und jetzt hab ich noch Bekanntschaften in Walchensee. […]

ET: Wenn Sie jetzt nach München kommen, wie ist das?

BG: Komisch. Seltsam. Eine Mischung zwischen Umarmung und Weinen.

Bea Green

Als würden sie sich entschuldigen.

ES: Wir fuhren nach München und ich hasste München. Ich fühlte mich sehr unwohl in München. In Frankfurt war es okay. Es war nur München, das ich wirklich hasste, die ganze Atmosphäre dort: Frauen in Pelzmänteln, die riesige Portionen Kuchen aßen und Kaffee tranken. Ich weiß nicht. Und mein Mann, der kein Jude ist, war stets sehr verständnisvoll und er fühlte sich auch unwohl. […]

ET: Sie waren mit einem Schuldirektor in Deutschland befreundet und beschreiben diesen Kontakt als sehr positiv. Haben Sie mit ihm über die Vergangenheit gesprochen?

ES: Oh ja, sehr viel. Sein Vater war bei der SA. Sie waren Bauern und seine Eltern lebten auf dem Hof mit ihrem kleinen Sohn. Und er erinnert sich an die „Kristallnacht", obwohl er erst vier Jahre alt war. Er kann sich an seinen Großvater erinnern, der seinen Sohn eingesperrt hatte, denn er erlaubte nicht, dass er rausging. Und als wir das erste Mal zu ihnen nach Deutschland kamen, sagten sie: „Meine Eltern wollen dich treffen." Und ich antwortete: „Wissen sie, dass ich Jüdin bin?" Und beide sagten: „Natürlich wissen sie, dass du Jüdin bist." Sie sprachen kein Englisch und taten was sie konnten. Es war wunderbar gedeckt, bester Kaffee und Kuchen. Guter Wein. Und auch wenn sie sich nicht direkt entschuldigten, taten sie alles, was sie konnten, als würden sie sich entschuldigen.

ET: Konnten Sie das akzeptieren?

ES: Ja. Sie waren sehr alt.

Eva Shrewsbury

Jeder wusste, wie sie sich im Krieg benommen haben.

ET: Sind Sie nach dem Krieg nach Österreich oder nach Deutschland gefahren?

VR: Ja, ein paar Mal, in den 1950er oder 1960er Jahren. Mein Buch habe ich fertig geschrieben in Grundlsee. Ich war ein regelmäßiger Tourist. Ich habe mit den Österreichern überhaupt nicht verkehrt. Ich bin fischen gegangen, war ein leidenschaftlicher Angler und es war, wo ich als Kind jeden Sommer war. Das war eine Art von Rückkehr.

ET: Ihre Mutter ist auch dorthin gefahren?

VR: Ein Mal.

ET: Wie war der Kontakt mit den Österreichern?

VR: Die waren genauso antisemitisch nach dem Krieg wie vor dem Krieg. Und jeder wusste, wie sie sich im Krieg benommen haben.

ET: Und in Deutschland? Waren die Eindrücke anders als in Österreich?

VR: Ja, das war so viel später, ich habe in Berlin längere Zeit gelebt, aber es war kein Gefühl der Rückkehr. Es war einfach so, wie wenn ich, was weiß ich, nach Rom gefahren wäre oder Warschau, nur, dass ich mich ausgekannt habe und die Sprache verstanden habe, aber sonst war in Berlin nichts.

Victor Ross

Es war sehr, sehr schön.

ET: Kannst du dich noch an den ersten Besuch in Wien erinnern?

PK: Es war sehr, sehr schön. Die einzige Synagoge, die in Österreich überstanden hat, war die Synagoge, wo meine Eltern geheiratet haben, und wir sind natürlich zu der Synagoge gegangen. Es war eine sehr schöne Synagoge, war ein paar Mal da später. Wieso war diese Synagoge nicht verbrannt? Sie war nicht ein alleinstehendes Gebäude, sondern ein mittlerer Teil von einem Gebäudekomplex. [...]

ET: Wie haben die Eltern reagiert, als sie zurückgekommen sind? Die haben natürlich Wienerisch gesprochen.

PK: Ja, natürlich, das einzige Deutsch, das sie gesprochen haben. Sie haben es sehr genossen.

ET: Seid ihr auch in eure alte Gegend gegangen?

PK: Selbstverständlich, 13. Bezirk, Lainz. Meines Vaters Praxis war in der Lainzer Straße. Und wir haben ein sehr schönes Heim gehabt.

Peter Kurer

Ach, Sie sind ja einer von uns!

PB: Ich kann mich erinnern, ich hatte in Ost-Berlin einen Autounfall. Ich bin immer im Wagen gekommen. Und da kam die Polizei, die VoPo, und ich hab meinen Pass gezeigt: *date of birth, place of birth*, Frankfurt. Und er sagt zu mir: „Ach, Sie sind ja einer von uns!“ Da hab ich gesagt: „Nicht ganz.“ Na ja, Gott, Sie wissen, wie es in der DDR war:

„Die Nazis sind alle drüben." […] Ich habe sehr viele gute Bekannte gehabt. Viele von denen sind dann weg nach der Wende. […]

ET: Sie sind nie wieder zurück nach Frankfurt gefahren?

PB: Nein, es war niemand in Frankfurt, meine Familie war weg, ich war zwölf Jahre alt. Ich weiß, dass das Haus nicht mehr existiert, Frankfurt wurde sehr schwer bombardiert. Ich war in Herrlingen, zwei Mal.

Peter Block

Also ich bin nicht gerne hingegangen.

IE: Ich schreibe immer noch deutsche Briefe. Ich hab noch in Deutschland ein paar Bekannte. Eine war eine Patientin meines Vaters. Diese Leute waren keine Nazis. Wie die Juden alle ihre Kunstwerke und auch Juwelen abgeben mussten, da hat die Mutter von dem einen Kind zu meiner Mutter gesagt: „Gib mir all deine Juwelen, und wenn das vorbei ist, bekommst du alles zurück." Die Tochter war etwas jünger als ich und in dem Alter macht das natürlich nen Unterschied, denn ich war ungefähr siebzehn oder achtzehn. Aber nach dem Krieg hab ich mich dann mit ihr angefreundet und immer Berichte aus Düsseldorf bekommen.

ET: Haben Sie die Juwelen Ihrer Mutter bekommen?

IE: Die kamen alle zurück. Die meisten hab ich jetzt hier, weil Mutter inzwischen gestorben ist. […] Ich bin auch verschiedentlich in Düsseldorf gewesen, aber das ist schon ziemlich lange her. Also ich bin nicht gerne hingegangen, außer von den Mitgliedern von der Klasse hab ich kaum andere Leute kennengelernt. […]

ET: Haben Sie denn damals mit Ihren Freundinnen über die Nazizeit gesprochen?

IE: Nein, wir haben eigentlich nicht darüber gesprochen.

ET: Und mit Ihrem Mann haben Sie darüber geredet?

IE: Für ihn war das interessant. Der hatte sich in Berlin schon eingetragen, um Medizin zu studieren, als die Nazis kamen. Ein oder zwei Tage, nachdem die Nazis gekommen waren, hat der Direktor von dem Gymnasium seine Mutter kommen lassen und gesagt: „Geht raus, so schnell wie möglich." Einige von den Lehrern sagten, er wäre Kommunist. Das war gar nicht der Fall. Da ist mein Mann zuerst in die Schweiz gegangen. Aber die Schweizer wollten keine Ausländer Medizin studieren lassen. Deswegen ist er nach Perugia gekommen, um Italienisch zu lernen und dann in Italien zu studieren. Er war ungefähr drei Monate vor dem Anschlussexamen, wie die Italiener ihn rausgeworfen haben.

ET: Sind Sie zusammen mit Ihrem Mann auch nach Düsseldorf oder nach Deutschland gefahren?

IE: Ich bin auch mit ihm ein oder zwei Tage in Berlin gewesen, denn Berlin hat die jüdischen Auswanderer manchmal zu einer Woche eingeladen und die wurden dann ins Theater geschickt und in Konzerte. Das hatten wir einmal gemacht. Aber er hatte dadurch, dass er schon 1933 wegging, in Berlin mit den ursprünglichen Mitschülern gar keine Beziehung mehr. In Düsseldorf hatte ich zu der Zeit noch ein paar Leute. Abgesehen davon, dass mein Vater so beliebt war, und dass da verschiedene Leute waren, die sich sehr gut an ihn erinnern konnten und die dann gern mit mir zusammen sein wollten, weil mein Vater nicht mehr lebte.

Ilse Eton

Es ist nicht meine Heimatstadt.

ET: Nach dem Krieg kamen Sie nach Deutschland?

FL: Mit der Einheit, als ich noch Soldat war. Ich war in einem Gefangenenlager in der Nähe von Hannover und wir hatten natürlich keine Kriegsgefangenen, sondern nur politische Gefangene. [...]

ET: Wie war Ihr Eindruck von der Bevölkerung in Deutschland damals?

FL: Sie hatten zu wenig zu essen. Ich hatte einen Bekannten in Hannover, der auch jüdisch war, dem es gelungen war, von mehreren Lagern zu fliehen, so dass er überlebt hatte. Durch den konnte ich mit den deutschen Freunden in Berlin und so weiter Nahrungsmittel an Deutsche weitersenden. [...]

ET: Wie war Hannover zu der Zeit? Die Stadt war ja zerstört worden.

FL: Ja, sehr zerstört. Ich war ganz deprimiert, wie zerstört die deutschen Städte waren. Ich hatte Verwandte, die in Kassel waren und Kassel war auch sehr zerstört. Mein Onkel, der ein Bruder meines Vaters war, hatte eine nichtjüdische Frau. Also meine Cousins waren halbjüdisch und konnten überleben. Ich habe sie besucht. [...]

ET: Waren Sie auch in Berlin?

FL: Ja, ich bin auch nach Berlin gefahren. Das durfte ich eigentlich nicht, denn man musste durch die russische Zone fahren und die englischen Einheiten fürchteten, dass die Russen uns gefangen nehmen würden und dass wir also gezwungen werden würden, über unsere Tätigkeit zu sprechen. [...] Berlin war auch sehr zerstört. Die Untergrundbahn hatte mehrmals kein Dach gehabt. Da konnte man die Straßen ansehen, wenn man auf dem Untergrundbahnhof war. [...] Meine Frau ist mehrere Male später nach Berlin gekommen. Sie wollte nie nach Breslau zurück, weil sie da nur antisemitische Erfahrungen gemacht hatte, sehr viel stärker als ich. In der Provinz war mehr Antisemitismus als in Berlin. Ich glaube, weil es zu viele Juden in Berlin gab. [...]

ET: Und erkannten Sie Ihre Stadt wieder?

FL: Ich betrachte es nicht als meine Heimatstadt. Es ist einfach eine europäische Hauptstadt, wo ich zufällig die Sprache besser kenne als in anderen Hauptstädten. Es ist nicht meine Heimatstadt.

ET: Ihre Heimatstadt ist Reading?

FL: *Well*, na ja. Also, England, England.

Fritz Lustig

Ich fand raus, dass ich nicht hassen konnte.

ES: Ich war am Ende des Krieges in Österreich, mit der Besatzung. Ich fand raus, dass ich nicht hassen konnte. Und ich hatte die Mädchen sehr gerne. Als mir mein Freund Theo Neumann schrieb, dass er mir einen Platz verschaffen konnte, dort, in der Besatzung, schrieb ich: „Ja, ja, bitte!" Und die Idee kam, das wird ein Unterhaltungsjahr für mich. Ich werde mich amüsieren, denn ich habe keine Verantwortung für Wien. Ich habe meine Verantwortung zu den Engländern. Also, das war ein Teil des Grundes, vielleicht, aber es war noch ein anderer Teil. Wien war so arm. Die Leute waren so arm. Ich wusste, dass 95 Prozent dem Hitler zugejubelt haben. Aber wenn eine Menge jubelt, ist es leicht zu jubeln. Ich wusste auch von österreichischen Kriegsgefangenen, dass die Österreicher schon angefangen hatten, die Deutschen nicht zu lieben, weil die Deutschen gescheiter waren als sie. Sie haben die Österreicher nicht sehr geachtet. In der Armee

besonders hatten sie angefangen, ihr Wienerisch zu betonen. Sie waren keine Deutschen. Was natürlich die Gegensätze stärker machte, nicht besser. Ich sagte mir: Solange ich nicht weiß, ob dieser oder diese etwas getan hat, kann ich doch nicht. So viele taten mir leid. Na, wenn es Mädchen waren, Jugendliche insgesamt, konnte ich sie überhaupt nicht für verantwortlich halten. Ich wurde Sekretär der *Austro-Britischen Society, Student Society*. Vielleicht waren ihre Eltern alle Nazis. Vielleicht waren sie Nazis, als Kinder. Aber wenn ich aufgewachsen wäre in einem Nazistaat, wäre ich vielleicht auch ein Nazi gewesen. Wenn ich nicht ein Jude gewesen wäre. All diese Gedanken haben mich davon abgehalten. [...] Komischerweise die Person, die dem am nächsten kam, war ein Musiker, Otto Rühm. In Wien, wo wir in Wien wohnten, im selben Haus, hatte meine Mutter eine große Freundin, Helene. Sie war Jüdin, aber ihr Mann nicht. Ihr Mann war Zahnarzt. Fritz. Die waren unsere besten Freunde im selben Haus. Er hatte sein Atelier woanders. Die Männer spielten Karten zusammen. Der alte Fritz hatte zwei Brüder, Hans und Otto, beide Musiker. Fritz hat uns umsonst behandelt. Als ich nach Wien zurückkam, besuchte ich sie: „Du musst bei uns wohnen“, und da war ich bei ihm und von Zeit zu Zeit kamen die anderen zwei besuchen, mit ihren Frauen. Nein, nicht wahr, Hans hatte keine Frau. Aber Otto Rühm, der war ein Bassspieler in den Wiener Philharmonikern. Der war ein ziemlich guter Musiker. Der war das Nächste an einem Nazi. Sein Enkelsohn hat mir Jahre später erzählt, dass Otto Rühm die Juden in zwei Teile teilte: die, mit denen er Freund war, und die anderen. Also, er konnte mit denselben Füßen in zwei verschiedenen Wassern stehen. Und Fritz Rühm, der Zahnarzt, der war knietief im *black market*. Aber auch darüber konnte man in Wien nicht böse sein. Man könnte fast sagen, dass für Wien der Schwarze Markt gut war, er hat sozusagen den Leuten, die viel Geld hatten, Dinge gegeben, die wir sowieso nicht bekommen konnten. Fair war es nicht. Aber es hat ökonomisch funktioniert. Fritz sagte mir auch: „Du kannst mir deine Zigarettenration geben.“ Wir Soldaten hatten jede Woche unsere Ration von Zigaretten, Schokoladen, allerhand Dinge, die wir nirgends sonst bekommen konnten. Wir hatten sogar unser eigenes Geld. Ein Glück ist, dass wir es wechseln konnten in österreichisches Geld. Ich gab ihm die Hälfte meiner Zigaretten. Ich half ihm auch, Dinge zu erhalten. Das war auch eine Art Schwarzer Markt. [...]

ET: Als du in das Haus gekommen bist, wo du früher gewohnt hast als Kind, wie war das?

ES: Das ganze Jahr, das ich dort war, bin ich nie zu einer meiner früheren Wohnungen gegangen. Erst als wir von hier nach Wien mit der

Familie auf unseren ersten Urlaub fuhren. Erst als die ganze Familie mitkam. Die fragten: „Wo hast du gewohnt?“ Und das letzte Mal, als wir dort waren, nahmen wir ein Taxi und fuhren zu allen Plätzen, wo das Geschäft war, wo die erste Wohnung war, wo die Schulen waren. [...] Ich lud die ganze Familie auf Urlaub nach Wien ein. Das habe ich zwei Mal getan. Sie konnten tun, was sie wollten in Wien. Wir sind in den Wienerwald gegangen. Es war sehr schön. Es war das erste Mal, dass ich diese Wohnung wiedergesehen habe. Ich frage mich heute, warum bin ich damals nie ... Ich wollt nicht. Es war aber unbewusst. Ich kann mich nicht erinnern.

Eric Sanders

Es war ein ziemlicher Unterschied.

ET: Wie waren diese Eindrücke in Deutschland nach dem Krieg?

HH: Komisch. Ich fühlte mich nicht richtig zu Hause. Ich war auch in Dortmund. Dann hatte ich mich um einen Job beworben, als Händler, und fing Ende 1959 an. Im März 1960 stellten wir zum ersten Mal auf der Leipziger Messe aus. „Und du bist der Verantwortliche.“ Zwei andere, die auch Deutsch sprachen, kamen mit, wir fuhren nach Leipzig und es war ein Erlebnis. Es war ganz komisch, es waren ganz andere Verhältnisse. Das Deutsch, das man damals im Osten sprach, war ganz anders als das Deutsch, was im Westen gesprochen wurde. Und ich bin ein leidenschaftlicher *Spiegel*-Leser. Es war ein ziemlicher Unterschied. Wir hatten einen Riesenerfolg, machten große Geschäfte. Dann kriegte ich verschiedene Einladung von den Betrieben in Ostdeutschland. Ich arrangierte für sie Zusammentreffen mit Leuten aus England in dem gleichen Beruf. Aber das Komische war bei meinem ersten Besuch in Leipzig, wir hatten eine junge Dame am Stand, bei der ich zufälligerweise auch wohnte. Da sagte sie um sechs Uhr abends am Stand: „Ich muss jetzt gehen, ich habe heute Abend Generalprobe.“ Sagte ich: „Proben?“ Sagte sie: „Ja, ich bin Mitglied des Gewandhaus-Chors. Haben Sie Musik gerne?“ Sag ich: „Ja.“ Sagt sie: „Warum kommen Sie nicht mit?“ Da ging ich mit und hörte zu. Ein Mann kam auf mich zu und sagte: „Wie hat es Ihnen gefallen?“ „Sehr gut.“ Der Mann war Kurt Masur. Am Freitagabend wurde ich wieder eingeladen. Sie haben mich zum Abendessen eingeladen mit einigen von den Chor-Mitgliedern. Und am Samstagabend war nun die große Eröffnungsfeier. Auf einmal hörte ich meinen Namen und sagte: „Hier bin ich.“ „Kommen Sie bitte nach vorne.“ Da stand Walter Ulbricht und übergab mir die Urkunde als Ehrenmitglied des Gewandhauses.

Herbert Haberberg

Einstellungen zur Zweisprachigkeit

Deutsch ist meine erste Sprache.

ET: Wie kommt es, dass Sie noch gut Deutsch sprechen?
BB: Ich hab ein sehr gutes Gedächtnis.
ET: Haben Sie zwischendurch immer mal wieder Deutsch gesprochen?
BB: Nicht oft.
ET: Hier in Manchester hatten Sie keine Gelegenheit?
BB: Nein. Ich habe Freunde, die Deutsch sprechen. Aber wir sprechen nur Englisch. [...] Deutsch ist meine erste Sprache.
ET: Und die anderen Sprachen?
BB: Die hab ich aufgegabelt, irgendwie. Ich habe nie Unterricht gehabt, aber ich kann gut Englisch sprechen. Und ich lese natürlich Englisch, aber schriftlich bin ich schwach.
ET: Und mit dem Polnischen?
BB: Polnisch kann ich sprechen, bisschen lesen, aber Schreiben überhaupt nicht.

Ben Brettler

Für mich sind Französisch, Italienisch wichtiger als Deutsch.

RD: Ich weiß, dass ich gern in Deutschland bin. Aber ich glaube, ich könnte nicht in Deutschland leben.
ET: Hat sich das auch auf das Deutsche ausgewirkt?
RD: Also, für mich sind Französisch, Italienisch wichtiger als Deutsch.
ET: Wie erklären Sie das?
RD: Ich weiß nicht.
ET: Ist das der Grund, weshalb Sie mit Ihren Kindern nicht Deutsch gesprochen haben, oder woran liegt das?
RD: Ja. Ich wollte mit meinen Kindern Französisch sprechen, hat nicht geklappt, aber ich wusste, dass es mit Deutsch nicht geht. Und was mir so leidtut, zum Beispiel, haben Sie von dem Dichter Friedrich Stoltze gehört?
ET: Nein.
RD: Er ist ein Frankfurter Dichter, der schreibt in Frankfurter Mundart. Meine Mutter und meine Tante haben ihn geliebt. Er war Antisemit. Aber sie haben ihn geliebt.

Ruth L. David

Als ich aus der Narkose erwachte, hab ich auf Englisch reagiert.

ET: Wie war es dann, zurückzukommen nach Deutschland?

UB: Ja, ich konnte kein Deutsch mehr. Musste erstmal Deutsch lernen. Naja, und dann kam so nach und nach der Wortschatz einer Sechsjährigen, mit dem ich weggegangen bin. Aber wir hatten natürlich auch tolle Lücken in der Schule, denn ich war ja nicht auf m Gymnasium gewesen und so. Das war erst mal hart, aber ich hab's schon geschafft. [...]

ET: Denken Sie manchmal auf Englisch?

UB: Ich hatte vor ein paar Jahren im Urlaub einen Unfall und war im Krankenhaus. Ich weiß, als ich aus der Narkose erwachte, hab ich auf Englisch reagiert und gesagt: „I don't know where I am, I have forgotten everything"[Ich weiß nicht, wo ich bin, ich habe alles vergessen].

Ursula Beyrodt

Ich sagte ihnen nicht mal, dass ich Deutsch spreche.

ET: Sie sagten, dass Sie Deutsch auf dem Gymnasium wieder gelernt haben.

JR: Es kam schnell zurück, ich war Klassenbester.

ET: Mochten Sie es?

JR: Ich habe den Großteil meines Lebens damit verbracht, es zu verdrängen. Nur viel später, sehr viel später ist mir das alles wieder in den Sinn gekommen. Die meisten Leute, die aus Deutschland rauskamen, waren auf die eine oder andere Weise anti-deutsch. Und mit den Jahren wurden sie es weniger. Viele sind tatsächlich zurückgefahren, weil sie Freunde oder Verwandte dort haben. Ich war das Gegenteil. Es bedeutete mir nichts in jüngeren Jahren. Erst als ich reifer wurde, ging mir die ganze Geschichte durch den Kopf, und jetzt bin ich, befürchte ich, sehr anti-deutsch und werde es wohl immer bleiben. Aus geschäftlichen Gründen war ich ein paar Mal in Deutschland. Ich fühlte mich sehr unwohl dort. Die Leute, mit denen ich zu tun hatte, waren sehr angenehm und der Rest auch. Ich fühlte mich einfach unwohl. Ich bin zwei oder drei Mal nach Frankfurt auf die Elektrotechnikmesse gefahren. Und später, als ich selbstständig war, hatten wir einen amerikanischen Lieferanten, der ein Büro in Deutschland hatte. Die kamen und besuchten uns. Und wieder fühlte ich mich sehr unwohl.

ET: Sie haben nie Deutsch mit ihnen gesprochen?

JR: Nein, ich sagte ihnen nicht mal, dass ich Deutsch spreche. Und wenn ich in Deutschland war, sagte ich nichts, ich hörte zu, aber ich sagte nichts.

John Ruppin

Denn bis zum heutigen Tag fragen sie: „Woher kommen Sie?“

MS: Ich habe nie sehr viel geredet. Mir waren meine Mängel immer sehr bewusst. […] Ich habe einen leichten Akzent. Denn bis zum heutigen Tag fragen sie: „Woher kommen Sie?“ Und ich antworte: „Ich weiß, weil ich mein ‚r‘ rolle.“ Nein, es ist nicht wichtig, aber es wäre schön, wenn ich besser sprechen würde. Ich kann sagen, dass ich mich ausdrücken kann. Und wenn ich nicht nervös bin, spreche ich viel besser.

ET: Heutzutage benutzen Sie immer Englisch, Sie erinnern sich nicht ans Deutsche?

MS: Oh doch. Wir haben auch Jiddisch gesprochen, mein Vater. Ich sprach kein Jiddisch, konnte es aber verstehen. Und dieses Buch, von dem ich Ihnen erzählt habe, *Jerusalem Maiden*, darin gibt es eine Menge Jiddisch. Das Komische ist, dass ich mich nicht daran erinnere, es gelernt zu haben. Als Kind habe ich es einfach aufgeschnappt.

ET: Und hat Ihre Mutter es verstanden?

MS: Ja, sie muss, nach dem, wie sie geschrieben hat. Ich habe meine Mutter durch ihre Briefe besser kennengelernt, mehr als noch vor der Schulzeit. Dadurch habe ich verstanden, dass sie doch sehr wie ich war.

Margot Showman

Jetzt bin ich froh, dass ich viel Deutsch spreche.

BK: Ich hab eine Stunde auf Deutsch frei gesprochen. Ohne Notizen, ohne etwas. Mein Freund Rudi hat gesagt: „Du hast ein Wort benutzt, das ich nicht oft höre.“ Denn am Ende hab ich gesagt zu den Zuhörern: „Wir müssen Wassertropfen in einen Eimer füllen, die kommen von einem Wasserhahn.“ Die Idee war, jeder muss etwas tun, und wie das Wasser einen Eimer füllt, so können wir etwas tun – vielleicht. Rudi hat gesagt: „Ich hab das Wort nicht gehört, für lange Zeit. Wie kommt es in deinen Kopf, das Wort ‚Wasserhahn‘?“ Ich sagte: „Es ist mir eben eingefallen.“ So ist es, ich hab Deutsch benutzt und jetzt kommt es zurück, auf Wegen, die ich wirklich nicht verstehe. Ich hab dort viel Deutsch gesprochen mit anderen Leuten und benutze Wörter, an die ich nicht denke, sind mir immer so eingefallen. Jetzt bin ich froh, dass ich viel Deutsch spreche. Ich hab's nie vergessen, denn für meinen *degree* in Hebräisch wurde viel auf Deutsch geschrieben. Da musste ich auf Deutsch lesen. Das hat mir geholfen. Ein *degree* von der Universität in London und dann noch ein Examen von dem College, da musste ich auch Deutsch lesen, hab ich ein Buch gelesen, zwei Bände *Die Geschichte der Juden*, 1880 geschrieben. Es war extrem anstrengend. […]

ET: Sie haben Deutsch in der Schule wieder gelernt und dann an der Universität, also immer wieder Deutsch benutzt, gelesen und geschrieben?

BK: Gelesen, nicht geschrieben. Gelesen mit Hilfe von meiner Tante Finny, wo ich gewohnt habe. Aber dann hab ich es nicht mehr benutzt. Ungefähr von 1964 oder 1965 an hab ich es nicht mehr benutzt.

ET: Bis etwa zum Jahr 2000?

BK: Ja, gar nicht, nur einmal, aber das ist nur Spaß. Meine Frau und ich sind nach York gefahren in Ferien und da konnte man unter die Stadt fahren. Sie wollte nicht, war gar nicht interessiert. Bin ich in die Schlange gegangen, sehe ich, da waren zwei junge Mädels, 20-jährig vielleicht, die haben Deutsch gesprochen. Plötzlich kommt das Wort *nonsense*, „Quatsch", hab ich nicht gehört für lange Jahre, seit Deutschland. Plötzlich spricht zu ihnen jemand auf Deutsch, hab ich mit ihnen ein bisschen Deutsch gesprochen.

Bernd Koschland

Ich hatte den Text, sie hat mir geholfen mit meinem Deutsch.

ET: Sie kamen Ende der 1950er Jahre nach Berlin, und wie war das da am Anfang? Konnten Sie schon genug Deutsch, um sich verständlich zu machen?

ES: Bis dahin war mein Deutsch eigentlich nicht schlecht. Damals war ich schon beim Berliner Ensemble. Die probten ein Stück und haben dauernd die Schauspieler gewechselt, die brauchten jemand von draußen, der nicht im Ensemble war. Es war ein sehr politisches Stück, ein russisches. Ich hab natürlich die Politik sofort verstanden, wollte es unbedingt machen. Dann wurden wieder die Schauspieler gewechselt. In der Zwischenzeit hab ich jemanden auf der Straße kennengelernt, wir wurden sofort Freundinnen. Ich hatte den Text, sie hat mir geholfen mit meinem Deutsch. Ich hab immer gehofft, aber ich hatte einfach nicht den Mut, es zu sagen. Obwohl ich sehr mit der Helene Weigel befreundet war und auch mit dem Ensemble und den Leuten, ich hatte nicht den Mut zu sagen: „Lassen Sie es mich probieren." Schade. [...]

ET: Sprechen Sie mit Ihrem deutschen Mann Englisch?

ES: Nur Englisch. Außer wenn wir mit Deutschen zusammen sind.

ET: Mit Ihren Söhnen sprechen Sie auch Englisch?

ES: Englisch, und mit meinem kleinen Sohn auch Italienisch, weil er mit einer Italienerin verheiratet ist. Mit ihr spreche ich nur Italienisch, und wenn sie dabei ist, spreche ich auch mit meinem Sohn Italienisch.

Eve Slatner

Ich wusste nicht, dass ich einen Akzent hatte.

ET: Haben Sie im Laufe der Zeit immer wieder mal Deutsch gesprochen oder gelesen?

FD: Ich finde Lesen und Schreiben sehr schwer. Aber das Sprechen, das blieb und wurde besser in den letzten drei Jahrzehnten, als wir anfingen, nach Wien zu gehen. Ich machte auch Urlaub mit diesen ehemaligen Freunden vom Jugendclub von Schleswig und wir fuhren für zwei, drei Wochen im Land herum. War in Deutschland, in der Tschechei, in Italien. Zwei oder drei von denen sprachen nur Deutsch, und so sprach ich mehr Deutsch. Da wurde mein Deutsch wieder besser.

ET: War der Akzent gar kein Problem für Sie?

FD: Kein Problem. Ich wusste nicht, dass ich einen Akzent hatte bis in die späten 1950er Jahre, wenn wir *dictating machines* kriegten im Büro. Und auf einmal, da hörte ich mich auch.

Francis Deutsch

Es ist mehr als Familiensprache.

ET: Sie sagten, dass Sie mit Ihren Eltern immer Deutsch gesprochen haben. Wie haben Sie mit Ihren Geschwistern gesprochen?

GT: Englisch. Ich glaube, vielleicht habe ich mit meinem Bruder noch zu Anfang manchmal Deutsch gesprochen, daran kann ich mich nicht erinnern. Wenn Sie zum Mittagessen bei uns um den Tisch gesessen wären, dann war das immer zweisprachig, wenn eine Frage von meinen Eltern kam, habe ich immer auf Deutsch gesprochen. Mit meinem Bruder oder meiner Schwester war's auf Englisch.

ET: Wie war das denn mit dem Englisch der Eltern?

GT: Nicht sehr gut. Sie konnten Englisch verstehen, aber es war immer schwer für sie, Englisch zu sprechen. [...]

ET: Spricht Ihre Frau Deutsch?

GT: Sie spricht etwas Deutsch, als junges Mädchen ging sie mal einen Sommer nach Heidelberg und da war so ein deutscher Kurs. Das Wort vom Deutsch, das sie besonders amüsiert hat, ist das Wort ‚zusammengeschrumpft'. [...]

ET: Lesen Sie noch deutsche Bücher?

GT: Ja, ich lese die deutschen Klassiker. Ich meine, ich lese Goethe, Schiller, Heine.

ET: Sie sagten, Sie wüssten nicht genau, ob Sie sich als mehrsprachiger Mensch bezeichnen würden?

GT: Meine Arbeitssprache war immer Englisch. Es ist schwer für mich, auf Deutsch zu schreiben. Ich war zu Besuch in Deutschland, habe Vorlesungen auf Deutsch gehalten, ich kann es machen, aber es ist sehr selten.

ET: Die Arbeitssprache ist Englisch. Welchen Status hatte Deutsch? War es eine Familiensprache oder mehr?

GT: Es ist mehr als Familiensprache, denn den Genuss, den ich aus der deutschen Literatur bekomme, das ist nicht Familiensprache. Es geht vielleicht auf die Familiensprache zurück, denn ich kann mich noch erinnern, als ich ein kleines Kind war, hat mein Vater mir jedes Jahr *Reineke Fuchs* vorgelesen. Er fing immer an am Pfingstsonntag: „Pfingsten, das liebliche Fest war im Kommen …"

Günter Treitel

Ich kann mich nicht erinnern, dass ich Deutsch sprechen musste, es hat aber doch sehr geholfen.

KL: Im Beruf war ich mit der Firma Johann Keller in Deutschland verbunden. Ich kann mich nicht erinnern, dass ich Deutsch sprechen musste, es hat aber doch sehr geholfen. Nachher hatte ich auch Kontakt bei einer Firma, die in Afrika eine große Niederlassung hatte, das war eine deutsche Firma, für die ich viel getan hab. Danach kam Tarmeck: „Wir brauchen jemanden für die ausländischen Kontakte." Seinerzeit die drittgrößte Firma in England, viel gearbeitet. Da waren auch Jobs in Deutschland.

ET: Das heißt, Sie haben in Ihrem Leben immer wieder mal Deutsch gesprochen?

KL: Dadurch, aber während der ersten Zeit hier in England nicht so. Meine Tante hat nie richtig Englisch gesprochen und keiner sonst, denn ich war nie in einem jüdischen Kreis von Leuten, die *refugees* waren.

Keith Lawson

Ihr Deutsch Akzent ist wirklich sehr gut.

ET: Wie haben Sie es geschafft, im Laufe Ihres Lebens Ihr Deutsch zu behalten?

LB: In Bunce Court habe ich sehr wenig Deutsch gesprochen, meistens nur mit der Köchin Gretel Heidt. Sie schickte mir Pakete mit Essen, als ich in der Armee war. Das war meine mütterliche Mutter, die habe ich immer besucht. Die Ferien habe ich immer in der Schule verbracht und auch andere Kinder kennengelernt, aber ich wollte nicht Deutsch sprechen. Ich hatte auch gar keine große Gelegenheit. Als ich eingeladen wurde zu deutschen Kongressen, das habe ich immer abgelehnt, da wollte ich nicht hingehen. Ich wollte nicht nach Deutschland. Dann wurde ich zum ersten Mal zu einem medizinischen Kongress eingeladen und habe eine Rede gehalten. Da hat der deutsche Mann einer englischen Frau, die mit mir studiert hatte in London, nach meiner Rede, die ich gelesen habe auf Deutsch, gesagt: „Ihr Deutsch-Akzent ist wirklich sehr gut." Ich hatte es mit einem ziemlichen englischen Akzent gelesen. Mein Deutsch hat sich sehr verbessert, seitdem ich 1971 zum ersten Mal nach Berlin eingeladen wurde vom Waisenhaus. [...]

ET: Sie haben sehr schön erzählt, wie Sie im Radio Ihre kleine Rede gehalten haben als Junge nach der Ankunft in Dovercourt. Damals hatten Sie noch einen Akzent, den Sie dann verloren haben im Laufe der Jahre.

LB: Die Armee hat damit viel zu tun, denn ich musste ganz plötzlich von einem deutschen Flüchtling zu einem englischen Offizier werden. Ich glaube, dass hatte einen großen Einfluss auf meine Entwicklung gehabt, vier Jahre in der Armee. Aber viele Engländer finden mein Englisch als etwas sehr *posh*.

Leslie Baruch Brent

Ich schäme mich nicht, dass ich deutsch war.

LR: Leute haben oft meinen Akzent benotet, denn man hat doch nen Akzent, obwohl man das nicht glaubt. Aber das hat mich nicht gestört. Ich schäme mich nicht, dass ich deutsch war.

ET: Sie haben nicht das Gefühl gehabt, dass Sie nach dem Krieg oder im Krieg als Deutsche schief angeschaut wurden?

LR: Nein, die Leute waren sehr freundlich eigentlich. Haben sich so gefreut, dass sie den Krieg gewonnen haben.

ET: Und wie haben Sie das Deutsche kultiviert?

LR: Ich spreche es gern. Da ist Fritz, mit dem spreche ich Deutsch. Ich hab noch einen Freund, er heißt Peter, der spricht auch Deutsch.

ET: Haben Sie auch Deutsch gelesen?

LR: Ja. Ich lese und ich spreche es gerne. Als ich geheiratet habe, da hatte ich noch verschiedene Freundinnen, die waren auch Deutsche. Das war schön, mit denen habe ich Deutsch gesprochen. Aber die sind alle gestorben. Aber meine Enkeltochter hat es gelernt. Sie ist extra nach

Deutschland nach Berlin gegangen und hat ein Jahr dort gearbeitet. Sie hat gesagt, weil sie mit mir Deutsch sprechen wollte, falls ich nicht mehr Englisch sprechen kann, wenn ich alt werde.

Lore Robinson

Man wollte eben nicht zu den vorherigen Feinden gehören.

ET: Ihr Mann sprach in der Evangelischen Gemeinde Deutsch. Aber wenn es um die Schule mit den Töchtern ging, sprach er auch auf Englisch.

MR: Die Töchter sprachen lieber Englisch als Deutsch.

ET: Vielleicht können Sie noch etwas über die Situation in Cambridge sagen?

MR: Erstmal gab es die Freunde, die englischen Freundschaften. Sie wollten nicht auffallen, wenn sie untereinander Deutsch gesprochen hätten, das wäre ihnen unangenehm gewesen. Außerdem mussten sie wahrscheinlich auch so schnell wie möglich für die Schule wirklich Englisch gut beherrschen. Aber das haben sie offensichtlich gemacht.

ET: Sie haben in Berlin schon mit den Töchtern Englisch geredet?

MR: Da haben wir versucht, Ihnen so ein bisschen was beizubringen.

ET: Sie sagten, dass die Deutschen hier noch nicht so gern gesehen wurden in den 1960er Jahren.

MR: Na, wir haben uns das vielleicht eingebildet. Ich glaube, wir waren viel mehr *self-conscious* [besorgt], als es etwa hätte sein müssen. Man wollte eben nicht zu den vorherigen Feinden gehören.

Margarete von Rabenau

Ich habe tatsächlich eine komische kleine Marotte.

Ich habe tatsächlich eine komische kleine Marotte: Manchmal messe ich die Sekunden und dann sage ich, was ich als Kind in Deutschland gelernt habe: „Einundzwanzig". Das entspricht genau einer Sekunde. Wahrscheinlich haben es mir meine Eltern beigebracht. Ich kann es noch immer. Ich spreche Deutsch nicht regelmäßig. Als ich in Rente ging, war da dieser Stapel von Briefen auf Deutsch für meinen Onkel von meinen Eltern. Und ich wollte wirklich wissen, was darin steht. Die lagen da und waren nie übersetzt worden. Deswegen entschloss ich mich, dass ich nach der Pensionierung Deutsch wieder lernen würde. In Ealing haben sie diese Kurse für Rentner – ich war einer. Also ging ich in die Deutschklasse und fing an, Deutsch wieder zu lernen. Das war ein Grundkurs, nicht so gut. Aber danach besuchte ich zwei Jahre lang einen Universitätskurs. Das war viel anspruchsvoller, regelmäßig und strukturiert. Eine der Lehrerinnen kannte ich zufällig und ich erwähnte die Briefe. Sie war Jüdin aus Berlin und unterrichtete diese Kurse, nachdem sie sich von ihrem Hauptberuf zurückgezogen hatte. Ich glaube zu der Zeit, hatte sie auch aufgehört zu unterrichten. Jedenfalls sagte sie zu mir: „Wissen Sie, ich kann Ihnen helfen, diese Briefe zu übersetzen." „Oh, wirklich, vielen Dank." Und ich ging jede Woche zu ihr, sie wohnte in der Nähe, besuchte sie mit einem Brief und sie übersetzte für mich, ich brauchte ihre Hilfe. Ich habe sie alle auf Englisch niedergeschrieben. Das war der Anfang. Dann besuchte ich diese Kurse, ging zur Open University, fing an, Bücher über deutsche Geschichte auf Deutsch zu lesen. Was aber noch hinzukam, sie erzählte mir von diesem Projekt, das nämlich Bürgermeister von deutschen Städten, Juden, die emigriert waren, einluden. Also schrieb ich an den in Hannover und bekam 1995 sofort eine Einladung. Ich fuhr mit meinem Sohn, blieb eine Woche dort und kam im darauffolgenden Jahr wieder. Und ich kam noch mal, weil ich eine Jüdin kennenlernte, die mich erkannt hatte, weil wir zusammen in der Schule waren. Sie sagte: „Komm wieder." Und das tat ich. Also das war wirklich eine Art von Neuanfang. Plötzlich war ich mehr an deutschen Filmen, deutscher Literatur interessiert. Ich habe ein paar Bücher auf Deutsch gelesen, nicht viele, weil es eine ziemliche Aufgabe ist. Aber ein oder zwei Romane habe ich auf Deutsch gelesen. Es ist eine Art Hobby. Und die andere Sache ist, dass ich *Die Zeit* kaufe. Nicht jede Woche, das würde ich nicht schaffen. Es ist auch teuer und manchmal lese ich den Wissenschaftsteil nicht. Aber die meisten anderen Teile lese ich, bin informiert.

Michael Brown

Aber in Deutschland wollen alle Englisch mit mir sprechen.

ET: Du hast also diese deutschen Wurzeln akzeptiert, das bedeutete auch, dich wieder mit der Sprache zu beschäftigen.

RB: Ja. Aber ich habe das immer schwer gefunden. Ich habe angefangen zu lesen.

ET: Hast du auch noch mal Unterricht gehabt?

RB: Unterricht nie. Irgendwie bin ich immer noch dagegen. Ich weiß nicht genau warum. Ich bin seit 1949 jedes Jahr mindestens zwei Mal nach Deutschland. Aber in Deutschland wollen alle Englisch mit mir sprechen. Deswegen bin ich durchgekommen, ohne Deutsch zu sprechen.

ET: Hast du mit deinen Eltern Deutsch gesprochen?

RB: Nein. Meistens Englisch. Vater konnte Englisch und meine Mutter lernte Englisch. Besser als mein Deutsch.

ET: Wie waren diese Jahre mit den Eltern dann?

RB: Wir konnten eine sehr nette Zeit zusammen haben. Solange niemand von der Vergangenheit sprach. Wenn jemand von der Vergangenheit sprach, kam Angst hoch und es gab ne Menge Sachen, die wir nicht zueinander sagen konnten.

Ruth Barnett

Da musste ich mein Deutsch wiederbeleben.

ET: Hatten Sie das Gefühl, etwas würde wiederkommen, als Sie Deutsch an der Universität wieder lernten?
ES: Nein. Ich musste nur Vokabeln lernen. Das war alles.
ET: Sie mussten nicht sprechen?
ES: Nein, wir machten Übersetzungen.
ET: Haben Sie Deutsch nach dieser Erfahrung gebraucht?
ES: Nein. Ich sprach kein Deutsch, bis wir uns mit Ortrud und Fred anfreundeten. Da musste ich mein Deutsch wiederbeleben, und zu meiner großen Überraschung konnte ich das. Er war Direktor der Schule, mit der unsere Kinder einen Austausch hatten.

Eva Shrewsbury

Ich hatte Schwierigkeiten mit weights and measures.

ET: Sie sind dann wieder zurück nach Deutschland. Deutsch wird wieder Ihre wichtigste Sprache. Haben Sie sich gleich ganz wohl gefühlt in der Sprache?
MT: In der Alltagssprache ja. Aber das Riesenproblem war das Medizinische, aber das hab ich auch relativ schnell über lateinische Formen gelernt. Die Engländer benützen viel mehr die lateinischen Namen anglisiert.
ET: Das heißt also auch die Art der Kommunikation, die Form der Zusammenarbeit im Krankenhaus war ähnlich in London und in Berlin dann?
MT: Sie war in Berlin fast noch strenger und am Ende vielleicht sogar auch effektiver. Aber, naja, ich hatte Schwierigkeiten mit *weights* and *measures*, die englischen Dosierungen, in *grains*, hier ist es viel einfacher. Meine Examina wurden alle anerkannt, Doktor musste ich hier allerdings noch schreiben. [...]
ET: Wie war das dann mit dem Englischen? Haben Sie das noch benutzt in der Zeit?
MT: Sehr, ich hab noch ne Zeit lang mit Übersetzungen mein Gehalt aufgebessert, beim Springer Verlag, das hab ich gemacht, Fachliteratur.

Und mir fiel natürlich das Schreiben von wissenschaftlichen Arbeiten und Vorträgen auf Englisch viel leichter, jahrelang noch.

ET: Mit Ihrer Frau haben Sie aber immer Deutsch gesprochen?

MT: Ja, obgleich auch sie sich sehr rührend bemüht hat, hat schlechtes Englisch in der Schule gelernt, aber hat es sehr schnell verbessert, mehrfach, eine Zeitlang dachte sie noch, sie müsste mit mir nach England, was ihr schwergefallen wäre, mir dann eigentlich auch.

Michael Trede

Ich spreche Vorkriegsösterreichisch.

ET: Sie sagten, Sie sind perfekt zweisprachig.

VR: Meiner Meinung nach ja, aber so perfekt nicht. Erstens nicht perfekt, weil ich mit der Sprache, mit dem jetzigen Deutsch nicht vertraut bin. Ich spreche Vorkriegsösterreichisch. Die Leute sagen, sie hören noch das Wienerische. Ich wundere mich, aber wenn sie's sagen, muss es stimmen. In dem Sinne bin ich nicht vollkommen. Und jetzt, wo ich schon sehr alt bin, fehlt mir manchmal ein Wort. Aber mir fehlt auch mal ein Wort auf Englisch. Das ist einfach eine Alterserscheinung. Ich kenne das richtige Wort. Mir fällt sehr oft das Wort in einer anderen Sprache ein. Französisch war ja lange Zeit meine erste Sprache sozusagen, nicht wahr, meine Hauptsprache.

ET: Als Sie in Paris der Schule waren.

VR: Ja. Das hat mir sehr gelegen.

Victor Ross

Wenn er kommt, spricht er mit deutschem Akzent.

ET: Mit Ihrem Mann haben Sie natürlich von Anfang an Englisch gesprochen.

SS: Ja, aber er hat auch Deutsch gelernt, weil er auch ein gutes Ohr hatte. Wenn ich mit meinen Eltern Deutsch sprach, hat er auch ein bisschen Deutsch gelernt. [...]

ET: Die Au-Pair-Mädchen aus Deutschland haben Deutsch gesprochen mit den Kindern?

SS: Nein, sie wollten hier Englisch lernen.

ET: Ihre Söhne haben Deutsch gelernt?

SS: Mein älterer Sohn hat irgendwie nicht ein Ohr für Sprachen. Aber der jüngere, der spricht Deutsch und Französisch. Und er zieht mich auf, denn wenn er kommt, spricht er mit deutschem Akzent.

Stella Shinder

Meinen Job habe ich von Anfang an bekommen wegen Fremdsprachen.

ET: Wie kommt es, dass Sie Ihr Deutsch so gut behalten haben?

PB: Das kann ich Ihnen sagen. Meinen Job habe ich von Anfang an bekommen wegen Fremdsprachen. In den letzten zwanzig Jahren von meiner Arbeit habe ich in Deutschland gearbeitet. Ich bin nach Deutschland gefahren, in die DDR. Ich war bei einer Firma, die nicht mehr existiert, aber wir hatten in der DDR eine ganze Menge Verkäufer. Außerdem hatte meine verstorbene Frau Verwandte in der DDR, die ziemlich prominent waren, in der Partei und überall. Und ich war sehr oft auf der Leipziger Messe. Da hab ich natürlich mein Deutsch wieder geübt und ich lese immer eine ganze Menge Deutsch. [...]

ET: Haben Sie mit Ihrer Frau immer Englisch geredet?

PB: Ah, ja. Ihr Deutsch war nicht sehr gut.

Peter Block

Da hab ich mich gerne entschlossen, Deutsch zu studieren.

ET: Wie haben Sie es geschafft, dass Sie Ihr Deutsch so perfekt behalten haben? Haben Sie mit Ihren Eltern weiter Deutsch gesprochen?

IE: Manchmal. Aber ich hab natürlich zuerst versucht, viel Englisch zu sprechen. Ich hatte genau wie mein Bruder eine Begabung für Mathematik und meine Lehrerin wollte gerne, dass ich Mathematik studierte. Aber die Ausbildung an der deutschen Schule war nicht gut genug. Im Lyzeum überhaupt. In den Mädchenschulen nach 1933 waren die wissenschaftlichen Sachen in der Ausbildung nicht besonders gut und es war nicht genug, um an der Universität anzukommen. Wenn man das *school certificate* gemacht hatte, dann konnte man an die Universität gehen. Und da hab ich mich gerne entschlossen, Deutsch zu studieren. Ich wollte oder sollte ursprünglich entweder nach Southampton oder nach Bristol gehen. Die waren natürlich an der Küste, das war im Krieg nicht möglich. Meine Lehrerin hatte Beziehungen nach Reading, wo ich hingeschickt wurde, weil ich noch sechs Wochen studieren musste, um das Examen zu machen. Die Direktorin hat sich entschlossen, mich in Reading anzumelden, weil das die nächste Universität war. Reading war zu der Zeit nicht besonders gut in den geisteswissenschaftlichen Fächern. Die hatten sehr viel mit Landwirtschaft zu tun. [...]

ET: Mit den Eltern hatten Sie inzwischen nur Englisch gesprochen oder auch Deutsch?

IE: Zuerst haben wir etwas Deutsch gesprochen. Meine Mutter konnte allerhand Englisch. Mein Vater hatte die deutsche Schulausbildung mit Lateinisch und Griechisch und hatte etwas Französisch gelernt, aber wenig Englisch. Aber der hat dann, nachdem er nach England kam, sehr daran gearbeitet, auch Englisch zu lernen. [...]

ET: Haben sie mit Ihrem Mann immer Englisch gesprochen oder auch Deutsch?

IE: Wir haben eigentlich immer Englisch gesprochen.

Ilse Eton

Diese Ausdrücke verstanden die Kinder auf Deutsch.

ET: Wenn ich das richtig verstanden habe, haben Sie mit Ihrer Frau immer Englisch gesprochen.

FL: Ja, aber wir hatten mehrere Ausdrücke, von denen wir nicht wollten, dass die Kinder sie verstanden. Zum Beispiel sagten wir: „Er ist sehr müde." Oder meine Mutter sagte: „Wo ist meine Tasche?" Und diese Ausdrücke verstanden die Kinder auf Deutsch. Wenn wir sagten: „Er ist sehr müde.", sagte mein Sohn: „I'm not!" [...]
Meine Eltern kamen nach England nach dem Krieg, 1946, und mein Vater ist sehr bald danach gestorben. Meine Mutter hat Englisch gesprochen. Sie konnten beide Englisch verstehen, waren natürlich nicht sehr fließend, aber meine Mutter hat es gelernt. [...]

ET: Wie war die Atmosphäre in der Nachkriegszeit in England? Haben Sie da auch noch so eine anti-deutsche Atmosphäre kennengelernt oder spielte das alles keine Rolle mehr nach dem Krieg?

FL: Ja, doch. Man war sehr, die populären Zeitungen waren sehr anti-deutsch.

ET: Bis wann ungefähr?

FL: Bis heute, ja.

ET: Wie haben Sie das geschafft, die Sprache so zu erhalten?

FL: Gutes Gedächtnis. Wir bekamen beide eine deutsche Pension, die ich heute noch kriege, und wenn wir also mit den deutschen offiziellen Behörden korrespondieren mussten, schrieb ich immer die Briefe. [...]
Meine zwei Söhne und meines Bruders drei Kinder, zwei Töchter und ein Sohn, verstehen kein Deutsch, geschweige denn deutsche Dokumente. Muss ich oft übersetzen, damit unsere Kinder es verstehen können. [...]

ET: Interessieren sich Ihre Enkel für das Deutsche oder die deutsche Geschichte der Familie?

FL: Die sind auch an der Familiengeschichte interessiert, aber sprechen kein Deutsch.

Fritz Lustig

Es war wunderbar, wie schnell sie korrekt aussprechen konnten.

ET: Du hast dein Deutsch so gut behalten im Laufe des Lebens. Wie hast du das gemacht?

ES: Ich wollte etwas mehr Geld verdienen. Mein Schullehrer-Einkommen war nicht wunderbar am Anfang. Da habe ich eine Art Sozialkunde unterrichtet im Abendkurs. Der Direktor dieser Abendkurse sagte mir: „Du sprichst Deutsch. Warum unterrichtest du nicht Deutsch?“ Da habe ich gesagt: „Ich habe nie als Lehrer Deutsch unterrichtet. Ich hab Geschichte unterrichtet.“ Er sagte: „Ja, aber du bist ein Lehrer, du weißt, wie man unterrichtet.“ Hat mir eine Klasse gegeben und ich hab mich umgeschaut nach Lehrbüchern. Da hatte ich die Idee: Ich brauche keine Bücher, ich mach mein eigenes Lehrbuch und ich hatte ein Prinzip: nur zehn neue Wörter pro Abend. Die anderen Wörter, die ich schon gelehrt hatte, werden jeden Abend wiederholt. Ich habe gesagt: „Sprechen Sie mit mir“ und zeigte auf den Tisch und sagte „Tisch“. Ich kann mich nicht erinnern, ob ich „Sessel“ oder „Stuhl“ sagte. So brachte ich ihnen die meisten deutschen Wörter im Laufe eines Jahres bei und sie kamen alle im zweiten Jahr zurück. Dieser Direktor sagte zu mir: „Wieso hast du ein zweites Jahr? Die meisten deutschen Schüler kommen nicht wieder nach dem ersten Jahr.“ Ich hatte drei Jahre. [...] Zur gleichen Zeit war es ein Teil einer Geschichte, denn dieselben Personen und ich hatten auch persönliche Dinge einzubringen. Jede Stunde lehrte ich sie einen deutschen Schlager. Ich hatte ein Klavier. Und die letzten zehn Minuten waren ein neuer Schlager, wie „Im Weißen Rössl am Wolfgangsee“. Dann schrieb ich den Text auf. Ich sagte ihnen, was es war, aber verlangte nicht, dass sie die Worte lernten. Es war wunderbar, wie schnell sie korrekt aussprechen konnten. [...] Ich unterrichtete gern. Unterrichten ist vielleicht nicht das richtige Wort, aber ich habe gern Verbindung mit Menschen. Das war meine Stärke als Lehrer, nicht mein Unterricht, sondern meine Verbindung mit den Schülern.

Eric Sanders

Je älter ich werde, desto öfter kommt es vor.

ET: Denken Sie manchmal auf Deutsch?

HH: Ja. Je älter ich werde, desto öfter kommt es vor.

ET: Sind das Sätze aus der Kindheit?

HH: Nein, das sind heutige Begriffe, vielleicht ist es dadurch, dass ich den *Spiegel* lese und dass es einen Einfluss hat. Ich denke wenig zurück an meine Kindheit, muss ich ehrlich gestehen. Es war nicht das Netteste und Schönste.

Herbert Haberberg

Zweite Generation

Nein, nicht Deutsch.

VR: Meine Kinder hätten Deutsch lernen können. Aber ich wollte das nicht und ich habe meiner Tochter und meinem Sohn gesagt: „Nein, nicht Deutsch."

ET: Warum wollten Sie nicht, dass die Kinder Deutsch sprechen?

VR: Das war für mich zu der Zeit, das war die Vergangenheit. Sie haben das gesehen, wenn ich von Hannover gesprochen habe. Dass immer noch etwas da drin ist gegen die Deutschen.

Vernon Reynolds

Zu traurig.

ET: Haben Sie mit Ihrer Frau über Ihre Kindheit gesprochen?

JR: Nein, ich habe nie mit irgendjemandem darüber gesprochen.

ET: Auch nicht mit Ihren Kindern?

JR: Erst in letzter Zeit.

ET: Wie kommt das?

JR: Zu traurig. Jonathan begann, vermute ich, [sich] etwa vor sechs oder sieben Jahren dafür zu interessieren. Und Sarah etwas später. Daher hat sie übrigens ihren Namen. Alle jüdischen Frauen mussten den Namen Sara annehmen.

John Ruppin

John Ruppin mit Tochter Sarah

Sie haben kein Gefühl dafür, dass sie zweite Generation sind.

ET: Ihre Töchter haben nie Deutsch gesprochen?
FD: Eine fing an, Deutsch in der Schule zu lernen, aber das ging nicht gut. Sie haben kein Gefühl dafür, dass sie zweite Generation sind. Obwohl sie jetzt in den letzten zehn Jahren, seit ich mich mehr dafür interessierte, auch interessiert waren und nach Wien wegen des Stolpersteins meiner Mutter kamen. Da war die die ganze Familie da.
ET: Haben Sie in der Zeit, als die Mädchen klein waren, nie über Ihre Geschichte gesprochen?
FD: Nein.
ET: Und ihre Töchter wissen also erst seit den letzten Jahren mehr über den Hintergrund Ihres Vaters. Und die Enkel?
FD: Kaum. Der älteste ist 24 jetzt. Jugendliche sind *contre le monde*. Erst jetzt fangen sie an, mit uns zu sprechen. Ich glaube, sie werden einmal darauf kommen, aber bis jetzt noch nicht.

Francis Deutsch

Zunächst mal doppelte Staatsbürgerschaft.

Also formell hab ich allen Kindern beim englischen Konsulat einen englischen Pass verschafft, zunächst mal doppelte Staatsbürgerschaft. Aber das wurde bald zu lästig, uns immer wieder zu melden. Ich hab mich selbst nicht mehr richtig dann gemeldet am Ende, nachdem die Engländer auch noch in der EU waren. Ich war ja fünfzehn wichtige Jahre in England und bin schon ziemlich englisch geprägt, das muss ich zugeben, in vielem. Hier fühlte ich mich schon mehr zu Hause, drei von den Kindern sind in eine englische Schule für ein Jahr geschickt worden. Das haben wir bewusst getan. Da haben sie perfekt Englisch gelernt.

Michael Trede

Sie erkennen an, was ich darüber denke, haben keine starke jüdische Beziehung.

VR: Meine Kinder sind absolut von Engländern nicht zu unterscheiden.
ET: Hat Ihr jüdischer österreichischer Hintergrund für Ihre Kinder und Enkelkinder eine Bedeutung? Haben Sie in der Familie darüber geredet?
VR: Ja, nicht wie sie sehr jung waren, sie haben das nicht verstanden. Und ich habe nicht verstanden, dass es richtig gewesen wäre, sie ein bisschen

besser zu informieren. So langsam natürlich, wie die Kinder aufgewachsen sind, hab ich sie sozusagen aufgeklärt. Sie sind Halbjuden. Das jüdische Element spielt bei ihnen keine Rolle. Sie erkennen an, was ich darüber denke, haben keine starke jüdische Beziehung.

ET: Haben sie jemals Deutsch gelernt?

VR: Nein, sie können kein Deutsch.

Victor Ross

Mit uns hat sie nie Deutsch sprechen wollen.

IE: Meine Tochter hatte an der Schule Deutsch gelernt. Mein Sohn hat leider kein Deutsch gelernt, weil er in einer Privatschule in Cambridge gewesen war zu der Zeit, wo man sich entscheiden musste, was für Fächer sie an der höheren Schule wollten. Er war zu der Zeit schon mathematisch sehr begabt, und das hat sich mit Deutsch in der Fächerkombination gestritten. Man hat ihm gesagt: „Das kannst du später machen, ehe du zur Universität gehst." Aber da hatte er Physik außer Mathematik und das ging dann mit dem Deutschen nicht. Rachel war in einer Familie in Deutschland, in Jülich. Die waren besonders nett, waren mit meiner Freundin in Düsseldorf bekannt, die zu der Zeit niemanden nehmen konnte. Sie hatten keine Kinder und haben die Rachel genommen und sie sehr verwöhnt, sind mit ihr ins Theater gegangen und ich weiß nicht was. Da hatte sich auch rausgestellt, dass sie als Kinder auch Patienten bei meinem Vater waren. Es war dann eine besondere Beziehung.

ET: Aber in der Familie haben Sie nie Deutsch gesprochen?

IE: Nein. Sie kann eigentlich noch und spricht auch noch Deutsch, wenn es irgendwie nötig ist. Also in Oxford hat sie verschiedene Bekannte gehabt, die mit ihrem Deutsch etwas Hilfe wollten, und da hat sie das getan. Aber mit uns hat sie nie Deutsch sprechen wollen.

Ilse Eton

Ich will euch sagen, Kinder, was passiert ist.

HH: Die Töchter kamen mit uns nach Deutschland und wollten genau wissen, was passiert ist. Sie waren Kinder damals. Und eines Tages hab ich im Hotel gesagt: „Ich will euch sagen, Kinder, was passiert ist." Wir haben zusammengesessen und ich hab es ihnen gesagt, und sie haben geweint und haben es nicht geglaubt. Dann hat Juliet gleich gesagt: „Ich will nach England gehen. Ich will zurückgehen." Aber ich sagte: „Nein, nein, es gibt jetzt Deutsche, die sind sehr nett." Juliet, meine ältere, hatte schon eine deutsche Brieffreundin. Eine Deutsche, die hat uns besucht und alles ging gut.

ET: Haben denn die Töchter Deutsch gelernt?

HH: In der Schule und von uns, denn, als die Eltern von meinem Mann uns besuchten, die sprachen nicht Englisch. Da haben dann meine Kinder als Überraschung Deutsch gelernt.

Helga Hanfling

Please speak English, Granny.

FL: Wir hatten immer gehofft, dass meine Söhne durch meine Mutter Deutsch lernen würden, aber wenn sie anfing, Deutsch mit ihnen zu reden, sagten sie sofort: „Please speak English, Granny."

ET: Haben sie denn Deutsch in der Schule gelernt?

FL: Nein, leider nicht, denn in der Schule, die die besuchten, wurde kein Deutsch gelehrt.

ET: Und Sie und Ihre Frau wollten ihnen das auch nicht beibringen?

FL: Nein, das war zu kurz nach dem Krieg und natürlich während des Kriegs haben wir nie Deutsch zusammen gesprochen, und nach dem Krieg haben wir immer in englischer Umgebung gearbeitet, und daher haben wir uns auch auf Englisch unterhalten. Da haben wir den Söhnen nie Deutsch beigebracht. Sie können in Deutschland fertig werden damit, aber sie können sich nicht auf Deutsch unterhalten. [...]

ET: Sind sie interessiert an der deutschen Kultur?

FL: Sie sind an der Familiengeschichte sehr interessiert. Wir haben zum Beispiel ein Tagebuch meiner Frau gefunden, nach ihrem Tod. Und ich habe jetzt das deutsche Tagebuch auf Englisch übersetzt und meine Söhne haben das sehr interessant gefunden. Sie schreibt zum Beispiel über das Bombardieren während des Krieges. Die Mutter meiner Frau ist von den Nazis deportiert und in Kovno sofort erschossen worden. Und meine Frau hat sich natürlich sehr um ihre Mutter gesorgt, während des Krieges, bevor sie das wusste. Mein älterer Sohn hat mit einem amerikanischen Freund, dessen Geschichte auch auf Polen zurückging, alle Stellen besucht, an denen seine Eltern waren. Da ist er zum Beispiel nach Breslau gegangen und auch nach Kovno. Das konnte er nur tun nach dem Tode meiner Frau, denn, während meine Frau noch lebte, hätte sie es nicht gewollt.

ET: Und fühlen sie sich auch mit den jüdischen Wurzeln verbunden?

FL: Sie würden sich beschweren, wenn jemand in ihrer Gegenwart antisemitische Bemerkungen macht, sonst haben sie keine Verbindung mit der jüdischen Gemeinde.

Fritz Lustig

Das war ein Zeichen, dass sie Mitleid mit mir hatte.

LB: Ich glaube, meine Frau hat mit meinen Kindern über meine Vergangenheit gesprochen. Denn als ich Professor der Zoologie an der Universität von Southampton war, da bin ich immer von zu Hause zur Universität geradelt. Eines Tages bin ich zurückgekommen und meine siebenjährige Tochter Susanna hat gesagt: „Ja, Vater, zieh doch deine Schuhe und Socken aus, ich will deine Füße waschen." Ich glaube, es hatte zu tun mit dem Grauen, nachdem meine Frau ihr etwas über meine Vergangenheit erzählt hat, darüber, was meinen Eltern geschehen ist. Ich wollte nicht besonders darüber sprechen. Es ist schwierig zu wissen, wie weit man das tun soll mit Kindern und Kleinkindern, aber es war nie ein Geheimnis in der Familie, und meine Kinder wussten natürlich davon, besonders später. Aber das war ein Zeichen, dass sie Mitleid mit mir hatte, mir zeigen wollte, dass sie mich liebt.

ET: Haben die Kinder denn Deutsch gelernt?

LB: Nein, leider nicht. Ich wollte ja nicht mit ihnen Deutsch sprechen, meine Frau war englisch und das war auch schwierig mit der Religion. Ich wurde als Jude erzogen in den ersten 13 Jahren, hatte meine Bar Mitzwa im Waisenhaus einige Wochen, bevor ich wegging, aber dann verlor ich meine Religion sehr schnell [...] Die Erziehung der Kinder war dann auch nicht jüdisch in der Familie, meine Frau war Christin.

Leslie Baruch Brent

Irgendwie fühlt man sich doch mehr zu Hause with the German people.

ET: Haben Sie mit Ihrem Mann darüber gesprochen?

LR: Nicht so viel. Wir hatten ein gutes Leben zusammen, aber nicht dieses Thema.

ET: Und wie war das mit den Kindern?

LR: Die Kinder haben immer gesagt, ich habe ihnen nicht genug erzählt. Vor ein paar Jahren habe ich sie bei den Ohren genommen und habe gesagt: „Jetzt muss es aber aufhören damit. Jetzt will ich euch alles erzählen." Hab ich alles aufgeschrieben und sie haben es gelesen, seitdem wissen sie alles. [...]

ET: Die Kinder haben aber nicht Deutsch gelernt?

LR: Doch, meine Tochter spricht gut Deutsch. Ihr erster Mann hat ein, zwei Jahre in Deutschland als Lehrer gearbeitet und sie ist mit ihm gegangen. Da hat sie es gut gelernt. Mein Sohn spricht genug Deutsch, er kann sich verständlich machen. Wir gehen alle gerne nach Deutschland, nach Köln, einzukaufen und zu Weihnachten. [...] Ich habe Freunde in Deutschland, die kommen manchmal rüber und wir haben sehr viel Spaß zusammen. Ich meine, irgendwie fühlt man sich doch mehr zu Hause *with the German people.*

Lore Robinson

So direkt haben sie nicht viel gefragt.

ET: Sie haben nicht so viel mit Ihren Töchtern über Ihre Geschichte geredet.

MR: Die haben sich nicht getraut, wahrscheinlich falls das alles zu schmerzhaft wäre. Allmählich haben sie natürlich eine ganze Menge gehört und mein Mann wird sich nicht gescheut haben, drüber zu sprechen. So direkt haben sie nicht viel gefragt. Die ersten drei waren ja sowieso in Berlin geboren. Wir sind mit ihnen auch zurückgefahren nach Berlin. Da haben sie einiges mitgekriegt. Verschiedene Stellen meiner Kindheit mit besucht. [...]

ET: Ihre Töchter fühlen sich ganz als Britinnen. Für sie ist dieser deutsche Teil eher Vergangenheit?

MR: Ich weiß nicht, ich glaube, für meine älteste Tochter ist das doch noch wichtig, dass sie das auch hat. Ich glaub, sie will das doch bisschen aufrechterhalten.

Margarete von Rabenau

I've never kept anything back.

ET: Haben sie mit Ihrem Mann und mit Ihren Kindern über ihre Geschichte gesprochen?

SS: Oh ja, ich habe alles aufgeschrieben, wir haben auch darüber gesprochen mit meinen Kindern. *I've never kept anything back* [Ich hab nie etwas zurückgehalten], sobald sie etwas verstehen konnten. Wir hatten doch Glück, wir waren nicht im Konzentrationslager. Wir haben all das überlebt, also ich habe irgendwie einen *guardian angel*, Schutzengel.

Stella Shinder

Gute Nacht. Schlaf wohl!

ET: Hast du deinen Söhnen auch Deutsch beigebracht?

ES: Das war schwierig, denn ich wusste, sie müssten eigentlich zwei Leute miteinander sprechen hören. Ein Kind versteht nur, was etwas bedeutet, wenn es den Zusammenhang kennt. Ich habe versucht, ihnen einige Worte beizubringen, wo sie wussten, worum es sich handelt. Jeden Abend sagte ich: „Gute Nacht. Schlaf wohl!“ Sie sagen's noch heute. Paul ist ein ganzes Jahr nach Wien gefahren. Allerdings hat er meistens Englisch gesprochen. Aber er hat ziemlich viel Deutsch gelernt. Richard hat auch ziemlich viel gelernt, aber nicht so viel, wenn wir dort waren in Österreich oder in einem anderen Kurort.

ET: Habt Ihr in der Familie über deine Geschichte geredet?

ES: Ja, die wissen es genau. Das kam später, als sie sich interessierten. Solange ich noch ihr Vater war, da waren sie gerade so schwierig wie andere Kinder. Da war die sogenannte *Social Revolution*, in der die Eltern als Papierhelden beschrieben wurden. Du musst den Eltern nicht gehorchen. Das war eine sehr schwierige Zeit für mich.

ET: Und die Enkelkinder sind auch interessiert an der Geschichte?

ES: Ja, ich glaube, dass ich ein Buch über meine Geschichte schrieb, das macht einen großen Unterschied. Das brachte meine Familie ein bisschen näher.

Eric Sanders

Identität

Ich weiß, ich bin Ausländer.

ET: Was hat Ihnen nicht gefallen, als Sie nach Großbritannien kamen?
BB: Es war alles fremd. Mit der Zeit habe ich mich gewöhnt, war ganz glücklich hier.
ET: Sie fühlen sich jetzt hundertprozentig als Brite?
BB: Ich weiß, ich bin Ausländer. Aber ich sprech die Sprache gut und habe viele Freunde hier.

Ben Brettler

In Deutschland war ich plötzlich jemand.

Es war schon eine wichtige Erfahrung, in England zu sein, auch in dem Heim. Als Heimkind war man gesellschaftlich irgendwie ganz unten. Und das ist vielleicht auch eine gute Erfahrung mal. In Deutschland war ich plötzlich jemand. Man sagte „Fräulein Blankenburg" zu mir. So war das ja damals. Zunächst war natürlich große Not hier. Wir bekamen aber aus Amerika solche Care-Pakete. Ich finde, in England verändert sich viel weniger als in Deutschland. Da hält man sehr am Alten fest, und wenn man nach ein paar Jahren nach England zurückkommt, hat sich kaum was verändert. Hier verändert sich ständig was.

Ursula Beyrodt

And all the Lieder, die ich kannte.

ET: Glauben Sie, dass irgendetwas von der deutschen Sprache oder der österreichischen Kindheit nach wie vor für Sie prägend ist?
RC: Oh, die österreichische Kindheit, in Wien groß werden. *And all the* Lieder, die ich kannte. Das Fenster in unserer Küche stand immer offen, ich sang oft, und wenn nicht, dann fragten die Nachbarn: „Ist alles in Ordnung?" Ich gab kleine Konzerte am Fenster, ich tat es ganz bewusst, hatte ein Programm, das ich aufführte, weil ich wusste, man würde mir zuhören. Ich konnte mich so leicht zur Schau stellen wie eine Schauspielerin. Dasselbe in der Schule: Man rief mich nach vorn, um eine Geschichte zu erzählen. Und ich erzählte der Klasse ganz allein Märchen, ohne Notizen, nichts. Die Lehrer konnten in der Zwischenzeit etwas anderes tun, schreiben oder anderes. […] Wir fuh-

ren auch oft in den Wienerwald Skilaufen. Machten jedes Wochenende Ausflüge mit der Familie. Mein Onkel Karl erzählte mir Geschichten, war immer bei mir. „Onkel wird mit dir reden“, ich liebte das. Ausflüge, Erdbeeren sammeln, im Winter Skilaufen, rodeln mit der Familie.

Rosemarie Cawson

Irgendetwas ist deutsch.

VR: Ich habe ihnen nicht vergeben. Ich bin gegen die Deutschen. Ich finde, die deutsche Vergangenheit ist zu schlecht. Das war nicht gut, was sie getan haben. Ich weiß, dass die modernen Deutschen nichts damit zu tun haben. Aber ich bin gegen die ganze deutsche Idee: fleißig und dass sie alles gut tun können.

ET: Sie meinen kulturell?

VR: Kulturell, die Werte, ja. Es ist schwierig zu sagen. Aber ich habe da ein Vorurteil. [...] Sie brachten meine Familie um. Deshalb kann ich nicht zu freundlich sein, irgendwie, sie haben alles zerstört, durcheinandergebracht. [...]

ET: Ist etwas von Ihrer Herkunft geblieben?

VR: Ja, etwas ist geblieben. Ich bin ein bisschen Deutsch. Aber nicht völlig. Ich bin, glaube ich, mehr englisch. Ich bin sehr zufrieden, zum Beispiel mit englischen Leuten zu trinken, zu plaudern. Ich wohne in einem Dorf und habe Freunde, die sind gute Leute. Ich finde die deutsche Kultur etwas ernsthaft, nicht sehr leicht. Es fehlt für mich etwas in der deutschen Kultur. Sie lachen und kümmern sich, sie haben Humor, aber es ist nicht wie der englische Humor. Wir haben viel von Spike Milligan und viel ist nicht ausgesprochen. Was nicht gesagt ist, das ist komisch. Ist vielleicht genauso in Deutschland. Ich weiß nicht. Aber das finde ich gut, in England zumindest.

ET: Was ist Ihr deutscher Anteil?

VR: Was ist deutsch von mir? *Oh God!* Ich bin [ein] bisschen *strong*, ich bin stark, psychologisch. Das ist deutsch. Ich bin nicht schwach als Mensch. Ich bin stärker als viele Engländer. Die sind nicht so, ich weiß nicht warum. Aber ich glaube, das ist deutsch. Ich finde, dass die Deutschen, die ich kenne, ziemlich starke Leute sind. Sie haben ein starkes Ego, gehen voran im Leben. Sie geben nicht leicht auf, wollen nicht aufgeben. Das weiß man, das ist eher so eine deutsche Sache. Ich bin so. Es ist nicht einfach zu verlieren. Irgendetwas ist deutsch.

Vernon Reynolds

Man kann seine Vergangenheit nicht ganz abschütteln.

ET: Würden Sie sagen, dass etwas von der deutschen Herkunft in Ihrer Identität ist?

GW: In meinem Alltag bin ich mir dessen nicht bewusst. Aber jetzt, wo wir darüber reden, merke ich, dass da etwas Wahres dran sein muss. Ich bin sicher, dass es da etwas gibt. Man kann seine Vergangenheit nicht ganz abschütteln.

ET: Wie ist das für Sie? Zu Beginn des Gesprächs sagten Sie, dass es eine Zeit in Ihrem Leben gegeben hat, in der Sie nichts mit Deutschen zu tun haben wollten.

GW: Ich wollte nichts mit ihnen zu tun haben. Aber ich will Ihnen etwas erzählen. Da waren zwei ältere Damen in Oxford namens Spooner. Eine war die Tochter, die andere die Nichte des verstorbenen Doktor Spooner, vom Spoonerismus, beide hatten einen enormen Einfluss auf mein Leben. Jeden Sonntag öffneten sie ihr Haus für Flüchtlinge. Und ungefähr fünfzehn bis zwanzig kamen sonntagnachmittags. Sie spielten Musik, Ruth spielte Klavier und Rosemary Cello, und sie kratzen ihr Geld zusammen und machten Tee mit *scones*, was man kriegen konnte. Sie luden mich später ein, bei ihnen zu wohnen, und ich musste samstagmorgens Schlange stehen für Kuchen. Die Atmosphäre schloss jeden ein. Man konnte nicht gegen etwas oder jemanden sein. Ich bin sicher, sie waren gegen die Nazis. Bei den Anlässen würde man andere Flüchtlinge treffen, manche sprachen Deutsch untereinander, glaube ich. Aber die Spooners waren die letzten, die sich gegen irgendwelche Leute gestellt hätten. Es sei denn, es wären grässliche Leute gewesen. Diese beiden hatten einen großen Einfluss auf mich, und durch sie kam ich schließlich zur Universität.

Gerald Wiener

Ich habe die Fähigkeit verloren, mich eng an andere zu binden.

ET: Glauben Sie, dass der Kindertransport und die Trennung von Ihren Eltern Ihren Charakter beeinflusst haben?

JR: Ganz sicher. Ich glaube, ich habe die Fähigkeit verloren, mich eng an andere zu binden, mehr als ich wollte. Und ich habe immer sichergestellt, dass ein bisschen Geld auf dem Konto ist und ein Sicherheitsnetz auch, besonders für die Kinder. Mir erscheinen alle Familien perfekt, was sie natürlich nicht sind. Unsere war es letztlich nicht, aber für mich ist die Familie immer noch sehr wichtig.

John Ruppin

Ich habe eine deutsche Mentalität.

ET: Haben Sie das Gefühl, dass noch etwas Deutsches in Ihnen steckt?

MS: Ja, das habe ich, weil ich eine deutsche Mentalität habe, wie soll ich sagen, ich bin pedantisch. Ich bin doch sehr so. Ich glaube, es ist natürlich, wenn man diese Dinge erbt. Aber zur selben Zeit bin ich halb und halb.

ET: Ist das positiv oder negativ für Sie?

MS: Positiv. Weil ich glaube, es macht mich zu dem, was ich bin. In der deutschen Art ist man nicht verlegen, dass man etwas nicht ist oder dass man nicht so ist wie andere. Ich denke, ich bin das einzige Flüchtlingskind, das keinen Erfolg gehabt hat. Und damit bin ich zufrieden. So war mein Leben. Es ist nicht mein Fehler, dass ich keine Ausbildung hatte. Und es ist nicht mein Fehler, dass ich nicht genug Ellbogen hatte.

Margot Showman

Ich fühle mich jetzt wieder ein bisschen jeckisch.

ET: Sie haben sich also nach dem Krieg ganz als Engländer gefühlt?

BK: Ja, und noch fühle ich mich als das, obwohl ein bisschen deutscher auch, jetzt wieder ein bisschen jeckisch.

ET: Wann ist das stärker geworden?

BK: In den letzten Jahren, als ich nach Deutschland gefahren war. Ich war drei, viel Mal in Deutschland in den letzten paar Jahren. [...]

ET: Was halten Sie von der Idee, die deutsche Staatsbürgerschaft wiederzubekommen?

BK: Ich hab daran gedacht. Danke, ich brauche es nicht. Ich hab nichts dagegen. Vielleicht werde ich es noch machen. Warum nicht, wenn es geht.

ET: Und Ihre Kinder? Sind die auch daran interessiert?

BK: Nein, ich hab sie nie gefragt, ich glaube nicht.

Bernd Koschland

Das Dorfgefühl war so viel stärker in den Jahren als heute.

ET: Die Tatsache, dass Sie aus Österreich kamen und eben diesen deutschsprachigen Hintergrund haben, war das ein Problem mit den Engländern, wurden Sie akzeptiert?

FD: Vollkommen akzeptiert. Ich hatte kein Problem. Ich wurde ein bisschen müde mit der Frage: „Wo kommen Sie her?“ Weil es schwierig ist, eine Antwort zu geben. Nicht so sehr: „Wo kommen Sie her?“, das ist einfach. „Was sind Sie?“ Das ist die schwierige Frage. Ich war nicht Österreicher, die haben mich ausgetrieben, die hatten den Anschluss, die waren gute Nazis. Ich war nicht Deutscher. Die Antwort war meist: „Ich komm von Wien, *I come from Vienna.*“ [...] Ich fühlte mich vollkommen britisch, weil ich zu isoliert war. Die ganze Zeit, seit ich in England ankam, bis zur *Reunion of Kindertransport* in meiner Nachbarschaft, da, wo es anfing, hatte ich keinen Kontakt mit Flüchtlingen oder Flüchtlingsbewegungen. Wenn wir von Greenwich durch den Tunnel gingen, um Fußball zu spielen im nördlichen London, war das, als ob wir im Ausland wären. Das Dorfgefühl war so viel stärker in den Jahren als heute. Es ist schwierig, das auszudrücken.

Francis Deutsch

Mein Deutsch wurde etwas erhalten, durch mein Interesse an Liedern.

Ich war Professor der Immunologie am St. Mary’s Hospital Medical School in London und habe teilgenommen an diesem Film *No time to say goodbye*, und zum ersten Mal habe ich über meine Vergangenheit gesprochen. Es war sehr emotionell. Nachher habe ich einige Briefe bekommen: „Ich hatte keine Ahnung, dass Sie diesen Hintergrund hatten.“ [...] Ich glaube, mein Deutsch wurde etwas erhalten, durch mein Interesse an Liedern, ich liebe Schubert, Schuberts Lieder sehr und dann habe ich den deutschen Text gelesen, da habe ich mich an mein Deutsch erinnert. [...] Meine Kindheit hat sehr mit meiner Entwicklung zu tun, meine Mutter hat uns, wenn wir eingeschlafen sind, das Brahmsche Wiegenlied vorgesungen, hat ein Gebet gesagt, dass ich sehr oft gebetet habe, das hieß: „Lieber Gott, ich bete zu dir, beschütze mich, dass ich als großer Mann anderen Leuten helfen kann.“ Für mich ist es die Grundhaltung, die für mein ganzes Leben wichtig war.

Leslie Baruch Brent

Ich hab eben leider in Deutschland gelebt, als man immer Außenseiter war.

ET: Haben Sie das Gefühl, dass Ihre Arbeit hier in der Evangelischen Gemeinde Cambridge auch etwas zu der Verständigung zwischen Deutschland und England beigetragen hat?

MR: Das war ganz und gar eine Hoffnung und eine Absicht. Ich glaube, das hat viel getan. Wir hatten jedes Jahr einen Bazar. Und da wurde hauptsächlich deutsches Gebäck, deutsche Ware angeboten und war sehr, sehr beliebt. Die Engländer strömten und wir hatten sehr das Gefühl, sie lernen da auch etwas aus Deutschland zu schätzen.

ET: Wenn Sie jetzt auf Ihr ganzes Leben zurückblicken: Da sind diese beiden Sprachen und die beiden Kulturen, wie fühlen Sie sich damit?

MR: Ich meine, wenn ich zurückdenke, dann bin ich immer sehr dankbar, wie das gegangen ist. [...] Die deutsche Seite ist ja auch durch meine Eltern sehr stark. Die möchte ich nicht einfach irgendwie leugnen. Nein, ich hatte wunderbare Eltern. Für die war das Deutschsein ein sehr starker Teil ihres Lebens. Es ist nur, dass ich mich jetzt hier in England vielleicht wohler fühle. Ich hab eben leider in Deutschland gelebt, als man immer Außenseiter war, als man sich immer scheuen musste zu sagen, wer man war und was. Und überall bloß, dass man nicht gewünscht wurde. Es war von daher keine sehr positive Zeit. Hier wurde man akzeptiert. Wie gesagt, ich wollte da mein Deutschsein nicht so sehr. Aber ich habe nie was Unangenehmes erlebt.

Margarete von Rabenau

Ich fühle mich zum Teil englisch, zum Teil deutsch, zum Teil europäisch und auch Teil der ganzen Welt.

Ich fühle mich zum Teil englisch, zum Teil deutsch, zum Teil europäisch und auch Teil der ganzen Welt. Auch wenn ich immer von einer zur anderen Seite wechsle, sind doch alle Teile dieser Identität verschmolzen. Auch die englische, die mir doch die nächste sein sollte. Ich schließe mich nicht einhundert Prozent an. Komischerweise weiß ich nicht genau, warum. Beim Sport bin ich oft für das gegnerische Team, es ist schon komisch. Zum Beispiel wenn England gegen Australien spielt, bin ich für Australien. Ich weiß nicht warum, es ist nicht so, dass ich anti-englisch bin. Es ist eben diese Mischung. Das denke ich besonders jetzt, wenn beim Brexit die Leute alle feste Loyalitäten und Identitäten wollen. Ich verstehe schon, dass es wichtig ist, Teil einer Familie und einer Stadt zu sein. Es ist nur sehr eng gedacht. Denn ist es nicht Zufall? Man wird in einer bestimmten Situation geboren und man ist ein menschliches Wesen.

Michael Brown

Weil ich jetzt Frieden mit Deutschland gemacht habe.

ET: Hast du in der Zeit irgendetwas getan, um Deutsch zu lernen oder irgendwie in Kontakt zu bleiben mit der Sprache deiner Eltern?

RB: Nein, ich war sehr trotzig. Es tut mir leid, ich war ein sehr widerwilliger Teenager.

ET: Aber wie kommt es, dass du jetzt gut Deutsch sprichst?

RB: Weil ich jetzt Frieden mit Deutschland gemacht habe. Ich habe eine Menge Freunde in Deutschland. Ich hab meine deutschen Wurzeln wieder angenommen. Und das ist höchst wichtig. Man kann nicht eine ganze Person sein, wenn man die Wurzeln abschneidet.

Ruth Barnett

Dass man diese verschiedenen kulturellen und sprachlichen Dinge in eine Balance bringt.

ET: Haben Sie den Eindruck, dass Sie von dem Zeitpunkt der *grammar school* an Britin geworden sind?

RD: Ich glaube, das bin ich nie geworden. Ich bin auch nicht Deutsche geblieben. England war in mancher Weise sehr anständig. Zum Beispiel, es ist nicht einfach, britischer Staatsbürger zu werden. Gewöhnlich muss man ein Interview machen, muss lesen und schreiben und sich unterhalten und muss Formulare ausfüllen. Es ist auch eine ganz teure Angelegenheit, 90 Pfund damals, das war sehr viel Geld. Heute kostet es mehr. Aber für uns ‚Kinder' hat man das einfach alles fallen lassen. Ich habe für einen policeman gelesen und ich wusste, ich konnte besser lesen als er. Er war sehr lieb und nett und hat mich sofort angenommen und einfach unterschrieben, dass ich jetzt das Recht hatte. [...] Ich habe keinen starken Wunsch, zu einer besonderen Nation zu gehören, ich glaube, dass das Nationalgefühl überbewertet wird. Das, was für mich wichtig ist, ist, dass man diese verschiedenen kulturellen und sprachlichen Dinge in eine Balance bringt. Ich brauche nicht mehr als Europäer oder *citizen of the world* zu sein, *is good enough for me.*

Ruth L. David

Ich bin a Bavarian Jewish Brit.

BG: Ich hab mich ganz gut eingewöhnt. Mir war es ganz recht, dass ich mal ein bayrisches Mädel war. Aber dass ich jetzt britisch bin. Heute noch beschreibe ich mich als *Bavarian Jewish Brit.* Ich bin alle diese drei. Es passt mir. Warum nicht?

ET: Das Deutsche gehört zu Ihrer Identität?

BG: *Of course.* Bayrisch. Deutsch nenn ich mich nie komischerweise, weil mir Bairisch irgendwie am Herzen liegt. Weil da Walchensee ist, wo wir alle Ferien waren. Was mich heute stört, ist, fast kein Mensch spricht echt Bairisch mehr, hat mit TV zu tun, nehm ich an. Nicht nur das, sondern eine gute Freundin, sie ging zur Schule in Walchensee, aber spricht kein Bairisch. Und ich sagte zu ihr: „Warum sprichst du so Hochdeutsch? Warum sprichst du kein Bairisch?" „Ja, die Lehrerinnen wollten das nicht." […] Ich hänge daran, weil ich nicht an der Oberfläche der Dinge bleibe. Einmal hat Jimmy, mein Sohn, und seine Frau, vor Jahren hat er gesagt: „Können wir mal nach Itchen Abbas fahren?" Wo der Sohn der alten Dame sich um mich gekümmert hat. Es war sehr merkwürdig. Wir sind da rüber gefahren. Und ich wusste, das hat etwas mit mir zu tun, aber ich musste einen Rollladen runterlassen. Weil ich nicht einfach an einem Haus hängen kann. Geht mich nichts mehr an. Und trotzdem tut es das, weil ich da geschlafen habe, all meine Ferien dort verbracht habe. Es ist was anderes wie München. *I'm a Bavarian Jewish Brit.* Ich bin keine Engländerin. Eine Britin schon. Aber Engländerin? Na, da muss man hier auf die Welt kommen.

Bea Green

Jüdisch zu sein ist ein wichtiger Teil meiner Identität, Deutsch zu sprechen nicht, nein.

ES: Jüdisch zu sein ist ein wichtiger Teil meiner Identität, Deutsch zu sprechen nicht, nein. Ich hatte nie das Gefühl, irgendwo hinzugehören. Bis wir hierher zogen. Und hier gehöre ich wirklich hin, nach Tighnabruich, Schottland.

ET: Was hat dazu geführt, dass Sie sich zu Hause fühlen?

ES: Ich weiß es nicht. Die Art und Weise, wie ich von den Leuten hier aufgenommen wurde. Alle kennen meine Geschichte, weil ich sie mehrmals erzählt habe. Ich habe das Gefühl, dass ich hierhin gehöre, ich hatte nie das Gefühl, irgendwohin zu gehören, nicht in Marple oder in Manchester oder in London, als ich in London war. Wir lebten 26 Jahre in Cambridge und ich fühlte mich nie zugehörig. […] Ich bin jemand, der sich alles in allem an die Dinge anpassen kann, mein Bruder hat psychologische Probleme. Schließlich hat er sich entschlossen, nach Deutschland zu fahren, um seine Probleme zu lösen. Er bat mich, mit ihm zu fahren, das war im Jahr 2004. Wir machten eine Reise, fuhren nach Buchenwald, taten viel zusammen, es war die einzige Zeit, in der ich verstört war. Als Michael zurück in Neuseeland war, meldete er sich und sagte: „Ich fühle mich so viel besser. Du hoffentlich auch." Und ich antwortete: „Ich nicht, es ist, als ob alles für mich wieder aufgebrochen ist und ich fühle mich nicht besser." Ich hatte damit abgeschlossen, und dann war alles wieder aufgebrochen. Aber ich habe gelernt, damit zu leben. Ich kann es nicht ertragen, etwas zu sehen, was mit Konzentrationslagern zu tun hat.

Eva Shrewsbury

Ich bin weder Deutscher noch Engländer.

PB: Ich bin weder Deutscher noch Engländer. Die vielen, die sagen: „Ich fühle mich sehr englisch." Das ist völliger Mist, Entschuldigung. Meine Kinder sind was anderes, sie sind alle hier geboren. Aber sich eine Illusion zu machen, dass man hier Engländer sei. Ich bin Brite, *I suppose* [...]

ET: Haben Sie das Gefühl, dass es noch etwas von dieser deutschsprachigen Kultur in Ihnen gibt?

PB: Ja, eine ganze Menge, vor allem die Sprache und die Literatur. Zum Beispiel, ich hab Freunde, die auch aus Deutschland kommen.

Peter Block

Ich kann mich an Verschiedenes erinnern, aber Bedeutung hat das eigentlich nicht.

ET: Fühlen Sie sich ganz und gar als Engländerin?

IE: *Oh, yes.* Ich kann mich an Verschiedenes erinnern, aber Bedeutung hat das eigentlich nicht. Ich kann mich noch erinnern, wo wir gewohnt haben, denn die Wohnung ist mit auf einem Bild drauf, was öffentlich war, weil das direkt am Rhein war. Und ich weiß noch, dass mein Vater seine Praxis in der Bismarckstraße in Düsseldorf hatte. Was praktisch ist, dass ich noch Deutsch sprechen kann.

ET: Sie verbinden keine Gefühle mit Deutschland?

IE: Nein.

Ilse Eton

Ich finde nicht, aber die Engländer denken ja.

ET: Hast du das Gefühl, dass etwas von deiner Persönlichkeit noch Deutsch ist?

HH: Nein, ich finde nicht, aber die Engländer denken ja. Das ist sehr komisch. Nein, ich fühle sehr Englisch.

Helga Hanfling

Früherer deutscher refugee.

FL: Ich kenne die deutschen Klassiker natürlich und kenne deutsche Theaterstücke und so weiter, aber bin mehr assoziiert jetzt mit Englisch.

ET: Sie fühlen sich vollkommen integriert?

FL: Ja, ja. Aber ich werde nie als Engländer von Engländern behandelt, denn mein Hintergrund ist bei denen immer präsent.

ET: Wie kommt das? Sie sprechen wahrscheinlich völlig ohne jeden Akzent.

FL: Nein, den kann man noch erkennen, den Akzent.

ET: Ist das fur Sie schwierig?

FL: Nicht wichtig, seit meiner Pensionierung. Das ist mir ganz egal, wer weiß heute schon, dass ich aus Deutschland komme. […]

ET: Wie würden Sie Ihre Identität beschreiben?

FL: Früherer deutscher *refugee. Refugee* bleibt nach wie vor ein ganz wichtiges Kennzeichen.

Fritz Lustig

Ich kam von Wien, rausgeschmissen.

ET: Du schreibst am Anfang in deinem Buch, dass man die kulturellen Wurzeln nie vergisst. Bist du davon überzeugt?

ES: Ja, ich kam von Wien, rausgeschmissen, sozusagen. Hab mich sogar geärgert, wenn die Engländer mich hier als einen Österreicher ansahen. Sie hatten irgendeinen Film mit einem österreichischen Grafen gesehen, und für sie war Österreich ein romantisches Land. Ich hab mich geärgert, wenn sie mich als Österreicher ansahen und nicht als Juden. […] Als ich gerade aus Wien gekommen war, schrieb ich ein Lied: „Bring meine Grüße nach Wien." Warum schrieb ich das? Ich kann dort nicht mehr hinziehen. Ja, ich glaub, ich hab das auch von anderen Leuten gehört. Ein großer Teil des Schulwissens ist der gefühlsmäßige Hintergrund deines Lebens, nicht? Was wusste ich von Geschichte? Von der englischen Geschichte? Richard Löwenherz. Nix sonst über die Engländer.

Eric Sanders

Wäre ich ein paar Jahrgänge jünger, wäre ich nicht mehr hier.

ET: Wie fühlen Sie sich heute: einhundert Prozent als Brite oder haben Sie das Gefühl, Sie sind doch anders?
HH: Ich bin ich selbst. Ich bin kein patriotischer Brite mehr. Wäre ich ein paar Jahrgänge jünger, wäre ich nicht mehr hier.
ET: Sondern?
HH: In Israel.

Herbert Haberberg

Ich bin ein wandernder Jude.

ET: Sie beschreiben in Ihrem Buch *Basic British*, wie die beiden Figuren, Vater und Sohn, sich hier ganz und gar assimilieren wollen. Ist das etwas, was viele getan haben in der Zeit?
VR: Ich hab's auch am Anfang so gemacht, mein Vater ist ganz überzeugter Engländer geworden. Mein Vater war immer so englisch wie möglich, obwohl er komisch war mit seiner Aussprache. Es war zu spät, sich zu verwandeln. Ich hatte Zeit, mich zu verwandeln, hab es aber nicht getan. Ist auch eine Frage des Alters, ich war sechzehn; ein Junge, der mit sechs kam, war in einer anderen Situation. Ich habe aber langsam gemerkt, dass es nicht möglich ist und mir nicht liegt. Das ist nicht mein Stil und ich bin immer ganz bewusst bis heute Ausländer. Ich weiß mein Leben hier und die Engländer zu schätzen. Ich bin aber bewusst ein Fremder und will ein Fremder sein. Ich gehöre nicht dazu.
ET: Aber man kann Sie nicht unterscheiden durch die Sprache?
VR: Nicht gleich, nein, aber innerlich. Die meisten Einwanderer haben sich nicht nur an die Sprache gewöhnt, sondern haben innerlich eine Zusammengehörigkeit mit England gefühlt, die ich nie hatte, selbst wie ich in der Armee war, das wäre naheliegend gewesen. Ich habe sehr gerne nicht dazu gehört.
ET: War das in Österreich anders gewesen?
VR: Da war ich zu dumm und zu jung. […] In der Nachkriegszeit wurde in Hampstead im Café Deutsch gesprochen und die deutsche Kondi-

torei war da. Dann haben die Leute das Lokal verlassen und sind plötzlich Engländer geworden. Auf der Straße, wenn sie sich noch in den Mantel geholfen haben, waren sie schon halb Engländer. Die zweite Generation, die hat sich sehr an England angepasst. [...]

ET: Wissen Sie, wo Sie zu Hause sind?

VR: Gibt's nicht. Ich bin ein wandernder Jude, nicht religiös natürlich, aber zugehörig, ja, sehr und immer mehr. Das ist ziemlich spät gekommen. Da war ich schon in meinen Vierzigern. Ich glaube, der Hauptgrund war, dass ich merkte, dass ich als Fremder angesehen wurde, selbst von denen, die mich nicht als Fremder ansehen wollten. Es hat mich definiert. Ich hab immer gesagt, wenn es keinen Antisemitismus gäbe, würd ich nicht wissen, was ich bin. Der Antisemitismus macht mich, ich bin sehr dankbar.

ET: Wäre es für Sie nie eine Alternative gewesen, in Israel zu leben?

VR: Dazu bin ich zu bequem, weil ich eine sehr erfolgreiche Karriere hier gehabt habe und jeden Luxus, ich war sehr wohlhabend. Außerdem wäre das für meine Frau nichts gewesen.

Victor Ross

Die Kultur, die ich von meinen Eltern angenommen hab, das ist meine Kultur.

ET: Verstehst du dich als jemand, der zweisprachig ist, der zwei Kulturen hat?

PK: Ich fand immer, eine zweite Sprache zu haben war sehr, sehr wichtig und hilfreich. Wie ich einmal in Moskau zu einem Vortrag eingeladen war: „Natürlich müssen Sie Deutsch sprechen." Weil in Russland zu der Zeit konnten ziemlich viele Deutsch sprechen, aber niemand Englisch. So war es öfters sehr, sehr gut, dass ich Deutsch sprechen konnte.

ET: Was das Kulturelle anbelangt: Hast du den Eindruck, du bist von zwei Kulturen geprägt, oder fühlst du dich hundertprozentig als Brite?

PK: Ich glaube, ich fühl mich hundertprozentig. Die Kultur, die ich von meinen Eltern angenommen hab, das ist meine Kultur. Viel Musik. Für mich ist Musik ein wichtiger Teil von meinem Leben. Und dass mich meine Eltern schon, wie ich vielleicht siebzehn, achtzehn Jahre [alt war], zu Kammermusikkonzerten genommen haben. [...] Mein Enkel, der fast 30 ist, versucht jetzt, die österreichische Staatsbürgerschaft zu kriegen. Aber meine Kinder nicht. [...] Ich verstehe es nicht. Ich wollte nicht Europa verlassen. Ich würde es nicht machen.

ET: Obwohl du natürlich auch deine österreichische Kultur anerkennst in gewisser Hinsicht.

PK: Vollkommen. Aber Staatsbürgerschaft brauche ich nicht.

Peter Kurer

Kurzbiographien

Ruth Barnett (geb. Michaelis), *1935 in Berlin; 1939 mit älterem Bruder mit dem Kindertransport zuerst zu Pflegefamilie in Schottland, dann wechselnde Pflegefamilien und Heime, Vater emigriert nach Shanghai, Mutter in Deutschland, 1949 nach Deutschland zu den Eltern, 1950 zurück nach Großbritannien, Landwirtschaftsstudium, anschließend Ausbildung als Lehrerin, dann Psychotherapeutin, heute in London. Autobiographie: *Person of No Nationality: A Story of Childhood Loss and Recovery* (2010).

Ursula Beyrodt (geb. Blankenburg), *1932 in Küstrin (damals Neumark, Deutsches Reich, heute Kostrzyn nad Odrą, Polen); zusammen mit älterer Schwester 1939 mit dem Kindertransport in jüdisches Heim in Blackpool, Vater überlebt Theresienstadt, Mutter in Hannover; 1947 zurück nach Hannover, Jurastudium, Beamtin, heute in Hannover.

Peter Block, *1922 in Frankfurt; 1934 bringen ihn Freunde der Familie nach Edinburgh, wo er bei früheren Nachbarn und Freunden aufwächst, Teil der Familie in der Shoah umgekommen; Wirtschaftsstudium, Exportmanager, heute in London.

Leslie Baruch Brent (ehem. Lothar Baruch), *1925 in Köslin (damals Westpommern, Deutsches Reich, heute Koszalin, Polen); 1938 mit dem Kindertransport zuerst nach Dovercourt, dann Bunce Court School, Eltern und Schwester in der Shoah umgekommen; Professor für Immunologie an der Universität London, heute in London. Autobiographie: *Sunday's child? A Memoir* (2009), dt. *Ein Sonntagskind? Vom jüdischen Waisenhaus zum weltbekannten Immunologen* (2009)

Ben Brettler (ehem. Baruch Benedikt Littmann), *1925 in Kolomea (damals Kołomyja, Polen, heute Kolomyja, Ukraine); 1938 mit dem Kindertransport zuerst nach Devon, dann London, Familie in der Shoah umgekommen; Textilhändler, heute in Manchester.

Michael Brown (ehem. Franz Michael Schlesinger), *1930 in Breslau (damals Schlesien, Deutsches Reich, heute Wrocław, Polen); 1939 mit jüngerer Schwester mit dem Kindertransport nach Liverpool, ein Großteil der Familie in der Shoah umgekommen; Sprachenstudium, staatlich geprüfter Bilanzbuchhalter, heute in London. Autobiographie: *Moving on. My Journey Through Life. The Memoirs of Michael Brown* (2016), dt. *„Es war eine recht unruhige Reise". Von Franz Michael Schlesinger zu Michael Brown* (2017).

Rosemarie Cawson (geb. Rosemarie Beer), *1924 in Wien; 1938 allein nach Großbritannien in eine Privatschule in Berkshire, älterer Bruder nach Palästina/Israel, Eltern in der Shoah umgekommen; Studium in Reading, Lehrerin, später international beim British Council, heute in Torquay.

Ruth Danson (geb. Ruth Gottliebe Boronow), *1924 in Breslau (damals Schlesien, Deutsches Reich, heute Wrocław, Polen), 1938 allein nach Großbritannien in die Bunce Court School, Eltern und Bruder ebenfalls nach Großbritannien, verschiedene Tätigkeiten (Damenschneiderin, Sekretärin von Anna Freud), heute in London.

Ruth Luise David (geb. Oppenheimer), *1929 in Frankfurt/M.; 1939 mit dem Kindertransport zuerst nach Tynemouth, eine Schwester kommt später nach Großbritannien, weitere Geschwister emigrieren nach Argentinien und Frankreich, Eltern in der Shoah umgekommen; Fremdsprachenstudium, Französisch-, später auch Deutschlehrerin, heute in Leicester. Autobiographie: *Ein Kind unserer Zeit* (1996); engl. *A Child of Our Time. A Young Girl's Flight from the Holocaust* (2003); *„... im Dunkel so wenig Licht ..." Briefe meiner Eltern vor ihrer Deportation nach Auschwitz* (2008); engl. *Life-lines* (2011).

Francis Deutsch (ehem. Alfred Deutsch), *1926 in Wien; 1939 mit dem Kindertransport nach London, dann Bristol, Mutter und Verwandte in der Shoah umgekommen; Rechtsanwalt (Fachgebiet: Asylrecht), heute in Saffron Walden.

Ilse Eton (geb. Ursell), *1922 in Düsseldorf; 1939 in einer Gruppe von jungen Frauen nach Bournemouth, älterer Bruder und Eltern ebenfalls nach Großbritannien, Fremdsprachenstudium, Angestellte, heute in London.

Bea Green (geb. Maria Beate Siegel), *1925 in München; 1939 mit dem Kindertransport nach Brasted/Sevenoaks (Kent) zu Pflegeperson, älterer Bruder nach Liverpool, Eltern emigrieren nach Peru, dann Lima; Green lebt später einige Zeit bei ihnen. Fremdsprachenstudium, Deutsch- und Englischlehrerin im In- und Ausland, heute in London.

Karl Grossfield (ehem. Karl Grossfeld), *1926 in Wien; 1939 mit Schwester mit dem Kindertransport nach Großbritannien, zuerst in verschiedenen Pflegefamilien in London, dann in Bunce Court School, Eltern und Brüder emigrieren nach Palästina/Israel, Finanzmanager, heute in London.

Herbert Haberberg, *1924 in Brambauer/Lünen; 1939 mit jüngerem Bruder mit dem Kindertransport zuerst nach Hertfordshire, dann verschiedene Heime, Familie in der Shoah umgekommen; Exportmanager, heute in London.

Helga Hanfling (geb. Weissrock), *1926 in Berlin; Familie emigriert 1933 nach Teheran, 1938 mit Mutter und Schwestern zurück nach Berlin, 1939 über Mailand nach Großbritannien, ein Großteil der Verwandten in der Shoah umgekommen; Malerin, heute in Sonning/Reading.

Walter Kammerling, *1923 in Wien; 1938 mit dem Kindertransport nach Dovercourt, dann Arbeit auf Farm in Nordirland, Familie in der Shoah umgekommen; verheiratet mit Herta Kammerling (auch aus Wien mit Kindertransport nach Großbritannien), mit Familie 1945 nach Österreich, Ende der 1950er Jahre zurück nach Großbritannien, Ingenieur, heute in Bournemouth.

Bernd Koschland, *1931 in Fürth; 1939 mit dem Kindertransport zuerst nach Margate, Schwester kommt ein paar Monate später, mehrere Heime und Pflegefamilien, Familie in der Shoah umgekommen; Rabbi, Lehrer, heute in London.

Lotte Kramer (geb. Wertheimer), *1923 in Mainz; 1939 mit Kindertransport nach Tring (Hertfordshire) in von Quäkern unterstütztes Heim mit Mädchen aus Mainz unter der Leitung der Lehrerin Sophie Cahn, Eltern in der Shoah umgekommen; verschiedene Anstellungen in London, heute in Peterborough, Lyrikerin: *Heimweh: Gedichte* (1999); engl. z. B. *New and collected Poems* (2011).

Peter Kurer (ehem. Peter Franz Kürer), *1931 in Wien; 1938 emigriert die gesamte Familie mit Hilfe der Quäker nach Manchester, Zahnarzt, heute in Manchester.

Keith Lawson (ehem. Kurt Lazarus), *1925 in Berlin, † 2017 in Glatton/Huntingdon; 1939 mit dem Kindertransport nach Suffolk in Heim, dann Arbeit in der Landwirtschaft, Eltern in der Shoah umgekommen; Manager.

Fritz Lustig, *1919 in Berlin, † 2017 in London; kommt 1939 nach Cambridge (als *trainee*, Lehrling), dort auch eine Schwester als Haushaltshilfe (*domestic*), Eltern emigrieren nach Portugal (nach dem Krieg in Großbritannien), Angestellter in Reading, später in London. Autobiographie: *My Lucky Life. The Memoirs of Fritz Lustig* (2017).

Margarete von Rabenau (geb. Abrahamson), *1926 in Berlin; 1939 mit älterer Schwester mit dem Kindertransport nach East Sussex, wechselnde Pflegepersonen, Eltern sterben durch Bomben in Berlin; Psychiatrische Sozialarbeiterin, heiratet Pastor von Rabenau, in den 1960er Jahren mit Familie in einer Gemeinde in Berlin, dann in der Evangelischen Gemeinde in Cambridge, heute in Cambridge.

Vernon Reynolds (ehem. Werner Rheinhold), geb. 1935 in Berlin; 1939 mit Mutter (als *domestic*) nach Großbritannien, wächst zuerst bei Quäkern in Mudeford (Dorset) auf, zwei ältere Geschwister kamen mit dem Kindertransport, Teile der Familie in der Shoah umgekommen; Professor für Anthropologie in Oxford, heute in Alfriston (Sussex).

Lore Robinson (geb. Michel), *1924 in Köln; 1939 mit dem Kindertransport nach London, dann Cambridge, älterer Bruder auch ins UK, Mutter stirbt in Bergen-Belsen, Vater überlebt; Krankenschwester, heute in London.

Victor Ross (ehem. Victor Rosenfeld), *1919 in Wien; 1936 mit Mutter nach London, Vater ebenfalls dort, Publizist, Autor, z. B. *Basic British* (1956).

John Ruppin, (ehem. Hans Ruppin), *1932 in Bunzlau (damals Niederschlesien, Deutsches Reich, heute Bolesławiec, Polen); 1939 mit dem Kindertransport nach London in ein Heim, dann wechselnde Pflegefamilien, Familie in der Shoah umgekommen; selbstständiger Kaufmann, heute in Longstanton.

Eric Sanders (ehem. Ignatz Schwartz), *1919 in Wien-Hitzing; 1938 zu einem Teil der Familie nach London, Lehrer. Autobiographien: *Emigration ins Leben. Wien – London und nicht mehr retour* (2008); *Secret Operations. From Music to Morse and Beyond* (2010).

George Shefi (ehem. Georg Spiegelglas), *1931 in Berlin; 1938 mit dem Kindertransport nach Barnack (Peterborough), 1941 nach Kanada, dann zum Onkel in die USA, 1949 nach Israel, findet 1965 zufällig seinen Vater in Australien wieder, Teile der Familie in der Shoah umgekommen; Maschinenbauer, Werkzeugmacher, Dozent an Ingenieur-Fachhochschule, heute in Givat Zeev (Israel). Autobiographie: *The Way of Fate* (2016).

Stella Shinder (geb. Orbach), *1928 in Chemnitz, der Familie gelingt es, über Prag nach Großbritannien zu emigrieren, verschiedene Tätigkeiten, heute in London.

Margot Showman (geb. Feigmann), *1930 in Bochum; 1938 mit dem Kindertransport in Pflegefamilie nach Manchester, Familie – bis auf einen Bruder in Israel – in der Shoah umgekommen; Schneiderin, heute in Manchester.

Eva Shrewsbury (geb. Eva Bettina Goldschmidt), *1930 in Frankfurt, † 2017 in Tighnabruaich (Schottland); 1939 mit jüngerem Bruder mit dem Kindertransport in Pflegefamilie nach Marple/Cheshire, Eltern gelingt später die Emigration nach Großbritannien, studierte Naturwissenschaften, Lehrerin.

Heinz (Henry) Skyte (ehem. Heinz Scheidt), *1920 in Fürth; 1939 allein zum älteren Bruder nach Leeds, Eltern in der Shoah umgekommen; Angestellter.

Eve Slatner, *1935 in Zlín (damals Tschechoslowakei, heute Tschechien); 1939 mit dem Kindertransport zuerst nach London, dann mit Eltern, denen die Emigration gelingt, in Marple/Cheshire, später geht die Familie in die USA, Schauspielerin, heute in Berlin.

Michael Trede, *1928 in Hamburg-Eppendorf; Großeltern bereits evangelisch getauft, 1939 mit dem Kindertransport zuerst nach Bunce Court School, Eltern geschieden, Vater in Deutschland, Mutter ebenfalls nach Großbritannien, Großmutter in Theresienstadt umgekommen; Medizinstudium in Cambridge und London, 1955 nach Deutschland, Direktor der Chirurgischen Universitätsklinik in Mannheim; heute in Mannheim-Feudenheim. Autobiographie: *Der Rückkehrer. Skizzenbuch eines Chirurgen* (2001).

Günter Heinz Treitel, *1928 in Berlin; 1939 mit dem älteren Bruder mit dem Kindertransport nach London, Eltern und Schwester ebenfalls nach Großbritannien, Juraprofessor in Oxford.

Gerald Wiener (ehem. Horst Gerhard Wiener), *1926 in Küstrin (damals Neumark, Deutsches Reich, heute Kostrzyn nad Odrą, Polen); 1939 mit dem Kindertransport zuerst in Margate, dann Oxford, mehrere Pflegepersonen, Mutter ebenfalls nach Großbritannien, wird Krankenschwester, Vater in Shanghai, später USA, Teile der Familie in der Shoah umgekommen; Professor für Tiergenetik an der Universität Edinburgh, heute in Inverness. Biographie: Margret M. Dunlop: *Goodbye Berlin. The Biography of Gerald Wiener* (2016).

Auf dem Cover sind von links nach rechts abgebildet:
(oben) Ruth Barnett mit Bruder und Mutter, Ruth Barnett mit Eltern, Francis Deutsch mit Eltern;
(Mitte) Lore Robinson mit Vater, Ruth L. David, Gerald Wiener;
(unten) Michael Brown mit Schwester, Rosemarie Cawson mit Eltern.

Ebenfalls bei Hentrich & Hentrich erschienen

Lisa Seiden

„Bleib immer mit deinem Bruder zusammen!"

Eine Geschichte vom Kindertransport

HENTRICH & HENTRICH

Lisa Seiden

„Bleib immer mit deinem Bruder zusammen!"

Eine Geschichte vom Kindertransport

Herausgegeben von Inge Hansen-Schaberg

Übersetzt aus dem Spanischen von Dieter Heymann

152 Seiten, Klappenbroschur, 70 Abbildungen

ISBN 978-3-95565-265-4, EUR 14,90

Lisa Seiden, 1929 als Lisa Leist in Wien geboren, gehörte mit ihrem Bruder zu den 10.000 Kindern, die durch die Kindertransporte nach England gerettet worden sind. Sie kamen im Dezember 1938 in Dovercourt, Harwich, an und lebten acht Jahre in Bath, getrennt von den Eltern, die sich nach Argentinien retten konnten. Lisa Leist hatte sich in den Sohn ihrer Gastfamilie verliebt und wäre am liebsten in England geblieben. Aber 1946 konnte (und musste) sie mit ihrem Bruder nach Buenos Aires zu ihren Eltern fahren.
Über den geschichtlichen Hintergrund und ihre Erlebnisse als Kind und Jugendliche im Exil hat Lisa Seiden einen berührenden Bericht geschrieben und ihn mit zahlreichen Fotos, Faksimiles ausgewählter Briefe und anderen Dokumenten bebildert.